教育需要携手

余云露　周鸿敏　著

东北师范大学出版社

NORTHEAST NORMAL UNIVERSITY PRESS

图书在版编目（CIP）数据

教育需要携手 / 余云露，周鸿敏著. —长春：东
北师范大学出版社，2019．7
　ISBN 978‐7‐5681‐6056‐8

　Ⅰ.①教…　Ⅱ.①余…　②周…　Ⅲ.①家庭教育
Ⅳ.①G78

中国版本图书馆 CIP 数据核字（2019）第 148038 号

□责任编辑：刘永枚　　　□封面设计：吕冠超
□责任校对：冯　丽　　　□责任印制：张允豪

东北师范大学出版社出版发行
长春净月经济开发区金宝街 118 号（邮政编码：130117）
电话：0431—84568052
网址：http://www.nenup.com
东北师范大学音像出版社制版
三河市海新印务有限公司印装
河北省廊坊市三河市杨庄镇杨庄村
2019年7月第1版2022年9月第2次印刷
幅面尺寸：170 mm×240 mm　印张：17.25　字数：304 千字
定价：88.00 元

自 序

教育需要携手共进

　　家庭教育近年来成为教育界讨论的热点和焦点问题，一直以来，家庭教育都是教育中非常重要的一环。在全国教育大会上，习近平主席也提到家庭是人生的第一所学校，家长是孩子的第一任老师，要给孩子讲好"人生第一课"，帮助他扣好人生第一粒扣子。只有家庭教育真正成长起来，关于孩子的各方面教育才有可能得到更好的完善，这也是写作本书的目的。

　　家庭教育也许就是一个孩子的未来，所以必须引起充分重视。《全国家庭教育状况调查报告（2018）》的出炉带给我们教育工作者一些比较大的启示，"温暖的家"是孩子认为人生中最重要的事情。父母是孩子的人生榜样，父母的榜样力量究竟应该如何具体地发挥作用呢？家长关注的不等于孩子想要的，有时候身为家长也应该了解孩子到底想要什么，这样更能促进亲子关系的和谐。家长的期待要尽量与孩子的自身目标保持一致，所以父母应该和孩子多沟通交流，与孩子共同制定目标，才更加可行。阅读频率是亲子共读的关键，又有多少父母可以静下心来真正陪孩子每天阅读呢？如果从小养成了习惯，逐渐长大的孩子们就不需要再陪伴了，这时候父母是不是更加轻松了呢？丰富的家庭藏书可能是促进家庭阅读的一个不错的办法。把家庭打造为"书香家庭"，让孩子从小在书香的氛围中长大，对于孩子来说一定受益匪浅。尊重是沟通的前提，父母不尊重孩子，时常打骂孩子的行为在一般家庭中依旧较为严重。打骂孩子真的是教育孩子的好方法吗？答案是否定的，有时候可能一丁点儿的尊重就会换来孩子温暖的回报。高质量的亲子沟通才能满足孩子的成长需求。在家庭中，如果亲子之间几乎零沟通，这样的相处方式往往会把孩子培养成一个不善言辞的人，而且不沟通对于孩子来说隐藏的问题也最多最深。

　　一直以来，笔者都有一个希望，希望有一天所有的父母都能明白教育的真谛，找到最合适的教育方法；希望有一天父母不再是一个简单的角色，而成为学校和家庭教育中最重要的角色，每一个家长都不再是家庭教育的旁观者，而是家庭教育的真正实践者，把最好的教育理念带入孩子的教育当中。

笔者希望，有一天孩子的父母阅读了关于家庭教育的书籍之后，可以还给年龄尚小的孩子一个快乐的童年，让他有能力成长为一个更加强大的人。因为家庭教育是孩子和父母生活的基础，重视家庭教育，就是重视孩子，希望父母可以多多地品读这一类的书籍，为自己身为父母这个职业不断增添知识。

父母是孩子最好的老师，笔者希望父母在教师的指导和建议下做得更好。纵观整个教育，家庭教育和教师之间的携手是最重要的，所以笔者希望父母能够和孩子站在同一位置去沟通、去交流，为孩子打造一个更加美好的未来。教育需要携手，这里所说的携手不仅是教师和家长之间的携手，更注重的是父母之间的携手，因为陪伴孩子时间最长的还是父母，父母要与孩子勤沟通、多交流，及时发现孩子的问题并且帮助他们解决这些问题。家长、教师、孩子是一种三角关系，可以相互间不断地促进。爱就是这样，父母在这头，孩子在那头，通过倾听和沟通，孩子和父母终究会在一起。尽管在这个过程中会出现种种问题，但是在父母的鼓励和关心下，在父母的陪伴下，在父母的影响下，孩子一定会成为一个有爱的人。

好像历年来我们一直都把教育关系更多地看作教师和孩子之间的关系，把教育单纯地认为是狭义教育，也就是学校教育，而把家长排除在教育之外，导致很多家长认为孩子的教育只要交给学校的老师就可以了，老师可以负责到底。我们恰恰忽略的是，家庭教育直接关系到学校教育，甚至有时候比学校教育更为重要。一个人毕竟出生在一个家庭里，给孩子最初影响的必定是父母，孩子在成长过程中陪伴他们最久的也是父母，这一点是学校教育无法替代的，给孩子带来的影响也是毋庸置疑的。笔者曾经想过，孩子在学校里接受教育，其实家长也应该在一个特定的学校里接受家庭教育的培训，这对于培养孩子成长是很有好处的，家长们懂得如何教育自己的子女，必定可以培养出一个更加优秀的孩子。

因此笔者有一个畅想，针对我们的教育，未来的每所学校里都应配备一个相应的家庭教育中心，家长们抽出一点儿时间参加家庭教育培训，给孩子做最好的榜样。由学校组织，让家长免费接受义务学习，帮助他们更好地教育自己的孩子，课程时间不必很长，一周一到两次，重在让家长坚持参加。有了这样一个平台，相信可以解决家长的很多困惑。或者把阅读放进家长的心里，让他们通过阅读收获自己的教育，在阅读中找到对待孩子的正确方法。也可以沿用陶行知先生的"小先生制"，转变为"大先生制"，给家长们创造一个相互学习的机会，把家庭教育方面的知识更多地传播出去，让每个家长不再用错误的方式对待自己的孩子。孩子是祖国的花朵，民族的未来，培育他们更需要我们共同的努力和携手。虽然这样的想法可能存在一些失误，并且早前也有类似实施，但笔者更希望的是家庭教育能够普及开来，让每个孩子的父母都能重视起来，更多地传播家庭教育的理念。

从一个教师的角度去看待家庭教育的问题，把家校联系起来，这是一本值得家长和教师共同阅读的教育故事，笔者不自信它能有多大的帮助，但笔者坚信教育需要携手，教育更需要教师和家长的共同支持！

纪念我们和孩子一起走过的那些美好时光，永远用欣赏的眼光看待孩子，永远用宽容的心态对待孩子，让他们勇于挑战自己，做一个自信、自立、自强的人。相信我们的孩子会成长得更好，教和育的结合就是教育，教育需要携手。

余云露，女，汉族，1994年生，江西南昌人，江西师范大学教育学院研究生，硕士。喜欢阅读和写作，教师是一个神圣的职业，所有职业都起源于老师，我的目标是成为一名学生心目中的好老师，带给他们的不仅是知识，还有品德和能力的培养。

余云露

目　录

第四辑　共享教育需要携手

我就是那棵大树，等待着无限阳光

如果我是一棵大树，那么我一定需要阳光，阳光的滋润会让我更加健康快乐地成长。如果我是一叶扁舟，那么我一定需要水流，水流的涌动会让我始终保持前进的方向。如果我是一只小鸟，那么我一定需要天空，天空的湛蓝会让我毫不犹豫地选择自由飞翔。而我是一个孩子，我也想要说出自己的心声，有爱存在的地方，就是我们的幸福家园。

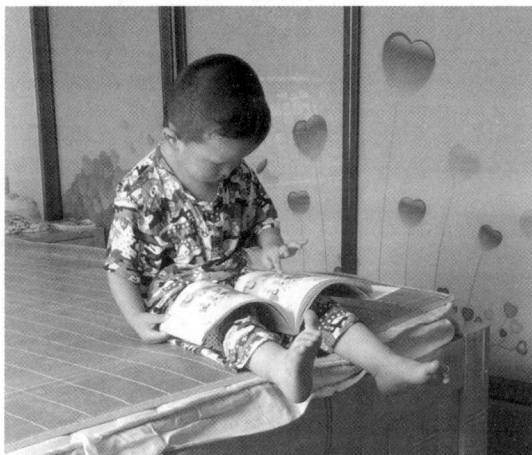

第一章 有一颗种子正在萌芽

一、说说孩子们的心声

在孩子的世界里，处于童年这个阶段，孩子希望自己可以无忧无虑地生活，甚至希望自己每天都可以玩得开心。爱玩是每个孩子的天性，相信每个家长都会赞同这句话。

因为我们小时候也会因为玩而忘记一切。比如，到池塘里去抓龙虾，跑到菜园里去摘别人的瓜，在泥坑里打滚玩耍，等等。现在的孩子大多生活在城市里，他们没有这样有趣的生活，于是有些孩子迷上了网络游戏，有些孩子整天捧着手机不放，有些孩子甚至为了进网吧或者游戏厅而逃学。

这些现象就发生在我们的身边，而且比较普遍。有的家长管控很严，结果孩子想尽办法还是要玩；有的家长干脆不管，随着孩子去，但到后期才会后悔，因为孩子已经上瘾。某一天，我问到孩子们关于暑假的计划，他们大多数人的回答是要趁着放暑假打两个月的电脑，玩两个月的平板，看两个月的电视。处在这个年龄段的孩子，爱玩是他们的天性，我们并不是限制他们去玩；相反，我们需要给他们创造自由去玩的环境。玩是绝对可以的，但是要和孩子商量好其他方面的规划。玩就要痛痛快快地玩，学就要认认真真地学，谁也不想玩的时候还带着学习的包袱。孩子们也不愿意整个假期过去了，什么也没得到，然后在开学第一天就开始后悔，越想越后悔，结果这一切已经成为不可改变的事实。玩，其实孩子也会玩腻的，他们都想得到有趣的生活，而有趣的生活并不仅仅靠玩来支撑。有时候其他方面带来的成就感远远比玩要来得更加快乐，当捧着奖杯走上领奖台的那一刻，是不是要比在家里打一个小时游戏强？实验证明，学习给孩子带来的快乐是更强大的，只是家长要帮助孩子找到这种快乐是个难题。所以合理安排计划是关键，我们可以试试把决定权交到孩子的手里，无论他们怎样规划，先选择支持他们，而不要在一开始就给出限制条件，给孩子安排好所有的事情，这样他们会认为这并不是自己的计划。让孩子有机会去书写自己的小规划，他们会更愿意，也能够更有激情。

要想玩得开心，学得快乐，其实相对来说也比较简单，帮助孩子制订一个"心里计划"，这是一个特殊计划，也是我的亲身经历。这个计划或许能保证孩子学习的效率，让他们渐渐地喜爱上学习。可能讲到计划，很多家长会问：计划该怎么做呢？或者计划做了，但是孩子不去实行又有什么用呢？的确是这样，计划不去实施，写再多也没用，写再多在孩子眼里都只是一张废纸。我们要告诉孩子计划是自己决定的，它是一种信念，而不是一张废纸，必须要时时刻刻牢记这一点。计划是刻在心里的，单纯地写在纸上是没有用的，计划是对自己的重要规划。所以我更提倡让一个家庭的所有成员都参与到这个计划的实施过程当中，让孩子知道我们每个人都很重视这个计划，这个计划是需要大家一起完成的，孩子的意识就会渐渐发生转变，自然也会更重视大家一起完成的这项重要任务。在这个过程中，我觉得仪式感是很有价值的，仪式感就是安全感和重大感，和孩子一起重视，充分尊重孩子的意见，孩子有了安全感，自然会更加乐意接受。如果我们赋予一件事情仪式感，一个简简单单的小仪式就会让孩子学会重视。

这个计划由孩子和爸爸妈妈协商制订，但不用写在纸上，也叫作"无纸计划"。计划是深深地刻进孩子的心里的，所以命名为"心里计划"，这个计划不以年月记入，而是靠日日规划而成。一天当中让孩子知道自己要做些什么，他心里清楚，就会一目了然。"心里计划"诞生的灵感来源于我自己，我以前做事情也没有头绪，所以经常面对一大堆乱七八糟的事情。我也试过把计划写出来贴在床头或者放在自己的学习桌上，但都没能有效地起到监督作用，总是做着做着就忘记了，计划也就成了空头文件。后来我试着前一天晚上睡觉的时候在脑袋里想一遍自己第二天的计划，记在心里去实施。如果事情多，就准备一张小纸条，把一件事情浓缩成一个字，几件事情就是几个字，第二天只需要按照这几个字来做就可以了，一天下来井井有条。而且我还会改编一下，往往可以把那几个字变成一句通顺的话记在心里，就可以非常顺利地完成任务了。我觉得这样的计划带给自己的是非常强大的行动力量，比起看着纸上那些沉重的任务，更紧张，更有信念感。

举个例子来说，曾经有一个学生特别好学，她平时真的很努力，每次作业都会按时完成，但是学习成绩进步不大，并且成绩特别不稳定。我开始帮她找原因，和她交流，终于找出问题所在。我发现她就是对自己的一天没有规划，写完作业就不知道干什么了，于是开始看电视，看到很晚才停止。其实心里很想学习，但就是控制不住自己去看电视，觉得写完作业之后应该没什么事了，心里没有紧张感，不清楚自己下一步要干什么。等到夜已深，才反应过来看电视又把时间看没了，于是又忍不住想打自己一巴掌，惩罚自己浪费时间。其实她是个比较胆小的女孩，所以作业里出现的问题也积压在那里，不敢问老师。于是我和她说了"心里计划"这回事，给她详细地分析了一些问题的原因，告诉她可以把"心里计划"正式实施。她听了我的亲身经历后颇有感触，也列出她的心里计划。比如，她英语的完形填空比较差，打算以后每天坚持练一篇完形填空，然后再记五个单词，由老师监督，记的单词虽然不多，但是日积月累下来也不错了。每周日可以看看英文电影放松一下，这样既可以学习，又满足了她想看电视的欲望。现在我看得出她渐渐地有了变化，对自己要做的事情有了很强的目的性，懂得自己下一步要做的是什么，自然而然做起来就轻松许多，有学也有玩，时间不浪费，她对自己的状态慢慢满意起来。有问题的话，她也会及时地提出来，争取不给自己留问题回家。因为她明白如果问题越积越多，最后就会像滚雪球一样越滚越大。当天的问题当天处理掉，心里也能轻松一点儿，并且心理的压力也有所减轻。

让孩子列出属于自己的"心里计划"，给他们足够的空间去规划自己的时间，有时候和孩子谈谈"心里计划"的实施情况，那么孩子可能就会爱上学习。

孩子其实是可以被理解的，但我们有时候偏偏就爱抓住一件小事不放，从而导致孩子的叛逆心理更加严重。我们有时候也应该静下心来聆听孩子的心声，听他们说说心里话，让他们也能真正做一回"小大人"，让孩子知道他们其实和爸爸妈妈是平等的。以下是我对一部分熟知的孩子进行采访之后整理出来的资料（为保护孩子的隐私，此处用编号代替孩子姓名），让我们听听孩子的心声，希望为我们教育孩子带来一些启发。

①号孩子：我的爸爸整天忧心忡忡，他整天担心我学习不好，一会儿是语文，一会儿是英语，怕我以后跟不上别人，为此吃不下睡不着。而且他总是把这些话说给每个人听，当然我每次也会听到。其实我内心是挺自信的，但每次听他说这些话，总觉得我低人一等，我靠自己的努力永远进步不了，要靠爸爸一直不停地说才能激励我。其实我很烦这种模式，它让我在别人面前抬不起头来，让别人从内心开始贬低我，这样打击我真的好吗？我明白爸爸是为了我好，我觉得我的脑袋挺聪明的呀，只要爸爸多给我一点儿时间，我是可以跟着老师的脚步慢慢进步的。希望爸爸不要为我担心，我平时是有点骄傲了，以后我会慢慢努力改正自己的缺点，保留自己的优点。

②号孩子：我的爸爸妈妈说他们没有文化，但他们对我的学习还是挺在乎的，每次他们下班回家总要我在他们面前汇报一下当天的学习情况。但他们每一次都误会我。有一次我的一张语文试卷考了88分，其实这个分数在我们班是挺高的了，因为这次考试比较难，再加上时间不够用。我是很认真地完成了所有的题目。当我高高兴兴地拿着试卷给妈妈签字时，没想到她却对

我大声呵斥起来："怎么又考80多分？这个学期就没看到你考过90分以上。"我想跟妈妈解释上次我还考了91分，只是试卷被老师收上去了，妈妈一顿劈头盖脸地又说了我一通，说我平时不好好学习，下次再考这么点分就不要回家来见她了。我想对妈妈说："90分以上才算成绩好吗？我这个88分还是全班第三名呢！"我以后只要试卷没超过90分就不敢拿给妈妈看了，因为妈妈说再考80几分，她就准备打我一顿。

我平时性格有些倔强，不想挨妈妈的打，要是妈妈打我，我会和她一犟到底的。我才几年级啊，妈妈的要求也太高了，我不能保证自己每次都考到90分以上，因为有时候试卷好难，有些题目还是我们从来没见过的，甚至超出了课本的范围。我可能也做不了妈妈心目中的好孩子，因为90分以上才是妈妈心目中爱学习的好孩子。

③号孩子：我的爸爸从来不管我的学习，他可能工作太忙了吧，每次我问他什么，他都说没空，让我自己解决。有一次我和他说学校里有一个活动要家长陪同参加，他连问都没问是什么活动，就让我去写作业，说他没时间。我真的好想参加那个活动啊，可是爸爸也不听我说完，只知道让我写作业和学习。我知道爸爸工作很辛苦，但我多希望爸爸能抽出一天的时间好好陪陪我呀！

④号孩子：我的妈妈总是骂我，说我学习不如别人，说我样样都不如别人，她从来没有欣赏过我，也从来没有看到过我的优点。她还特别喜欢和老师说我的坏话，导致我觉得老师也不喜欢我了。我总觉得她喜爱弟弟多一点儿，家里的其他人也是这样，每次弟弟要什么他们总是想尽办法实现他的愿望。我只能做最卑微的那个人，我一直在努力地学习，但是妈妈似乎每次都装作看不见，我的心里话只能告诉最好的朋友，我希望有一天妈妈也能听我说说心里话。

⑤号孩子：我的爸爸妈妈总是打我，每次有不顺心的事，他们总是拿我出气，特别是当我的成绩不好的时候，他们拿起衣架就狠狠地抽我一顿，直抽到我身上伤痕累累。他们甚至在大庭广众之下也是一脚直接踹过来。记得有一次我在学校和别的同学打架，老师要求叫家长过来，我爸爸来了，他刚一进门，就对着我踹了一脚，边踹边骂我怎么这么不听话，直到老师过来劝阻他才住手。从那一天起，我就深深地恨上了他，我发誓等我长大以后一定要报仇。其实原来我是不会和同学打架的，但是爸爸打了我，我会屈服。所以我认为打架可以征服别人，我觉得是不是只要我打赢了别人，别人也会乖乖地听我的话。只要别人惹我，我就忍不住一定要打他一下。上次一个同学去捡本子，不小心踩了我一下，我顿时觉得自己很暴躁，不打他一下，心里

就很不舒服，我用拳头在他背上狠狠捶了一下才肯罢休。没想到第二天他叫了两个比我年长的同学，把我重重地揍了一顿。因为打架，我回到家又被爸爸妈妈打骂了一顿，他们说管不了我，就只有把我打乖了。

⑥号孩子：我感觉我一直生活在妈妈的魔爪之下，从小到大，妈妈都希望我能够听她的话，不该做的事情千万不能做，只要一次没达到她的要求，她就会对我大吼大叫，也不管旁边有没有人，总之要数落我一顿才算完。我也的确很怕妈妈，所以尽量少说话，不说话就不会说错话，不说错话我就不会挨妈妈的批评。妈妈很少打我，这是值得庆幸的一点。我不敢和妈妈交流我的问题，包括学校里的老师我也很怕，有什么问题我都只告诉我的同学。记得有一次妈妈要我去洗澡，我不想去，就一直拖延着不去，后来妈妈出来发现了，对着我又是一阵狂风暴雨般的怒骂。其实妈妈越这样，我越想和她对着干，只不过我表面上不敢表达出来，但行动上我是不会那么顺从的。我已经习惯了妈妈的雷阵雨，她发脾气的点我都知道得一清二楚，反正她也不会打我吼叫就吼叫吧。

⑦号孩子：其实有时候真的希望爸爸妈妈能够理解我，在考试的时候，我也是拼尽力气想考好，但是不知道为什么每次试卷发下来都成了这个样子。语文试卷里的作文我的确需要进一步提高，希望爸爸妈妈能够给我时间，让我多看看课外书，其实我挺爱看课外书的，老师和我们说这可以扩展我们的想象力，积累素材。所以爸爸妈妈不要每次看到我看课外书就以为我在看闲书，然后不分青红皂白就把我的书没收或者撕掉，其实课外书也可以使我们得到放松，之前还听老师说阅读能力才是最重要的能力呢，我觉得我会慢慢喜欢上看书的。

⑧号孩子：我的爸爸每次都管我管得好严啊，每次我学习都要躲着他，不然我会被他逼疯的。他只要一看到我，就开始唠唠叨叨个不停，一会儿是不好好学习的话就准备接受惩罚，一会儿又是怎么看到我又在玩，而且是用那种十分严厉的口吻和我说话，弄得我很怕他。但我觉得我不是真怕他，他只是一直在压迫我罢了。有一次我想稍微休息一下，就把脚架到了沙发上，没想到立马被他看见了，他大喝一声问我是怎么坐的，连坐都坐不好，怀疑我每次在学校也是跷着二郎腿和同学讲话，他就是这样冤枉我，让我无话可说。每次这样我都忍住不说话，一个人生气地走开，再也不想理爸爸了。

⑨号孩子：我的爸爸妈妈不知道怎样爱我，对我是放任不管的一种状态，他们只会给我钱，让我买自己喜欢的东西。虽然我很想要这些东西，可我还是希望他们能够爱我多一点儿，比如多陪陪我。我一直觉得有钱就可以实现一切的愿望，但是却买不来爸爸妈妈真正的关爱。现在我花钱大手大脚，他

们就一个劲儿地埋怨我，说我不体谅他们赚钱的辛苦。我究竟该怎么办？

⑩号孩子：我每一天都感觉控制不住自己想去玩儿，比如妈妈让我在家里看书，我看到外面的小伙伴都在开心地玩耍，就忍不住想加入他们，有时候甚至撒谎骗妈妈，说我没有玩儿。我知道妈妈为此伤透了脑筋，她希望我多学习。但是我真的不知道自己怎么这么爱玩，每次拿到妈妈的手机也是这样，我总要点到游戏那一栏去，这样才能满足我想玩儿的心理。我总觉得玩儿可以让我开心一点儿，而不是整天压抑着自己，把自己放在学习里面出不来，希望妈妈能容许我多一点儿时间玩耍，我一定会好好学习，不耽误学习。希望妈妈不要每次以为我去玩儿了，就觉得我没干好事，上次我还扶了一位老爷爷过马路呢！我在一天天长大，有了自己的思想，我知道自己在干什么，所以妈妈不用为我过多地担心。

⑪号孩子：（摘自孩子作文）我从小到大一直是爷爷奶奶带大的，所以我和爷爷奶奶的关系很亲密，但是有时候爷爷奶奶也不知道怎么去教育我。有时候我甚至感觉我和他们的距离好远。爸爸妈妈很少在我身边，我不知道爸爸妈妈之间发生了什么事，他们很少在一起，也根本不说话了。除了为我的事情，他们很少和我交流。有一次，我问奶奶："爸爸妈妈到底怎么了？"奶奶不说话，只是抹眼泪。我慢慢地长大了，有些事情也了解了。爸爸和妈妈都是我最敬佩的人，我希望爸爸妈妈再次和好。（这个孩子的父母已经离婚，孩子跟着爷爷奶奶生活，孩子有时候很孤单，他说希望爸爸妈妈都陪伴在他的身边）

⑫号孩子：我的爸爸又开始对我实施强硬措施了，我和爸爸说我想去参加一次研学旅行，爸爸对我说了很多，他说如果我不把学习搞上去，一切都免谈，他要求我期末考试语文成绩要在 90 分以上，数学 95 分以上，英语 95 分以上。爸爸问我参加的目的和活动的内容，他说不是我想怎么样就能怎么样，不是一切都唾手可得，我明白他的苦心，他希望我付出努力去争取我想得到的东西。其实我知道学习好是我们应该做到的事情，但是我不知道他为什么一定要把学习和奖励联系在一起，难道对于我来说要有奖励我才学得进去，没有奖励打死我也不学吗？我没有那么势利，我知道他是希望我能通过学习以后过上更好的生活，因为他把要我超过他这句话一天说个五六遍，可我还不知道能不能超过他呢。所以爸爸对我抱太大的希望了，万一我没达到爸爸的要求，他会更加生气，那我一定死定了。

⑬号孩子：每一次数学考试我都可以考得比较好。我记得有一次数学试卷发下来了，只有 89 分，我顿时被吓到了，不知道回家怎么面对妈妈。妈妈是个很好面子的人，她要是知道了我的分数就不得了了。我一直盼望晚点下

课，这样就可以晚点回家。没想到最不该发生的事情还是发生了，老师打电话给妈妈，让妈妈来学校交餐费，我们的班主任老师正好是数学老师，她不可避免要和妈妈谈到我这次的数学成绩。果然不出我所料，妈妈来到学校不久，我就被叫到老师办公室去，只见老师拿着试卷在和妈妈说着什么，我硬着头皮敲了敲门走进去，妈妈果然一声呵斥："这段时间你在干什么？听老师说你上课不认真、开小差，下课就找同学打架，这是怎么一回事？"我不敢说话，就任凭她骂我，不知道过了多久，后来我都不知道自己是怎么走出办公室的。我握紧拳头，妈妈只知道自己要面子，她有没有想过我也是有自尊心的，在那么多老师面前骂我，以后一定所有老师都认为我是个坏孩子，他们肯定再也不喜欢我了！

⑭号孩子：我妈妈每天都觉得我没写完作业，所以她每天都要盯着我，然后和老师打小报告，就算我认真地完成了作业，她也会在微信里问老师我是不是又没写完作业，害得我都差点得了作业恐惧症。我觉得老师每天揪住我不放的原因就在于妈妈给老师打小报告打多了，老师觉得每天不认真检查我的作业都对不起我妈妈说的那些话。作业恐惧症啊，我是再也不敢不完成作业了，但是我心里很讨厌妈妈的做法，她能不能不要一天到晚看着我了，我也是一个人，我也有自由，又不是一只小宠物，要整天被她牵着走。

⑮号孩子：我是一个大孩子了，可是妈妈还是不放心我的一切，我有什么话也不敢和妈妈说，上次老师让我多和妈妈交流一下自己的看法，我还是不敢，因为妈妈太唠叨了。每次我接电话，她总要求我开免提，她要一起听，就算是老师打来的，她也不放心。妈妈每次都逼着我学习，逼得好紧，我感觉自己都喘不过气来了，她和老师一起逼我，一定要让我再上一个台阶，否则她不会罢休。她每次都和我说马上就要考试了，这段时间不辛勤地付出一把，想等到什么时候再来付出。我也不敢说什么，只有拼命地学了，每天学习到 12 点，早上又很早起来，导致我的学习状态不是很好，每次上课都想打瞌睡，好累啊！

⑯号孩子：妈妈每次说她做了什么惊天动地的大事，一定会在前面加上一句都是为了我啊，她从外地回来，就说是为了我的学习，专门为了我，连店都不开了，只为了我的学习，所以回来监督我，希望我能考个好成绩。我都这么大了，还要她来监督吗？我相信只要我没考好，她一定会把她因为我无法开店这件事情拿出来扯个半天，全部怪到我的头上来。我又有什么办法呢？只能尽自己最大的努力去做了，但我害怕自己真的做不到。

⑰号孩子：妈妈总是巴不得我多多做练习，这样她就可以心安理得地去打麻将了。小时候也是这样，她把我一个人锁在家里，让我不断地做语文和

数学练习。上学了，她也是这样和老师说："我儿子就喜欢做练习，多给他买几本练习做就可以，让他不要闲着，这样对他很有好处。"做练习的时候，她从来没有辅导过我，都是我一个人孤独地做着。我很讨厌她这样，凭什么她每次都可以去打麻将，我就得待在家里不断地写作业呢？她希望老师把我管紧一点儿，她自己却从来没有管过我，每次都和老师抱怨，我英语考得好，她要向英语老师抱怨我数学成绩退步了；我数学考好了，她又要扯出我的语文成绩向老师抱怨，反正我没有一次成绩是好的。上次还是全班第二名，这次跌到了全班第三名，我又不能保证每次都考到 100 分，我想问妈妈，你小时候得过几个 100 分呢？

⑱号孩子：妈妈只知道打人，我记得小时候晚上 10 点多，她把我拉到空无一人的操场上让我罚站，我本来就很胆小，吓得一下子就哭起来，她也不理我，就让我一个人哭着站到 11 点。我不敢和小朋友打架，他们打了我，我也不想还手，我哭着告诉妈妈，本来以为妈妈会安慰我几句，没想到她拿起衣架就往我身上抽，说我怎么这么没出息，连别人都打不过，以后只能被欺负，她的言外之意是想要我狠狠地回去别人吗？虽然她平时还算比较疼爱我，但我永远也忘不了身上那一道一道的伤痕。我的妈妈也很喜欢打麻将，她总喜欢拿我和别人做比较，看到别人家的孩子那么优秀，她总忍不住要对我发一顿火。但她平时也不管我，她从来没有教育方法，每次就只看结果：结果好，大家都好；结果不好，我就少不了一顿打，我很怕妈妈。

⑲号孩子：我的妈妈从小便对我细心呵护，但她不允许我和学习成绩不好的小朋友一起玩儿，因为她总是说近朱者赤、近墨者黑。虽然我弄不懂这句话是什么意思，但每次看到其他同学有困难，我总是想去帮助他们，当然前提是不能被妈妈发现。我有时候想和同学一起玩一会儿也没有机会，我感觉我快被她弄得神经质了，因为她很严厉。说实话，我真的很怕她，不仅是我怕她，我们家里的每个人都很怕她，她要是发起火来，就会使劲儿地抽我一顿，我也不敢惹她，希望我以后的日子能过得顺利一点儿吧，别再打我了，妈妈！

⑳号孩子：我对我的父母也没有什么说的，就是希望他们不要再吵架了，每次他们吵架，家里就没有一丝温暖。他们吵架的时候简直可以用"惊天动地"来形容，比如声音可以传到几十里之外，而且每次吵架倒霉的总是我，我只要一劝架，立马会被骂得抬不起头来，仿佛所有的一切都是我造成的，是我拖累了他们，我不知道他们为什么要生下我呢。

孩子的这些心声是不是让父母有所触动呢？或许有的父母对于孩子过于

严厉，以至于从来没看到孩子内心深处的想法；或许有的父母过于宠溺自己的孩子，弄得孩子连学习的轻重都分不清楚；或许有的父母只想逃避责任，但孩子毕竟是你们的孩子，他们需要你们的关注。

有时候深深地伤害了孩子，我们自己却不知道。希望父母可以更多地了解自己的孩子，跟孩子多沟通、多交流，互相了解内心深处的想法，那样孩子才会什么话都和你们说。就算他长大了，你们之间也能够没有秘密，永远维持一种良好的亲子关系。

我们总在探寻孩子的内心到底在想什么，但我们同时发现在有些家庭里孩子会主动告诉父母自己的想法，而在另一些家庭里孩子和父母之间则存在很深的隔阂。可能就是因为我们的培养方式不同，让孩子养成了不一样的性格和习惯。有的父母费尽心思，也想知道孩子的秘密，甚至去偷偷地翻看孩子的日记本，每一次和孩子沟通时却说不到两句话，这种现象是不正常的。了解孩子，从认真倾听孩子的心声做起吧。

二、孩子们拥有的爱

每个孩子都不一样，每个孩子的成长过程都需要我们的浇灌，正因为这样，这个世界才会五彩缤纷、绚烂多彩。当孩子进步时，要和他们一起高兴地分享；当孩子面临小小的困难时，要努力地和他们一起解决问题，把每个孩子都当作自己的孩子来看待，这是作为教师的基本准则。在孩子成长的每一个阶段，都根据他们的身心发展规律不断地调整家庭教育的方法，这是家长们应该了解并且实施的。

记得曾经有一个学生和我说过，在和老师相处的这些日子里，他感觉很快乐，听到这句话也是老师最大的快乐。有一年期末考试，语文的作文题目是《我最喜欢的_____》，这是一篇半命题作文，要填一个名词进去，可以选择人或者物体，孩子们刚考完试就和我说："老师，您知道今天的作文我写了什么吗？"我很好奇，于是问他们："写了什么呀？"竟然有好几个学生同时回答我说："老师，我们写的就是您呀。"过了一会儿，又有学生说："老师，其实平时您对我们的好我们都已经记在了心里，写这篇作文也是想感谢您，谢谢您对我们的付出。"这时我深深地明白，其实每一个学生心里都装着老师，比如他们平时有什么好吃的总是会想着留一点儿给老师，他们总是很关心我。我感受到了每一个学生对我的爱，因为我也同样爱他们。每一次我总是想加倍地对他们好，孩子们也很体谅老师，这让我感到身为一名教师的快乐。

经常听到学生说："老师，我爱你，就像老鼠爱大米！"从表面上看，这句话好像有开玩笑的性质，但是深入理解一下，的确能感受到孩子们给予我的爱。如果要说我和孩子之间有着什么，我希望这是一座爱的桥梁，我们可以手拉着手自由地漫步其中。

我看了一篇关于家庭教育方面的文章，其中提到家庭教育中最重要的是人格教育。美国学校的德育侧重于品格教育，提出要为孩子发展七种核心品格：诚实、尊重、负责、同情、自律和坚韧以及奉献。总的来说，德育也是我们应该给予孩子最好的教育。我认为最好的教育就是给予爱，让孩子学会爱自己和爱别人，同时父母要爱孩子，爱包含所有的品质。当然，我说的爱不是溺爱，让孩子沉浸在爱的海洋是一件好事，但这片海洋的水不能超过它的极限，水一旦超过水平面就容易溢出来，溺爱可能使孩子养成一些不好的习惯，直接影响孩子后面的成长。

我记得以前有一个妈妈曾经问过我这样一个问题：如果在大马路上碰到老奶奶或者老爷爷摔倒了，那么该不该去扶他们？特别是孩子在场的时候，扶了的话，怕碰上和南京徐老太类似的案件；如果不扶，会不会又给孩子树立了一个坏榜样，显得有点不仁道？对于这样的问题，我想大家都很为难，那么就应该告诉孩子正确的做法，比如在帮助老人的时候可以邀上几个伙伴一起，最好有大人陪同。有时候一些安全知识也要和孩子讲清楚，孩子掌握了安全的方法，才能更安全。在看了韩国拍摄的电影《素媛》之后，我更加觉得应该给孩子们普及一些安全方面应该注意的问题，我们应尽量给予别人爱，但也要在能足够保护自己的前提下进行。爱是相互的，更是给孩子们留下美好感受的一种东西，爱也需要安全。

小孩子之间总是有冲突的，怎样消除冲突，引导才是关键。一次竞赛即将拉开帷幕，但有两个孩子为此闹起了矛盾，原来是报名的时候发了两套书，可是有一个同学的爸爸又给他打印了几份比较久之前的真题试卷和模拟题，另外一个同学看到他正在写试卷，就凑上去看着他写，没想到那个同学立马把试卷蒙住了，然后两个人就吵了起来。到了老师面前，一个说有人偷窥他的隐私，另一个则说他从来没想看他的试卷，只是看着他写觉得好玩儿。因为比赛还有两天就要举行了，现在孩子却为了一张试卷吵了起来，我顿时意识到这也不失为一次教育的良机。

我们每个人小时候可能都会对别人取得的成绩表示羡慕、嫉妒，希望自己比别人做得更好。以前我也是个不服输的人，只要别人比我做得好，我就会不服气，下次一定要做得更好。我知道有的孩子一定也是因为希望自己能够做到最好而不愿给别人提供帮助，但到最后我们会发现，团结合作的团队往往会取得不一样的效果，比一个人单打独斗要强得多。最好的成绩是互相成就，就像我们在舞台上看戏剧演员演戏一样，如果大家都各演各的，不相互配合，那么这场戏一定是不精彩的。

我首先让他们两个把事情的经过分别说了一遍，两个孩子说的情况大致相同。在了解了事件经过之后，我开始做深入分析。我先把那个看着写试卷的同学支开，单独谈话。我讲了自己小时候的一次亲身经历给那个紧紧护住自己试卷的孩子听，问他是不是和我有相同的感受。事情是这样的：那也是一次比赛，不过是一次演讲比赛，我们当时不在自己学校比赛，而是要坐车去其他学校，和我同行的还有另外一个同学，因为学校老师不带队统一去，所以都是自己坐车去。我和另外那个同学商量好第二天七点钟到学校一起去，由于那个同学爱赖床，七点十分我还没看到她过来，又由于我们没有手机这样的通信工具，我心里着急，于是一个人先走了。我当时心里的确是有点私心的，心里想着是不是她不去了，我就可以得到第一名了。后来她果然没去成，而我也没有得到第一名。其实那时候我完全可以到小超市打一个电话给她爸爸，但因为怕麻烦，还有小小的私心，就选择了不去叫她。事后我很后悔，因为我一到达比赛的场地，就看到了来自各个学校的参赛队伍，大家都是成群结队来的，只有我一个人是孤零零的，特别是抽签的时候，我的心简直要跳出来了，旁边也没有人安慰我，那一刻我才真正意识到有一个同学在身边是件多么温暖的事情。

那一次我没有发挥好，本来老师说我可以稳拿一等奖的，但是结果只拿到三等奖，因为心理状态不稳定。从那天之后，我终于明白一个道理：一个人最好的成绩自始至终都是在与他人的互相成就中获得的。不论是你的同学和你合作完成这项工作，还是你自己单独完成这项工作，我们的心里始终要想着帮助别人就是帮助自己。听完我的故事，那个学生点了点头，他似乎已经明白了，对我说了一声谢谢之后转身离开了。过了一会儿，他带着那个和他闹矛盾的孩子出现在我的面前。他先开口说："在这里我要当着老师的面向你道歉，因为我的小肚鸡肠让我们产生了误会，马上就要比赛了，今天我们一起做那几份试卷，然后再一起分析，希望我们两个都能取得好成绩！"听到他这样讲，我的心终于放下来了，那个同学也高兴地看着他，一场矛盾就这样被我用一个故事化解了。或许以后可以多给孩子讲讲老师从前的故事，故事对于孩子来说是最具有启发意义的。

三、孩子为什么喜欢玩游戏？

某一天我看到亲戚家一个初一的孩子凑在电脑前玩着游戏，我很好奇，也很想探究这个问题：孩子为什么喜欢玩游戏？于是我坐在孩子的身边开始观察起来，好在孩子不抵触。后来他的几个小伙伴也来了，并且开始讨论一些我一点儿都听不懂的游戏术语，我静静地待在一旁，仔细地看着这一切。我发现孩子们喜欢的大多是同一种类的厮杀游戏，这些游戏我之前听很多孩子提起过，后来发现这种游戏还是以战争类型居多，比如枪战就很受孩子们的喜爱。

了解过后，我觉得孩子们的行为也是可以理解的，毕竟处于他们这个年龄段还是无法忍受诱惑，有时候行为也会不受大脑控制，一切都太有诱惑力。因为之前和一个妈妈沟通过孩子玩游戏的问题，可能对孩子过于放松，所以孩子这个学期学习成绩急速下降，而他们沉迷于网络游戏，于是妈妈着急了，开始到处询问意见。对于这种情况，首先，妈妈也许没有了解孩子的具体情况，也没有询问孩子为什么现在这么爱玩游戏，只是看到表面现象，就开始责怪孩子。其次，孩子又不肯听妈妈的话，两人陷入僵持阶段。其实在这个时候家长应该给孩子一个解释的机会，并且帮助他们一起解决问题，而不是把问题扩大化，继而严重化。

如果在玩游戏这件事上家长可以和孩子好好商量一番，让他们渐渐摆脱游戏的困扰，孩子经过权衡之后就会做出正确的决定。家长对孩子成长的认识，决定了孩子的高度。如果家长觉得现在学习没什么用，学习知识照样没有好工作，结果放任孩子玩游戏，那么孩子也不会对学习有多重视。如果你花比较多的精力去关注孩子的行为细节，那么你的孩子想养成坏习惯都难。就像有一个妈妈曾经抱怨孩子的爸爸平常很不关心孩子，甚至连孩子上几年级都不知道，在家里只会贬低孩子，认为孩子没有用，学什么都不管用，孩子最后还真是这样发展的。缺少关心的孩子只会用游戏来麻痹自己，游戏也许只是他们发泄自己情绪的一种方式，只是获取一种快感，并不是他们要玩的最终目的。

家长问孩子一些他们可能并不愿意回答的问题，主要是想深入地探究一下孩子对于游戏的态度，但不能直接问，必须巧妙委婉。一开始要让孩子觉得你是和他站在一起的，他才会说真话，不能先否定他的兴趣，否则只会引起孩子的反感。看着孩子一直自言自语地玩着游戏，我只能一步一步地走近他，让他知道我是那个可以和他交心的人，他才会对我敞开心扉。他说自己只是觉得玩游戏的时候很爽，因为可以毫无烦恼地沉浸于这种快乐里，他也明白游戏不能过度地玩，但有时候就是控制不住自己。孩子还是比较懂事的，所以在我语重心长地和他谈了一番之后，孩子哭了。但目前这个阶段，他的思想并不能够控制他的行为，我的这些话可能不能让他永远记住，也许过不了多久，他又会恢复常态，但至少我知道孩子的心灵还是渴望得到成功的，他是有所醒悟的。

对于游戏，应该怎么控制孩子玩的时间呢？

先要规定玩的时间，对犯规要有惩罚。对于年龄较小的孩子，一定要在家里准备一个闹钟，因为年龄小的孩子没有时间概念，他们不明白五分钟到底有多长。家长把闹钟放在身边，一方面，可以培养孩子的时间观念；另一方面，可以让他们知道到底能玩多长时间。用闹钟来严格地控制好时间，会让孩子自觉地养成习惯。

我在一个节目中看到过这样一幕：一个孩子一玩起 iPad 就长达三四个小时，不仅对眼睛不利，而且妈妈让他吃饭，他也哭闹着不肯，甚至不断地用手打着阻拦自己看平板的妈妈。电视不让他看，他就一直摔东西和砸电视。说实话，当阻止孩子玩游戏变成这样，就应该思考是不是一开始就没帮孩子养成良好的习惯。孩子们玩游戏和电子产品等，无论是过度放纵，还是严格禁止，都是不理性的，把握好分寸才是最正确的方法。

有的父母也会和我说强制地限制孩子去玩根本没有用，虽然暂时让孩子的视线脱离了手机等，但他心里还是在想这件事情，并且学习的时候也一直在想，这样下去对学习的影响更大。家长究竟应该怎么做呢？在孩子还小的时候，家长可以给孩子规定好玩的时间，引导他玩，比如每次不能超过半个小时，如果这次不按时归还，下次就不能再玩，按照一定的规矩来做，慢慢地，孩子也会习惯于遵守。

当然，父母面对比较小的孩子还可以采用转移注意力的方法，带他们去大自然中走一走，让孩子忘却电子产品的诱惑。在学习之余放松一下身心也许是不错的选择，其实孩子沉迷于电子游戏，很大一部分原因就是没人陪他们玩，或者父母很少陪伴他们，甚至有的父母为了哄孩子，主动给孩子提供"电子保姆"。

面对电子产品的诱惑，父母应该以身作则，在孩子还小的时候，他们并不知道手机或者平板电脑是什么东西，但看到父母总在他们面前玩，所以孩子怀着好奇心也想看看吸引父母的是什么东西。于是，他们便开始学习父母的样子，这里划一划，那里按一按，渐渐地，就被游戏所迷惑。因此，当父母玩电子产品的时候，孩子想要玩的欲望也会更加强烈。所以要让孩子少玩手机等物件，父母的榜样作用尤为重要，父母下班回家后，请放下手中的手机和平板，好好地陪孩子一起阅读一会儿，或者带他们出门玩耍一会儿，再或者和他们做一会儿游戏，这是让孩子慢慢摆脱电子产品的最佳途径。

不久前，一个家长给我讲了发生在她两个孩子身上的一件事情：很早之前妈妈就开始抱怨管不住小儿子，小儿子出现漏写作业，不按时完成作业，经常被老师批评的现象。妈妈说这几天实在气不过，就打了小儿子一顿，想让小儿子觉悟，同时对大儿子有个警醒作用，没想到小儿子没怎么吓着，倒把大儿子给吓得说出了实话。为了方便两个儿子的学习，小学的时候妈妈就买了一部平板电脑供他们使用。但自从大儿子进入六年级，平板就被妈妈藏起来了，因为平时工作忙，妈妈没有时间照看两个儿子的学习，所以放学后让他们在家里写作业，由奶奶监督。结果他们早就发现了平板藏在哪里，一直趁奶奶下楼散步的那段时间偷偷拿出平板和手机玩游戏，并且连时间也算得很精准，从晚上七点半到八点二十左右可以玩接近一个小时，然后重新充电，充电也不敢多充，防止被妈妈发现。

这次大儿子"供出"这一切的原因在于，妈妈以前和他说过如果他不听话，就会在家里装上摄像头。大儿子害怕妈妈通过摄像头知道他们的所作所为，所以主动坦白玩手机、平板的事情。妈妈不曾想到原来的互相监督已经不起作用了，两个孩子已经互相"包庇"，并且不出卖对方。如果不是摄像头事件，恐怕他们会一直这样玩下去，而妈妈还被蒙在鼓里。游戏的确很吸引人，稍稍一玩便很容易上瘾，我虽然不甚了解，但平常也有学生经常谈起，甚至有的学生还告诉我他们当中有人会偷偷拿钱去买卡充值游戏，花了很多钱，这些钱大多有去无回。我们都无法察觉到孩子干了什么，游戏是吸引孩子最直接的手段，如果不及时控制，孩子很可能会陷入很不清醒的状态。

面对孩子偷偷玩游戏这件事情，我们到底应该怎么办呢？上面事件中的妈妈采取了装作无所谓的态度，但她说那是为了下一次更好地套取信息。她被大儿子说出来的话惊呆了，没有想到原来疏于管教会有这么严重的后果。两个孩子对于游戏已经上瘾，特别是小儿子，不让他玩游戏，就大哭一场。她想先把两个孩子分开一段时间，然后再做打算，以免他们又聚在一起玩游戏。孩子偷偷地玩游戏恐怕是很多家长防不胜防的一件事情，明明觉得孩子很乖，还是会出现这样的问题，这很难让家长接受。其实我觉得这些都是正常现象，孩子们也有很多我们不了解的秘密。只有深入到他们内心当中去，或出于害怕，或出于孩子和家长已经建立了充分的信任，或出于不得不说的时候，孩子才会把自己的秘密吐露出来。

要对孩子进行正确的引导，才能避免更加错误的事件发生。我记得有一个学生曾经对我说过："老师，你知道为什么我爸妈不强制性地没收我的电脑而让我继续玩游戏吗？"我问他为什么，他说："因为他们不想我重蹈我哥哥的覆辙，我哥哥原来是少年班最顶尖的学生，为什么后来会变成一个辍学在家的打工仔呢？"这个学生说得很直接，他说爸爸妈妈那时候就是因为没收了哥哥的手机和电脑，导致他频繁地到外面去上网打游戏，后来爸爸妈妈几乎每一天都在各个网吧间穿梭寻找哥哥的身影。爸爸妈妈一直觉得哥哥是个人才，只是由于他们不正确的引导，才导致他变成现在这个样子。父母对孩子正确地引导是可以和孩子站在同一角度去看问题，强制的确没有作用，父母多了解孩子，才能找到问题的关键所在。

现在越来越多的孩子开始抱怨父母整天念叨着两句话，一句是你要好好学习，另一句是你要认真读书，将来才有出头之日。父母们又深感困惑，爱玩游戏的孩子究竟应该怎么教，对于游戏到底该不该禁止？有的父母会用一些正确的游戏来引导孩子，我觉得这也是不错的方法。比如有一个妈妈提到某天她发现孩子在一家游戏厅前停留了很长一段时间，她知道孩子开始对游戏感兴趣了，于是她就去了解了一些游戏的信息，当时有一款游戏是来自美国的大富翁，据说还是美国学生必修的课程，于是她买了这个游戏让孩子在家玩，玩了一段时间，孩子对其他游戏就没那么有兴趣了，而且这款游戏相比较而言对孩子也是有益的。就靠这样的方法，她很好地解决了孩子爱玩游戏的问题。没有阻拦，相反却给予支持，孩子就可以成功地克服这类问题。当然，我也见过有的父母在孩子玩游戏上深入地了解孩子，和孩子站在同一角度去感受和体会，也会给孩子带来帮助。

对于偷偷玩游戏这件事情，孩子若能告诉你真心话，那么证明你们之间还是有共同的语言，纠正过来也就容易得多。但如果大多数家长还被蒙在鼓里，发现之后也不要像侦察兵一样整天盯着孩子不放，要给他们适度的空间去思考，家长们以身作则，先从自身做起。另外，我还想提到一点，就是我发现很多家长热衷于打麻将，我不了解其中的情况，但据我在班级群里见到的现象，家长还把打麻将的记录发在群里分享，我不知道他们是出于什么目的，但这样做非常不好，如果被孩子看到，他们会做何感想？这样的行为是否又足够尊重老师呢？我也听过有学生抱怨每次回家总是看到爸爸或者妈妈窝在沙发上打麻将，而他自己还得苦逼地守在书桌前写着没完没了的作业。我想对爸爸妈妈说："适度的放松是可以的，但是也要记住我们的一言一行孩子们都看在眼里。"在阻止孩子玩游戏的同时，我们是否也应该学会控制自己呢？

四、有一种陪伴叫作"隐形陪伴"

什么叫作"隐形陪伴"呢？其实简单来说，就是父母每天都生活在孩子身边，陪伴他们成长，但自己的陪伴是否是有质量的呢？是否让孩子真正感受到了爱呢？

记得不久前看过一个故事，讲的是一个妈妈为了全心全意地照顾孩子，辞掉了一份重要的工作，转型为一名经营护肤品的微商。虽然孩子每天都在自己身边，但是除了带孩子吃饭之外，其他的时间妈妈几乎都是拿着手机刷微信朋友圈，而孩子也是自己做自己的事情，不是看电视，就是玩平板电脑。这样的陪伴真的有效吗？对于孩子而言，他们需要的陪伴又是什么样的呢？在其他一些地方，我也看到过这样的情况，爸爸带孩子去游乐场玩，让孩子自己去玩那些游乐设施，而他一个人捧着手机一直不断地玩着，完全不理孩子。

我记得有的孩子也曾经在作文里吐露过这样的事情，说爸爸带他和妹妹一起去游乐场玩，结果爸爸边走路边看手机，连对面的车快撞过来了也没看见。他们在玩的时候叫一句爸爸，爸爸总是嗯嗯啊啊半天才看他们一眼，孩子在日记里说不喜欢这样的爸爸。更有父母让孩子写作业，自己在一旁监督，但监督却是坐在一边玩手机，还玩得不亦乐乎，那么孩子也可能有反抗的心理和不平的状态。之前也有学生说爸爸带他一起去公园散步，没想到在路上他一直和爸爸说话，爸爸都不太搭理他，只是一直嗯嗯地回答，有时候都会回答得牛头不对马嘴，而且一直看手机，因为看手机还差点撞上一个人，让他实在不知道说什么好。有一首歌里面唱得好："爱我你就陪陪我。"我想孩子们想要的陪伴应该是父母真诚的眼神和温馨的话语以及快乐地玩耍。父母表面上是想好好地陪陪孩子，陪他们一起玩一会儿，但实际上没有起到应有的效果，反而容易给孩子种下父母根本不爱自己的种子。

从家庭教育这个层面来讲，现在很多父母都以没有文化或者自己太忙作为借口，忽视对孩子的管教以及对孩子的陪伴，我甚至认为他们差不多已经成为"抛弃型家长"，或者对于孩子放任不管，或者让孩子承受太多的压力。他们从来不反思自己，只知道要求孩子，要求一个结果。想起我很早以前写过的一篇文章，开头有三个问题：身为父母，我们应该深思我们是合格的父母吗？首先要问自己，我给孩子做好榜样了吗？我给孩子足够的陪伴了吗？我真正关心孩子的生活吗？三个问题抛过去，所有的父母都应该问问自己：真正了解自己的孩子吗？孩子与你们朝夕相处，但很多父母甚至不清楚孩子需要的到底是什么。

这让我想起了前不久朋友家的孩子写的一篇作文，虽然这样的作文我以前也看过，因为有儿童绘本是专门讲这方面的故事的，我看了之后也很有启发。这是一个真正在我身边的孩子写的，而且是一篇考场作文，没有任何参考，我想如果不是真情实感，在短暂的时间内，这个孩子是写不出来的。虽然打分的时候语文老师说开头、结尾比较好，中间的特点不明显，从专业的角度给的评价是走题了，但我却觉得这篇作文很用心，写出了孩子的心里话。作文题目是围绕"假如我是……"展开想象，描写美好的愿望，下面摘录如下：

假如我是妈妈的手机

我非常想当妈妈的手机，妈妈每次一到家就拿着手机，而且马上坐在沙发上看她爱不释手的手机，也许是打麻将，也许是看电视剧。

有一次，我放学回家，正准备写作业的时候，妈妈出现在我的眼前，我看见她拿着一部手机，我就非常生气。每天妈妈都沉迷在手机里，我多么想变成妈妈的手机啊，我跑到妈妈面前，对妈妈说："每天你就知道看手机，上厕所你也要看，做饭的时候你也要看，就连你吃饭的时候，你也在看着手机，可你关心过我吗？在乎过我吗？"听完这些话，妈妈非常伤心，跑到房间里放声大哭。我本以为妈妈会改掉这个毛病，可是她又躲到房间里看手机，我伤心地回到客厅写作业。过了一会儿，妈妈出来了，说："今天我们出去吃饭。"我却一点儿也不开心。下楼后，妈妈开着车，我坐在旁边却非常害怕，就因为她开着车都要看着手机，而且车开得非常快。

到了餐馆，人非常多，大家边吃边聊，唯独我妈妈一个人看着手机。我很生气，我怒气冲冲地对妈妈说："你能不能不要总看着手机，可以吗？"妈妈听了我的话，大概是觉得大家都在旁边，有些不好意思，才把手机放下。吃完饭，妈妈立刻把手机拿出来，她拿出手机的那一瞬间，我一把抢过她的手机，我对妈妈说："妈妈，我需要你关心我，而不是每天都看着手机。"但愿妈妈从今天开始可以改掉这个坏毛病，不要再看手机了，每次她都抱怨自己的视力不好，我猜都是看手机看出来的。

妈妈，假如我现在变成了你的手机，我想我会更快乐的，因为你每天关心的都是我，我想变成你的手机。

孩子内心的呼声反映了最为真实的一切，我们的父母不应该成为"抛弃型父母"，怎样才能真正关心孩子是我们需要考虑的问题，如果有一天你的孩子也提出相同的观点，请你一定要认真思考这个问题。没有文化不是借口，再没有文化的家长也可以培养出优秀的孩子；忙碌更不是借口，因为教育好自己的孩子才是你这一生中最伟大也是最需要做的事业。

《透视孩子的心灵世界》一书中对陪伴有这样的解释："陪伴是人和人身

与心的联结，需要时间的投入和情感的交流。"① 而现在的"隐性失陪"相对于普通"失陪"而言更加普遍，也更加容易被家长们忽视，家长们还以为自己已经做到了，实际上却没让孩子们感受到。"隐形失陪"就是指家长们虽然有足够的时间去陪伴自己的孩子，但因为在陪伴的过程中缺乏有效的沟通，从而给孩子造成的精神失陪。具体表现可能对孩子的一生都会造成影响，比如缺失陪伴的孩子会觉得亲情淡漠、与别人之间缺乏信任、难以沟通。长此以往，孩子出现的问题将会更大，比如孩子容易性格孤僻、暴躁易怒、出现交流方面的障碍问题等。因此，在陪伴孩子的过程中，我们一定要做到心无旁骛，全心全意地关注孩子。

陪伴孩子其实是一件很简单的事情，哪怕你能够抽出一点点的时间带孩子进行一次体育锻炼，和他一起喂养一次小动物，陪孩子读一次书，带他们看一次有意义的电影，这些就已经足够。工作不是疏远孩子的借口，即便工作再忙，也要抽出一点儿时间陪伴孩子，和他们一起分享学习，分享生活中的趣事和烦心事。记得国外有一位爸爸就做得非常好，那时候爸爸是一名送货员，经常要到外地出差，虽然电话费在那个时候很贵，爸爸还是会每天打电话回来问候孩子，并且和孩子约定好每天两分钟的通话时间，虽然只有短短的两分钟，但是却给孩子的心理带来了很大的期待，妈妈说因为爸爸的电话，孩子每天都很积极。

爸爸每天利用短短的两分钟给孩子讲一个简短的故事，让孩子感受到浓浓的父爱。后来爸爸还把这些小故事整理成一本书，这本书就叫作《电话里的童话》，把这份爱永远地保留在每个孩子的心里。就算出差在外，我们也要记得给孩子打电话沟通一小会儿，让孩子随时感受到父母是非常爱他的。

中国的父母一般都忽视了陪伴孩子的时间，因为他们认为学习是最重要的事情，孩子学习好就已足够。记得之前我看过一个电视节目，调查孩子的父母陪伴孩子的时间有多长，大多数父母反映每天只有半个小时左右，有的基本上只有十几分钟，而且有的家长还在陪伴孩子写作业的时候玩手机。如果父母站在孩子的角度想一想，也许真的能够理解孩子的感受，凭什么你可以一直玩着手机，而我得不断地写作业呢？父母每天陪伴孩子的时间的确太少了，而陪伴一定要是高质量的陪伴，每天至少拿出半个小时左右的时间陪伴孩子做最感兴趣的事情，暂时放下手头的工作，给予孩子爱的陪伴。

更不要因为没有陪伴，便从物质享受上不断地满足孩子的需求，没原则地满足孩子的一切要求。有时候我们因为工作忙碌而忽视了和孩子在一起的

---

① 杨敏毅，孙晓青，吴权，主编.透视孩子的心灵世界［M］.北京：中国人民大学出版社，2018：17.

时光，有时候孩子的确是缺少我们的陪伴，我们不应该只盯着工作，还要在乎孩子的感受。有些爸爸妈妈觉得自己平时工作很忙，很难兼顾到孩子，于是觉得对孩子有所亏欠，就用大量的金钱来填补这种空白，一出手就是几百几千地给孩子，对孩子的要求总是有求必应，不管合不合理，只要是孩子喜欢的，都会在第一时间满足孩子。继续这样下去，孩子可能变得越来越蛮横无理，他们会认为自己所有的要求都是合理的，也会让他们觉得金钱就是万能的，有钱就能满足一切需求，更会让他们养成不劳而获的错误观念。父母没有陪在孩子身边，而给予孩子金钱来弥补，然后导致孩子在上课时间去买吃的，甚至逃课请同学吃东西，这样的情况是不是更加糟糕呢？

面对孩子的不合理要求，父母应该坚决地说"不"，帮孩子树立正确的人生观和价值观，让孩子知道欲望是有限度的，只有通过自己的努力，才能获得自己想要的东西，而不是只知道从别人那里去索取。出于疼爱，家长会一味地放纵自己的孩子，即使他们调皮捣蛋，大发脾气，甚至欺负别人，也会假装没看到，更不会趁这个时候好好地教育孩子。所以，孩子大多会比较娇惯，没有独立自主的精神。

很多孩子在心里其实会默默地考虑问题，对于大一点的孩子而言更是如此，他们已经慢慢地知道爸爸妈妈应该怎样更好地爱他们。比如对于热议的二胎问题，第一个孩子大部分是不想再要一个弟弟或者妹妹的，我曾经见过有的孩子为了逃避这个问题，甚至闹自杀威胁爸爸妈妈。曾经在我身边有这样一个小男孩，他其实是一个很懂事的孩子，但我却看见他对着妈妈号啕大哭。他埋怨自己无缘无故多了两个妹妹，妈妈就再未真正关心过他，比如自此之后从来没有陪他写过作业，每次问妈妈作业上的小问题，妈妈总会找出种种理由来逃避。我看到妈妈后来迫不得已地说："孩子，不是我不愿陪你呀，是妈妈我真的不懂呀！""那您为什么不说呢？每一次您总是扯开话题，我认为您一点儿也不像其他人的妈妈那样关心我的学习，我学得一点儿劲都没有。"

孩子边抽泣边说："还有妈妈，其实我很需要您，为什么每一次我需要您的时候，您都不在我身边呢？就像上一次，您丢下我，带着妹妹去了沈阳看爸爸，却没有带我去，那一次我考试考得不好，心情很不好，可是奶奶只知道骂我，那时候我多么想念您啊！""对不起，孩子，妈妈没有做好，因为你要上学，所以没有通知你，怕你分心，但我知道至少应该和你说一声的，你已经长大了，后来连电话也没有给你打，真的很对不起！"我们常常对孩子说树欲静而风不止，子欲养而亲不待，却不知道我们陪伴孩子长大的时间也很有限，也许你会发现孩子一瞬间就长大了。还有的家长可能都做不到像这位妈妈一样承认自己的失误，还会反过来说孩子的不是。但纵使孩子有万般不是，都只是因为他需要你啊，他爱你！世界上有各种各样的爱，其中孩子对你的爱也是要从小开始培养的，只有你传递给他爱，他才会把爱再传递出去，你在他小的时候给他什么，他长大后就会给你什么。

对待孩子，请多一些沟通，真真正正地了解他的想法，当然也可以把想法告诉他，只有真实地沟通，才能解决一切问题，当然这个不仅适合于大一点的孩子，对于幼小的孩子来说，也同样适用。还有的孩子抱怨妈妈从来没有给自己开过家长会，是不是从来就不爱自己？我追问道："你妈妈真的从来没有给你开过家长会吗？那爸爸呢？"他摇了摇头，我在想孩子心里一定还是希望爸爸或者妈妈能替自己去开家长会的。我用关怀的眼神看着他，摸了摸他的头，我知道这样的孩子可能真正缺少的是关爱，关爱对于他来说是最重要的。

我看见孩子有一点儿愤愤不平，为什么其他孩子能得到的，他却这么难得到？现实生活中有很多这样的现象，父母可能因为工作或种种原因缺席了孩子各种各样的成长。我记得有一个孩子有一天在我面前哭了好久，劝都劝不住，那是一个比赛的颁奖典礼，她的嘴里哽噎着："爸爸答应好了一定会来给我拍照的，可是他却没有来。"孩子说完这句话开始号啕大哭，我理解这样的一种失望，其实不仅我们大人会失望，孩子的失望更加让我们心疼。

其实家长会在孩子心里虽然要接受成绩的考验，可孩子还是很重视这样一次老师和家长面对面的活动，毕竟其他同学的爸爸妈妈也会如约而来，无论老师和爸爸妈妈说的是什么，只要自己能感受到爸爸妈妈是为他而来就可以了。家长会是一次考验孩子同时考验父母的会议，最美的家庭教育在于有爸爸妈妈的陪伴。

家长们，如果你们有机会，请一定珍惜和孩子在一起的时光，不要让孩子失望，因为时光一去不复返，带给我们的一定是无尽的遗憾，从现在开始，让我们和孩子互相爱对方多一点。

五、骄傲的孩子更需要爱

有的父母说最怕孩子骄傲，最讨厌见到孩子得意扬扬的样子。当你成功地做成了一件事情，你是不是会有深深的自豪感，你是不是也渴望得到别人的赞扬，你是不是也想让所有人都知道？其实孩子也一样，孩子是需要鼓励的。有的家长会说如果鼓励过头了是不是就会起反作用，导致孩子变得骄傲呢？虽然的确会出现这个问题，但如果家长掌握好方法，还是可以很有效地解决这个问题的。

比如当孩子出现骄傲情绪的时候，你是怎么做的呢？A. 听之任之，任由孩子继续骄傲下去，不管不理。B. 用具体的事例向孩子说明骄傲的坏处，给孩子足够的空间去思考自己存在的问题。C. 让孩子自己去体验一下骄傲带来的不良后果，从实践中得来真正的感受。D. 严厉地呵斥孩子的骄傲，并且当面和孩子说其实他没什么了不起的，没有什么值得骄傲的地方。

针对不同的家长，采用的方法也是不同的，但始终要遵循一个原则，对待自尊心极强的孩子，在他们骄傲的时候千万不可以打击他们，而是让他们意识到骄傲会给自己的学习和生活带来怎样的影响。有的家长面对孩子的骄傲可能更多的是打压，希望孩子谦虚一点儿。其实骄傲是一种正常的现象，我觉得适当地让孩子骄傲骄傲也不是不可以的，只要注意分寸，不要让孩子骄傲过头，满足孩子的成就感又有何不可呢？

我其实也为孩子们这样的问题苦恼过，比如之前接触的一个孩子，他是个比较叛逆的孩子。对待这样的孩子，我会好好地去鼓励他，在他做得好的时候肯定他的优点，但也出现很多问题。比如，我为了让他有信心，经常鼓励他，让他感觉自己在这方面已经不用担心，于是他开始对学习持无所谓的态度，变得异常懒，理由是自己已经这么好了，还努力干什么。但是不鼓励他，他又会表现出很颓废的样子，对待什么都没有信心。于是，我开始思考到底应该用怎样的方法对待他。

面对这样的问题，孩子是没错的，鼓励也是没错的，问题的关键在于找到合适的方法去帮助他克服骄傲的源头。后来我慢慢发现，他骄傲的原因在于他的姐姐。原来他姐姐一直以来都比他优秀许多，于是他心里很不舒服，一直想要比过姐姐。之前每次考试都和同年级的表妹一起比，一旦比不过，心里就开始嫉妒；而一旦比过了，心里就高兴得不得了。所以他就想通过骄傲来掩饰自己内心的自卑，他事事都夸赞自己，暗示自己是了不起的，这样在别人眼里他就成了非常骄傲的孩子。

姐姐中考考上了一所不错的学校，这更加让他觉得没有面子，于是就算期末考试没有考好，也和平常一样骄傲。甚至对妈妈撒谎，说自己每一门功课都考了90多分，后来妈妈发现了，他便和妈妈大吵一架，并且发誓说自己再也不要好好学习了。这个孩子以前一直很倔强，妈妈也没有办法。我和他谈心，他说在这个世界上他最不喜欢的人就是姐姐，每次姐姐总要抢了他的风头，别人都说姐姐这里好那里好，唯独他总是美中不足。他说妈妈在这一方面也不关心他，每次总是说他，从来不责怪姐姐，在家里是这样，在学校里也是这样，弄得他没有一点儿快乐的感觉。

　　我怀疑孩子是不是看待这个问题太过于偏激了呢？也许姐姐是很关心他的，只不过是他自己想多了，没想到孩子说不是这样的，每当他犯了错误，姐姐都只想嘲笑他，从来没有替他考虑过。我让他把姐姐对他做的令他印象最深刻的几件事情列举出来，然后帮他分析姐姐是不是在嘲笑他。他慢慢地列了出来，第一条是在他八岁那年，有一次和同学打架，结果没打赢别人，自己倒被打得鼻青脸肿，被姐姐发现后，他让姐姐不要告诉妈妈，没想到后来还是被姐姐打小报告让妈妈知道了。第二条是他过十岁生日的时候，外公给他买了一个生日蛋糕，他本来想切一块最大的给外公，没想到被姐姐抢先一步，让他觉得那仿佛不是他的生日，外公因为姐姐懂事，在姐姐过生日的时候给她买了一个更大的蛋糕。第三条是在他升入初中开学的那一天，本来妈妈答应送他去学校，结果因为姐姐的一句话——"应该让他独立去锻炼一下"，害得他走着去了学校。他说这些事情他自始至终都会记得，因为姐姐总是在用她自己的更好来嘲笑他，而且一直在抢他的风头。

　　我和姐姐也聊了这些问题，了解到事情的原委之后，我装作吃惊的样子对他说："原来是这些事情啊，那你想一想这些事情后来发展成什么样子了呢？不要只关注前半部分，看看后半部分。"我让他把结果写在纸上，他仔细回想了一下，开始在纸上写起来，后来孩子竟然边写边哭了起来。第一件事情的结果是因为姐姐告状，妈妈得知他被打的事情后立马去学校找了老师，老师惩罚了那个把他打得鼻青脸肿的孩子。第二件事情的结果是姐姐的那个生日蛋糕，外公把最大的一块切给了他，让他努力学习，追赶上姐姐。第三件事情的结果是一次走路的锻炼，让他以后不再害怕一个人外出，独立自主的能力的确得到提升。

　　孩子也许一开始没什么感触，但他后来哭了，他明白了姐姐其实并不讨厌，一切都只是他想多了而已。他把姐姐的好都埋藏在他的骄傲里面，觉得自己永远是最好的那个人，谁也比不上自己。孩子终于找到了自己的不足，能真正地改变自己的骄傲，能超越别人自然是好的，但是这种超越不应该建立在过度骄傲的基础上。

　　孩子的骄傲只是隐藏在那里，孩子有时候就是这样，骄傲的情绪一旦发泄出来，其实很容易化解。但这是一个时间差的问题，在于家长到底是一时解决了问题还是永远地解决了问题，家长不找到事件的根源，那么问题的隐患还埋藏在那里。

　　处于成长快速期的孩子，他们的思想成熟往往在一瞬间，他们的行为往往不考虑后果。我见过更加骄傲的孩子，嘴巴里总是念着自己是学霸，无论走到哪里，都告诉别人自己是学霸级的人物，但真正体现学霸的价值却是在自己和别人打架上面。孩子仗着自己高大，于是欺负其他的孩子，这是孩子的另外一种骄傲，骄傲于自己的身高，骄傲于自己的强壮，强迫别人认同自己。

最初的时候我也看不懂这种骄傲，后来我渐渐明白骄傲的孩子其实内心有着更为脆弱的一面，他们希望通过自己的恃强凌弱来掩饰内心的自卑感。可是他们这样发展下去，就会成为一个大家都讨厌的人，就会失去所有的朋友，成为一个孤立无援的人。我记得我初中时就有这样一个同学，他的高傲有时候让别人忍受不了，他总是嘲笑别人不如他，说他才是最厉害的人，总是说别人考试成绩好都是作弊得来的，而他才是佼佼者，而且他天天对着大家说这些内容，后来很多人都很厌烦他的这种行为。有一天，我在一个角落里发现他崩溃大哭，才明白一直以来他的骄傲都是为了让自己不被别人瞧不起，他想让自己骄傲一点儿，这样也能在别人面前多显摆一下，显示自己的强大，可是大家都不理解他。我想这或许就是骄傲的孩子更需要爱，正因为他们内心缺少爱，才会做出如此举动。

有这样一种类型的孩子，他们高冷并且不屑一切，他们内心尊重别人却从来不在表面表现出来，总是给人一种想远离的感觉，但真正远离的时候又让人感受到他们的可爱，这个特点经常出现在年龄稍大一点儿的孩子身上。他们渴望脱离老师和父母的怀抱，却又没有勇气跨出这一步，他们努力地释放自己，却又不希望别人看到，他们就是矛盾的共同体。我不止一次听家长这样抱怨过："为什么我的孩子从来不开口说一句英语，为什么他们说英语总是要避开我们？"在小学阶段我们一般认为这是因为孩子害羞，怕读错受到家长的批评，到了初中就不存在这样的问题了。但我想说的是初中的孩子这个问题依旧存在，而且越来越严重，很多孩子逃避父母，为了不让父母说自己的不是，就会形成一种条件反射，那就是父母在场绝对不学习，也绝对不认真学习。高冷的孩子绝对有温暖的一面，这是我可以确定的，因为我曾经碰到过这样的孩子，他在别人面前骄傲自满，但背后却悄悄做着好事，我把它命名为"做好事不留名"的精神，真希望父母们也能感受到这种精神。

父母看不到孩子学习的状态，只是觉得孩子在不断地玩儿，矛盾就容易激化。于是开始漫无止境地说孩子，种种旧账全部翻出来，就出现了孩子和父母斗嘴甚至打架的局面。在这一方面，我通过努力取得一些成就，我很高兴看到孩子们在父母面前"光明正大"地读英语，认真地听着老师的点评。

作为一名老师，我在课堂上会先和孩子们商量好我们下一步的具体计划，把孩子纳入我们的学习计划当中，给他们充分的自主权去选择一些学习内容，然后通过和家长的沟通把任务布置到实处。例如，我今天英语的练习里有一个听力练习，我的要求是听写并且复述，那么我会通过微信或者 QQ 的方式给家长发去短信，交代好今天的作业，学生肯定也是做好了准备的。任务布置下去了，要求学生去读，并且掌握之后去写。

激发学生的兴趣，关键还在于下一步，等他们写完和读完之后，讲解的过程很重要。在这个过程中要注意以鼓励孩子为主，他们能够用心去完成教师的任务，那么就是最棒的。在讲解的过程中，教师一定要充满耐心，无论遇到什么样的困难，都要和学生一起解决。可能有的孩子在第一个步骤中就是不情愿的，那么就要靠教师想一些办法帮孩子找到最合适的方法。有时候在课堂上也可以给学生打打气，告诉他们即将面对的一些问题。比如我经常告诉孩子，他们能够认真地去学习，老师发自内心地高兴。要知道他们在付出，还有无数的人和他们一样甚至比他们付出得多。他们也可能看到一些懒惰的人，那些人巴不得天天躺在家里睡大觉，吃饱了就睡，那么他们就是永远落在后面的人。而我们的目光不能太短浅，要知道我们的前面还有无数个人正在奔跑，如果歇了太久，就容易被他们超越很多。所以放下那颗不安静的心，要适当地做个安静的美男子或美女子。每次我讲到这里，学生总是会笑，他们说自己不适合做那种类型的人。我就会反问一句："你没试过怎么知道？试试才健康！"每个人都有很多面，把一面保留在学习上一段时间，渐渐地就可以练成一个美男子了。我们的后面有人在不停地追赶，前面的人在不断地奔跑，我们如果抱着后面能甩多远甩多远，前面能超一个是一个的心态去学习，那么你想不进步都是很难的。我一直采用激励的方式，有时候我也会凸显一下我的辛苦：我每天都在为你们的学习而努力，你们怎么能够不努力呢？

我一直都用一种坚定的眼神看着孩子，把爱奉献给他们，因为我相信他们，他们最后一定会取得一个不错的成绩。他们只要做好自己分内的事情就行，而我要面对的是一大堆人，换言之，我要做的事情是他们的十几倍或者几十倍之多，他们应该理解老师的辛苦，该让他们理解的时候就让他们充分理解。父母也是一样，为什么辛苦了一天，下班之后得不到孩子的一句好话，还适得其反呢？这就是我们没有让孩子知道我们的辛苦，他们体会不到，自然不会当一回事，也许小学阶段的孩子印象还不够深刻，但对于初中的孩子而言，却是一种感悟，他们知道爸爸妈妈的付出之后，也许会变得比爸爸妈妈还要上进，这就是领悟的力量。孩子大了，也更加懂事，我们再稍微启发一点儿，那么对于孩子来说，感悟的话就不止一点点了。但是切记，不要把辛苦总是挂在嘴边，那样在孩子眼里辛苦会慢慢变得一文不值；不要把自己的辛苦归咎于孩子的过错，那样孩子心里不但没有愧疚感，反而增加沉重感。

不要觉得孩子有了愧疚感就会听话，其实孩子更加渴望和平式的教育方式。我会真心实意地说出我的辛苦，期待他们的理解。孩子是父母的宝贝，也是我们应该关注的对象，把关注转化为关心，让孩子感受到爱，爱的能量就在于此。

我很喜欢心理学，所以常常用心理学的知识去和孩子们讨论他们的特点，这个时候往往是学生最感兴趣的时候，渐渐地，他们也乐于和我探究一些问题，乐于倾听。比如之前有一个学生是属于高冷型的，每次他总是抱着瞧不起别人的心态去和别人保持距离，每次上课当别人回答出一个问题，或者老师提出一个问题，然后这个问题得到解决之后，他便发出一声冷笑，接着呵呵一声。我每次问他为什么，他总是说没什么，但我知道这是一种习惯性的行为。

他以前可能经常是这样的，这个举动让其他的同学都很不舒服，正好班上有一个比较了解他的同学，我便私底下去问了关于他的情况。因为我想为他解决这个问题，他可能也意识到自己缺少朋友。后来有一次上课，同学们让我再做一次针对心理特点的分析，因为我之前上课的时候会和孩子真心地交流，把我对他们的一些看法真诚地告诉他们，渐渐地，孩子们也乐于接受这种方式，甚至还常常追着让我给他们做分析。他们觉得心理学是一门神奇的科学。在分析的过程中，我用一种独特的方式瞬间提到这个同学。

在征得他同意的情况下，我开始分析他的一些特点，我说我觉得他其实很想走近别人，但有些情况自己也无法控制，这是因为他内心那份独一无二的骄傲给他带来了至上的荣誉感。他便觉得自己也可以解决这些问题。我看得出他是个头脑灵活的孩子，他的确有能力去解决这些问题，但他要放下自己的架子，把他的观点平易近人地告诉别人，那么别人会觉得他是个很有智慧的人。要懂得把自己的优点展现出来给别人看，而不能总是藏着掖着，然后在别人顺利解决问题之后报以冷笑，那么别人自然不愿走近他。

他要是能够凸显自己的长处，把长处运用到实际的生活当中，帮助别人去解决问题，那么最后一定是一个最受欢迎的人。听了我这些话，他一开始用一种否定的态度来对待，后来又若有所思地点点头。我知道我也许不该把话讲得这么明白，但我希望他能够体会得更多。说真话虽然会得罪别人，但面对孩子说真话其实也没那么多需要顾及的，因为他们都很单纯善良。

也许下一次这样的讨论应该围绕个人进行，每个人都有自己的隐私，有些话也不能放在公开的场合去讲，有些孩子会不好意思。不过大众的目光还是会放在如何去帮助别人上，比如孩子们会热情地帮别人出主意，在听了别人的一些意见之后，他们会努力地去想办法，为了别人，也为了自己。他们从来不会去嘲笑别人，因为每个人都有自己的问题。

每个人的特点都不一样，见过各种各样的学生之后，帮助他们变得更好也成了我的兴趣之一，在成就他们更好的同时，我自己也在不断进步着。每当成功地解决了一个难题之后，我顿时信心满满，成就感颇强。

有一个学生非常内向，她经常让别人感觉不到她的存在，每次上课总是不多说一句话，回答问题也是扭扭捏捏的样子，经常说的一句话就是："老师，千万不要点我回答问题！千万不要点我！"

我从这句话上迅速找到突破口，她不喜欢回答问题，我一定要让她走出去，勇于面对别人。我没有强迫她去回答问题，而是在课下的时候经常和她交流，我还为她调换了座位，把她安排在讲台旁边，课后的作业里有什么问题，一开始每次都是我主动去问她，我把她当作一个朋友一样对待。后来她终于敢和很多人交流了，上课的时候也变得活泼开朗了很多，每次读英语都读得很有自信，就算读错了，她也不怕，勇于纠正已经成了她的习惯，她已经成为那个热爱丢脸的人。享受丢脸才能享受成功，正如我之前熟读并且教给他们的那句话：China needs English talent，China needs people who can enjoy losing face. 和稍大的孩子站在同一个地方去看同一片蓝天，他们会觉得我们就是最贴心的倾诉者。

六、小小作文汇集篇

您是否真正关心过孩子的学习？您是否为孩子的学习问题而深深的苦恼？作为教师，作为家长，我们是否为孩子创造了一个良好的学习环境？曾几何时，孩子在写作业的时候，还曾听到您大声地和牌伴打着电话，询问着什么时候去打麻将？曾几何时，您对孩子说会给他检查作业，却不知道您检查的是作业还是手机？曾几何时，我们想过孩子为什么成绩一直得不到提高，却从没想过原因就在于我们自己。我们每个人都有玩的欲望，但能否在孩子面前稍微克制一下自己，孩子也想玩，他们甚至比我们更爱玩要，因为爱玩是每个孩子的天性，为什么我们想玩，却理解不了孩子想玩。

我很庆幸看到每次过马路父母在孩子提出疑问时，能用正确的方法去教他们。比如孩子说那个叔叔为什么闯红灯；为什么他可以走，我们却要等这么久？妈妈会很耐心地告诉孩子闯红灯是一种不正确的行为，我们不学他。这种行为无疑为孩子做出了最好的榜样，而不是和以前一样带着孩子闯红灯，还说因为时间紧迫，在孩子劝告父母时，父母还没有理由地责骂孩子。我坚信只要一直坚持做下去，孩子一定会养成一个良好的习惯，并且把这个习惯传递给其他的孩子，这样社会必然会发展成一个和谐的社会。

我一直在寻找教育孩子的最好方法，《小别离》的故事让我更多地看到了中国父母的心声，可怜天下父母心，做父母的都希望自己的孩子在自己离开之后能够更好地生活，希望为自己的孩子打造一个光明的未来，让孩子无忧无虑地生活。在故事当中，朵朵的妈妈童文洁由最开始的不懂孩子到后来知道自己的女儿是多么了不起也是经历了无数的波折。不同的阶段对于很多孩子来说的确是不同的关键时期，但作为父母，更应该考虑倾听孩子的心声。按理说孩子已经这么大了，已经有自己独立的思考能力，他们明白自己应该做什么，不应该做什么。尽管在孩子做得不对时，父母应该适时地提醒他们，但父母不能用十分强硬的态度强迫孩子，而应该认真听听孩子的心里话，了解他们为什么要这么做以及提出自己的想法。孩子和父母之间更要讲究平等对话，平等对话是维系父母与孩子关系的纽带，只有父母真正做到平等，孩子才可能和你说心里话，最后父母真正理解孩子，孩子也更加体贴父母。

有个孩子和我说她多么希望妈妈不要再逼她，她实在无法承受这么大的压力，一方面，她爱她的妈妈；另一方面，她又觉得自己真的活得很累。有一天她甚至对我说："小露姐姐，你说人活在这个世界上是为了什么呀？我现在马上中考，中考过后又是三年的时间忍受煎熬，特别是我妈妈，每次见到我总要说一大堆讽刺我的话，我真的不想再听了。"

我记得我握着她的手安慰和鼓励她，当时我以为她听进去了，便没有过多在意，没想到几天过后传来的消息竟然是她割腕自杀，我在想到底是怎样的教育把一个孩子摧残成这个样子。她爸爸平时对她的确很严格，几乎不让她放松一下，却常常对自己的事情说得出做不到。妈妈也是每次想激励她，于是就不断地说她的不好。听到消息的那一刻，我真的很害怕，害怕她承受不住，害怕孩子们承受不住。父母常常把这些叫作"严厉的爱"，却不知道自己的孩子能否理解这份爱的初衷，也许在孩子看来，父母自己都做不到，又怎么能逼迫孩子去做到？

我在这里要特别感谢一个家长，是她的话让我真正懂得了爱孩子的心是怎么样的。这个妈妈曾经和我说过她最关心的是孩子的健康成长，没有什么比这个更加重要，学习成绩也可以成为次要因素。我想孩子生活在这样的一个家庭里一定特别幸福，因为她的爸爸妈妈希望她健康快乐地成长，然后再关注她的成绩，一方面关心生活，另一方面关心学习，这样的孩子在学习上一定会取得进步，只是时间早晚的问题。当然，每个家长都希望自己的孩子能够开心，成绩不是不重要，但我们要在适当的时候给孩子一个喘气的机会，让他们用"心"铸造成绩，这样的成绩才是值得期待的。

我愿意在这里分享几篇孩子们写过的文章,让家长们真正知道孩子的担心和忧虑,希望家长能真正理解孩子。

曾经有一个高三的孩子写过这样一篇作文,仿照马丁·路德金的《我有一个梦想》,她的作文题目是《我也有一个梦想》。

我也有一个梦想

中国是一个拥有五千多年历史的文明古国,在它历经原始社会、奴隶社会和封建社会的磨难之后,终于站在了世界的舞台上,崭新的一天又开始了,崭新的一页又翻开了。

我是一名中国学生,我想说的是我和马丁·路德金一样也有一个梦想。每个人都希望自己的祖国繁荣昌盛,不管是在政治上还是经济上,抑或是文化上,都可以占有一席之地,居于世界前列。当然,这需要全国人民的努力。孩子是祖国的花朵、民族的未来,培养他们早日成为栋梁之材也是我们国家尤其重视的事情。

国家举行的高考给广大人民提供了一次充分实现自身价值的机会,一次改变人生的机会,这个是专家对高考的权威解释,而事实是否真的与专家所说的一致?这个不能全盘否认,高考是公平的,但那只是一方面,以考试的成绩来决定一个人的水平,这样的方法不是很科学,我们从此背上了沉重的负担,而且从小就被告诫要好好学习,将来的目标就是通过高考考上一所名牌大学,这样就可以找到一份好工作,赚到很多钱。爸爸妈妈通常告诉我们的就是这些,但他们却不知道我们失去了多少快乐,没有了多少欢笑。

高考的确是一次公平的机会,但这公平背后又有多少孩子在受着摧残,沉重的学习负担压得我们喘不过气来。也许我们可以找到一种更好的办法来改变教育,也许我们无法做到让所有人都满意,但我们应该寻找更好的方法。

也许将来的某一天,我要和中国的同学们一起解决好中国的教育问题,让祖国真正在世界上立足。中国的学生们何时才会满意呢?

只要中国的孩子上学不是为了学真本事,而是为了"考大学,光宗耀祖,找好工作",我们就决不会满意。

只要还有一个孩子为学习而烦恼,甚至厌恶学习,我们就决不会满意。

只要中国的大学生还有优秀的学生连鞋带都不会系,鸡蛋壳都不会剥,我们就决不会满意。

只要中国孩子的创造力依然被学校、老师、家长压抑着,我们就决不会满意。

不!我们现在并不满意,我们将来也不满意,除非教育能还中国的孩子一个幸福快乐的童年。

我梦想有一天，中国的学生能有更多的信心自强自立，务实并注重个人能力，敢于冒险，开放和创新等，虽然我们也有优点，但我们希望自己更强。

我梦想有一天，中国的孩子也能笑着说学习的乐趣。

我梦想有一天，不再只是那些小饰品、手工类的东西贴着 Made in China 的标签。

我今天有一个梦想。

我梦想有一天，我们可以不再购买外国的技术、设备、知识产权。

我今天有一个梦想。

我梦想有一天，中国的科技研发能力能远远领先于美国、英国、德国等国家。

这就是我们的希望，有了这个信念，我们将能摆脱更多的困境。有了这个信念，中国在世界的舞台上将会拥有更强大的魅力。

大国的崛起靠的是科技，国与国之间的较量说到底就是国民素质的较量，是人才的较量。

中国的孩子们，中国的学生们，我们都是中国人，现在就让我们站起来吧！让每一棵祖国的花朵都开得真正的鲜艳与灿烂。愿祖国的明天更加繁荣富强。

我们很欣喜地看到我们的祖国在一点一点进步，新课改的兴起、核心素养的提出以及中高考的改革说明我们中国先进的教育理念正在不断推进。这篇作文是在很早以前（至少是 2011 年以前的一篇作文）由一名中学生完成的，伴随着时代的发展，也许它早已过时，但依旧值得我们深思。我们伟大的祖国现在也涌现出一大批诺贝尔奖获得者，如 2012 年 10 月 11 日，瑞典文学院宣布中国作家莫言获得 2012 年诺贝尔文学奖；2015 年 10 月 5 日，瑞典卡罗琳医学院在斯德哥尔摩宣布，中国女药学家、中国中医科学院中药研究所首席研究员屠呦呦以及威廉·坎贝尔、大村智获 2015 年诺贝尔生理学或医学奖。一代更比一代强，我相信未来的中国在教育事业上一定有更加辉煌的成就。

考试后……

千言万语汇成一句"对不起"，但这句话似乎已经说了很多遍，也许妈妈早就因我成绩不理想而对这句话的存在显得不耐烦了。

本来我是想在期中考试中挽回所失去的东西，至少可以为自己争一口气，我迫切而热烈地希望这次考试的到来能给我带来一丝惊喜。但一切仿佛在一瞬间改变了，可以说这两次考试将会成为我人生当中最大的败笔，我不知道还会不会有第三次，唯一值得肯定的是我想努力，而且我一直在努力。妈妈说付出终有回报，她用了许多例子来为我解释，我也一直坚信这一点，以前我的成绩由高到低，起起伏伏，后来到初三的时候我彻底陷入低谷。正是这句话让我坚持到底，虽然中考并没有发挥好，但所幸的是进入了一所还不错的学校。

在以后的道路上我坚信我会走得更好。我想认真地做好每件事，可能是因为做事的方法不对而导致事倍功半。我为什么每次都不能完美地完成某件事？我为什么总是在考不好之后心情低落？妈妈，请不要认为我有多内向，我是在生我自己的气，一次又一次失利，我不得不重新审视自己。但是我不会放弃，我永远也不会放弃。尽管条条大路通罗马，我还是会选择学习这条路，再苦再累我都要坚持，风雨过后终会见彩虹，没有人能随随便便成功。先苦后甜的过程是一种享受，等到先甜后苦再来后悔就已经来不及了。

学习方法不对、苦读书、害怕问问题、害怕失败等原因是我至今仍然存在的问题。老师说他并不赞成苦读书，妈妈也告诉我把学习弄好的前提是放松心情，这两种观点似乎巧合为一种观点。到底是与生俱来的爱好或厌恶促成了今天一切的一切，还是我本不该存在某种偏私的想法？我知道我要从自身找原因，治病要找到病源才能对症下药。

做作业不仅要做得快，还要做得好。我通常不能两者皆取之，快就不一定好，好也不一定快。每天我听到别人说他们通常9点半就写完了作业，而我却总是在12点钟之后才拖着疲惫的身体入睡，难道我的作业比他们多，不，每个人都是相同的作业量，我做一道题花费的时间往往是别人的三倍。而且我几乎所有的课间休息除了上厕所外，都拿来写作业了，竟然还比别人晚睡两三个小时。这一切在别人眼里好像是不可思议的，可它就真实地发生在我身上，晚睡觉又会影响第二天的听课效率，如此循环下去，会造成什么样的后果我倒是领教过了。容易的问题不敢问，最终问题越积越多，我的心情也就越来越沉重……

这是一个小女孩在一次考试之后写的一篇作文，我们可以看到她对于妈妈的愧疚，但是孩子尚未找到正确的学习方法，孩子意识到了自己的问题所在并且竭力想去解决它。也许我们应该认真思考，更多的时候是不是不是孩子的问题，是不是我们太过于苛求孩子。其实我们想到的一切，孩子心里都懂；而我们不知道的时候，孩子其实也知道。

学 无 止 境

一个一无所知的男孩在知识的海洋中快乐地遨游，最终成为学识渊博的大学教授……

我依旧清晰地记得第一堂语文课上，老师就曾经说过她希望我们班的同学都能够把"书山有路勤为径，学海无涯苦作舟"改为"书山有路勤为径，学海无涯乐作舟"。同学们说最重要的两个字就是"勤"和"苦"，这也是决定我们学习态度的关键所在，我知道在一定程度上勤奋决定成功，在学习中我们可以不踏上这条苦路，只要你用一种无比轻松的心态去学习，你会发现学习中是有很多乐趣的。只要我们把乐趣转化为兴趣，那学习中的积极性想不提高都难。上次老师告诉大家有些同学渐渐觉得自己与班上的人有一定的差距，我有时候也会这样认为，当某些作业想破脑袋也想不出来的时候，那种自信突然间就消失得无影无踪了。但我也会想到别人是不是也做不出来，心里才有了一点儿建立自信的信心。

不知道是不是受我爸爸的影响，本来小学时我各门功课都很平衡地一起进行，到中学由于问题难上加难，再加上爸爸是数学尖子，于是有些回家不会做的作业我就向他请教。但有时他会乱发脾气，教了这么多遍还不会，他已没有耐心为我讲解，接着便是劈头盖脸的一顿数落或者臭骂，我的书也被重重地扔在地上，之后爸爸的摔门而去让我更加伤心。等他走了，我便趴在桌子上哭，熬到很晚才自己把题目解决，就这样我慢慢地对学习数学失去了兴趣，之后又连累到物理和化学。为什么父母的专长一定要强加到孩子身上，父母们好像认为"他们会的，孩子一定要会"。

而且他们要把孩子培养得比他们更加出色，我知道这种想法的出发点是好的，但是做法可不可以改变一下。我曾经听过北京四中的一个讲座，校长给我们讲了一个故事，有一对父母一个是物理学教授，另一个是外语系教授，但他们的孩子却是这两门功课学不好。听到这个故事时，我不禁与故事中的孩子产生了共鸣，他似乎就是另外一个我，只是感觉我的父亲更凶而已。难道是我没有遗传到他们的优点吗？还是我根本不是他们的亲生儿子，而是在马路上捡来的一个孩子，才会这么不优秀。不会就是不会，我可以把它弄到会为止，也许这并不能怪他们，父母也是心急。可怜天下父母心，试问哪个父母不望子成龙、望女成凤呢？我喜欢看作文书和一些经典名著，这使我对语文和英语的热情有增无减。偏科对于我来说是个大问题，但愿在以后的日子里我能彻底把这块心病治好。

突然间想起王之涣的《登鹳雀楼》，其中有两句诗是我最喜欢的："欲穷千里目，更上一层楼。"鼓励对于更上一层楼是尤其重要的，对于每个人都有独特的意义，我会在弟弟搭好积木之后为他鼓掌，我经常对自己说："我能行，我一定可以的。"妈妈会在我进步的时候勉励我继续前行。任何事物都可以达到更上一层楼的境界，否则又何来鼓励呢？

一个满脸充满疑惑的小男孩在学习的道路上漫步，走向他人生的最高点，走向那学无止境的殿堂，看，他终于笑了……

有时候父母急迫的心情反而让孩子无所适从，父母的长处不应该强加到孩子的身上，孩子是孩子，父母是父母，本来就是不一样的。不少父母总是希望孩子可以超越自己，但孩子的人生道路还是要靠他自己不断前进，至于到达哪里，也要根据孩子的情况而定。

考试的阴晴圆缺

这几天天气阴沉沉的，我的心里也颇不宁静。骑着自行车独自一人向远方驶去，路旁的树梢无力地摇摆着，似乎在向我讲述风雪之后它的感受。

"同学们，从今天起，我们的期中考试成绩就会陆续下来。"老师严肃的声音又一次在耳边响起。我的心顿时被这一句突然袭来的话语给弄得如同十五只吊桶打水——七上八下。只见同学们也同我一样，他们有的垂头丧气地捶着桌子，有的得意扬扬地笑着，还有的甚至在老师面前大声地叫着"No"。而我此时此刻却感觉自己全身都在颤抖，不知是天气冷的原因，还是害怕接受这一残酷的事实。

"卷子来了"，班长吆喝着抱着一大摞的试卷边喊边走进了教室。同学们于是一个个争先恐后地挤到那堆"宝贝"面前，连刚才说着满不在乎的话的几个同学也守在卷子前蠢蠢欲动，我静静地坐在座位上等待着那片属于我的黑暗。突然间发现自己的手心在这么寒冷的天竟出了许多汗，同学们七嘴八舌地议论着各自的分数，"什么，你考得那么高""那当然，我是谁""哎呀，回家我的屁股又得遭殃"。

拿到分数的那一瞬间，我反而不那么紧张了，手心里的汗似乎变成了冰块被我紧紧地握住。我究竟该怎么办？我在心里默默地想着。就连同桌向我借试卷，我也没有听见。这时我的试卷上仿佛出现了一个小人朝着我说："你真笨，又考这么一点儿分，怎么对得起你的父母？"是啊，我又该如何向父母交代呢？正当我陷入一片沉思当中，身后的一声尖叫很快把我拉回了现实。原来以前的一个学习成绩不太好的同学这次数学考了90分，于是每发下一张试卷，她都忍不住惊叹一声："啊，没想到我运气这么好！"下课我听到她悄悄地对坐在旁边的同桌说："多亏你拿给我看了几眼，不然这些题我就是个睁眼瞎。"看着她兴奋的样子，我深深地低下了头。

回家的路上，风婆婆似乎也不肯放过我这个内心已经伤痕累累的人。我忍受着刀割般的雨点，前方的花儿已化作春泥消失在一片朦胧中。

一篇这样的作文也算是吐露了孩子的心声，每一次考试都好像是一次重大的考验，煎熬着孩子的内心。其实我发现这些孩子都有特殊的才能，但是他们没有把自己的才能展现出来。我记得在范曾老师主持过的《开讲了》中，诺贝尔物理学奖获得者杨振宁先生曾经讲过父母和老师对于一个小孩培养的话，如果发现他在某个方面有些特别才干的话，就帮助他培养这方面的兴趣，如果培养下去，将来就可能发展出一个有用的职业，如果早发现的话，就可以有大成就。

的确是这样，我们应该善于发现孩子的长处，把他们的长处培养得更加长远。就像在创造性的培养措施中，要求家长做到的，也是家长要善于发现孩子的创造性，鼓励创造性的发展。

第二章　我们会在期待中进步

一、别急，只是慢一点

　　渐渐地发现孩子们真的是在期待中一点一滴进步起来的，和他们一起制订一系列计划，而他们没有感到一丝厌恶，让我觉得有一些事情只要商量好了，都是可以接受的。比如在暑假的时间里，给他们制订的听力口语写作练习计划，他们一直坚持到了暑假结束还在认真地做着，不管怎么样，我都觉得很欣慰。

　　虽然自己也付出好多，从暑假开始，我一直坚持地做着，从来没有放弃过，隔一天就得冒着酷暑坐在没有风扇的房间里关着门录音，因为不能有任何干扰，录完了分句练习，然后是一整段的整句练习，全是微信语音化的实践练习。然后发在群里或者单独一个个分享过去，之后再慢慢地等他们的回音，帮他们检查，纠正错误，给他们提出一些意见，在某些恰当的时候提醒他们应该做的事情。因为做这件事情被家里人无情地嘲笑过，他们觉得我不应该这么认真，甚至为了这件事情耽误了自己的休息时间。比如，没收到学生的回应，一般我都睡不着觉，有时候半夜还在给学生发信息，他们或许有些地方不会做，或者会提出各种各样的问题，我都尽心尽力地去为他们解答。

　　尽管家人嫌弃我很晚还在为学生操劳，但我心里想的是我想为孩子们做一个榜样，为了锻炼他们的能力，我必须付出这些，他们可能将来会面临各种各样的挑战，而我要尽可能地为他们提供支持。当其他人已经休息时，而我仍然在努力，我觉得这于我而言也是一种收获。我一直在做，那么我相信孩子们也一定可以感受到，他们的认真对待就是对我最大的回报。我一直在感染他们，他们也能接受我的这种熏陶，而家长在这个过程中也会和我一起携起手来面对。家长其实也可以用一种循序渐进的方式去和孩子沟通，然后再给孩子一个营造自我世界的机会。我一直在想，有些东西是不是我们没有给孩子一个接受的过程，而只是一味地让他们接受，孩子总是被动地去感受这一切，无法满足他们自身的情感和需要。如果我们自己也一直接受别人的安排，而且还是被强迫的，我们心里是不是也会有所不满？站在孩子的角度想一想，把自己变成孩子，我们就能理解孩子了。

　　比如，孩子不愿写作业的时候，是不是能够让孩子休息一会儿，然后再慢慢地让他完成作业。我之前见过一个家长一直逼迫自己的孩子在早晨读英语，可孩子就是不开口，家长气得没话说，刚拿起手里的木棍，孩子就被他吓哭了，家长越发心急，一场大战就这样拉开了帷幕。一直持续近半个小时，还没有要结束的意思，家长打了孩子一顿，始终没能改变孩子的想法。后来孩子的奶奶来了，抱起哭着的孩子就走，嘴里还不断地骂着自己的儿子，骂他不该对孙子那么凶，于是宠溺和严厉又成了一个对立面。

所以对待孩子别急，可能只是慢一点，慢一点不要紧，只要孩子慢慢地在进步，那么就都不用怕。

我之前有一个学生十分调皮，他可以瞬间爬到老师的头上，对老师没有任何礼貌，对于随和的老师更是如此，给老师取外号之类的事情都时有发生。这样的学生刚开始接触的时候觉得没什么，只要凶一点就没事，但现在的学生不能完全靠这个办法。他一直申明他是讨厌我的，每次都开玩笑地说不想再见到我。简而言之，就是不想学习，讨厌学习，他曾经戏称只要一见到我，他的学习噩梦就来了。

我一开始并不知道怎么去管理这种学生，后来慢慢地一步一步地接触过后，我发现他很喜欢和我聊天，每次我也抓住这个时机来感化他。有一次，我和他深入地谈了一些问题，我问他是不是故意气他妈妈，故意气我？我说哪怕他对我没有感情，但我对他是有感情的。这个孩子很聪明，他只是平时过于懒惰，他那次期末考试考得很不错，总成绩是全年级第三名，我经常和他说看到他考得好我很欣慰，希望他继续努力。每个人都有自己的目标，我会为自己的目标不断奋斗，我告诉他也要为自己的目标努力，我期待看到他成功的那一天，虽然平时他总是和我作对，但我看得出他在学习上面的天赋，我对他有信心。

其实在我心里早已经把学生当作朋友，不仅是师生，更是朋友，而且是能说真心话的朋友。我说通他之后，这个孩子就经常来找我，向我汇报他的学习情况，哪怕没什么时间，他也会经常和我交流，因为他说他从心底里已经认可我了，知道我做的一切都是为了他好。学生有时候和家长缺乏沟通，往往很难找到沟通对象，这个时候老师是不是可以去扮演这个角色呢？让孩子拥有可以倾诉的对象，孩子自然就会心甘情愿地诉说一切。

其实有时候作为一名教师，我觉得进步是相对来说的，进步既是成绩的提高，也是行为习惯的养成。比如，一个孩子很难改掉自己身上的坏毛病，而有一天通过老师和家长的共同努力，他能够认识到自己的坏习惯，并且有意识地去改正它，这就是一个成功的例子，也是一个进步的例子。

二、五颜六色的错题集

以前从来没有发现错题集是如此重要，自从看了网上的一篇文章，让孩子们真正实践之后，才觉得这样一个习惯的养成会让孩子受益终生。有一本错题集，然后有效地利用起来，发挥的作用就不止一点点了。错题集的目的不在于题量的大和小，也不在于错误的题目你有没有订正，而是当你把它收集到你的错题本上之后，你会不会反思，下次遇到一模一样的题目，你会不会再次做错，这是错题本的真正意义所在。

可能错题本给人的第一印象，特别是对于孩子们来说，觉得这是一件苦差事，不就是把做错的题目再抄一遍在本子上吗？有什么用？不仅浪费时间，而且把题目放在试卷上或者作业里不是更好，还免得再去抄写。但这是使用错题本的正确方法吗？我们看到有的孩子的确从小学开始就培养出这样一个好习惯，还依旧坚持着，学习成绩方面也有显著提高。而有的孩子只是盲目地跟风，看到别人建立错题本，也拿一个本子开始抄错题，最后成绩并没有想象中的提升。

错题本是一种长足的进步，需要不断坚持积累。

错题本是一份独一无二的学习笔记，给予的不仅仅是表面上的东西。

错题本的使用方法也是很重要的，正所谓做什么事情之前必须有方法，正确的方法才是事情成功的秘诀。所以做错题本之前要考虑自己怎样做才是最有效的。

对于学习基础较差的孩子来说，建议他们在建立错题集的时候务必要认真对每道错题进行总结，一道题只有精准地重视它，才能体现出一道题的价值。题目不在于多，而在于精，其实在前面我已经提到错题本对于学霸来说是一件很重要的东西，它也是改变学习的重要法宝。

不要认为错误是耻辱，不要怕犯错误，错误其实比正确更有价值，虽然今天错了，但要从中总结教训，保证下次不会再犯类似的错误。尤其是对于数学这样具备理科思维的科目而言，举一反三是很重要的，如果仅仅会做一道题，而对于和它类似的题目依旧弄不懂，这就叫作"没有理性地做"，到最后还是不会。如果不相信，过一个星期之后再拿一道一模一样的题目来考你，你可能还是会用疑惑的眼神盯着这道题。

真正地灵活运用是掌握了方法之后的灵活运用，要能够把方法运用到每一道题目上面，这样一系列题目都会解了，才算是真正弄懂了。如果认为错题本只是一种形式，那么它就真正是一种形式了，因为这一点在心里已经根深蒂固，它的利用就只会停留在形式上。而如果你认为它是一部宝典，认真去对待每一个小细节，它就会发挥宝典应有的作用。

对于错题本，我做过各种各样的尝试，我曾经自己做过一个错题本的内容，然后让学生去填，每个学生填的东西都是一样的，千篇一律，这样是没有什么收获的。错题本可以根据自己的实际情况设计出不同的内容，重点是要浅显易懂，让自己可以一下子明白其中的内容所在，让自己有信心去纠正所有做错的题目。我看到有的孩子为了突出重难点，采用了不同颜色的笔去记下错题本上的内容，这种做法是很好的，区分内容是很重要的，孩子们自己有这种意识去区分建立内容，这是值得鼓励的。把一道题目分析透彻，顶得上做十道题目。

要想把错题本的作用发挥到极致，就需要我们更加仔细地去做这件事情，错题本将来可能会比你的任何一本复习资料都有效，因为这是你自己的东西，所有的内容都是你自己的创造，也是最符合你自己情况的一类复习笔记。所以，拥有自己的一本错题本真的很重要。

错题不是错误，而要把它看作一种更大的收获，错题不是毫无价值的东西，而是可以帮助我们学习上步步递进的东西。如果我们可以正确地利用好错题，那么错题就是我们手中最宝贵的财富，所以爸爸妈妈每次看到孩子的错误时，请不要大惊失色，你要告诉孩子你又积累了一笔宝贵的财富，我们可以教会孩子学到更多。

学习要靠坚持和积累，给孩子的错题加点五颜六色，那么错题会成为他一生都受用的东西。错误的题目是更具有价值的东西，人的一生会从教训里找到更多的收获。试问哪一个孩子什么都会写，家长一旦把孩子不会写这件事情扩大化，会或多或少给孩子的心灵造成影响。

家长没看到的东西有很多，老师都是很用心地对待孩子们，都是想用最科学的方法帮助他们成长得更好，至少在我看来是这样。我对待每件事情都很认真，绝对不会辜负别人对我的期望，既然把这个重任交到我手里，我就有责任把它做好。我会和家长一样把学生视为自己的孩子，一切都是为了孩子能够更好。作为教育工作者，我们不能过多地苛责孩子，要帮助他们一起解决问题，他们就会更加有兴趣继续下去，并且在以后的学习中越学越有劲。学习对于孩子来说不是一件难事，只要他们成功地被学习吸引住，就会有动力学下去。也许有人会说这只是一种理想的境界吧，如果不去做，你又怎么知道不能实现呢？成功就在一瞬间，孩子的成功需要父母认真地牵引，你们是孩子最好的榜样，他们会向你们看齐，最终成为一个优秀的人。

父母是孩子的榜样，是孩子的第一任老师，只有把父母这个角色做到位，孩子才会成长得更快更好。有些家长在孩子的生活方面的确能够做到无微不至，如每件事都会为孩子想周全，却忽略了学习方面的关心。

一旦看到孩子学习成绩下滑，或者平时只要一发现孩子哪个科目薄弱一点，家长不听孩子解释，马上开始对孩子发起攻击，其实这样做会给孩子带来不必要的伤害。不是孩子不愿意做，可能他一时之间没有找到好的方法去解决这些问题，而爸爸妈妈不但不给他提供帮助，还有意地让他感觉到失望的滋味，而不考虑孩子心里是什么想法。家长在这个时候应该同孩子一起面对困难，并且配合老师一起解决这些问题，那么孩子最后一定会对你们竖起大拇指，他们没有想到自己的爸爸妈妈这么棒，陪他解决问题，还帮他出谋划策，如果不好好学习他都对不起爸爸妈妈。孩子如果有了这种想法，还需要爸爸妈妈的逼迫吗？

现在的孩子普遍早熟，在孩子进入成长期时，也许家长可以看到他的个头一天比一天高起来，却看不到他的内心也在一点一点强大起来，他们会想到家长没有想过的问题。孩子最终会成长为一个大人，他们从这个时期开始有自己的思想，成立自己的空间。如果家长不想等到他长到一定的阶段再去悄悄地翻看他的日记，让他发现之后被记恨，那么从现在开始就要做孩子最知心的朋友，走进他们的内心世界，看到他们心里的那束光芒。

其实孩子是可以自己有收获的，有时候甚至都无须提点，他们逐渐长大，也慢慢清楚自己到底在干什么。他们会记住教训，也会避免自己再犯类似的错误，学习这件事最终还是要靠孩子自己有所收获。

三、我们的想象力

当把想象力放开，我们会发现童话里不再是幻想，而是一个个可以用语言描绘的真实情境。

美人鱼和七个小矮人

美人鱼为什么会和七个小矮人联系在一起呢？话说美人鱼为了王子牺牲了自己，变成了五彩缤纷的泡泡。正当王子四下寻找美丽的妹妹时，魔女突然出现了，她对王子说："你的妹妹就在那里，不过现在她已经变成了泡泡，要想救她的话，必须砍下你的一只手，然后用血来涂在泡泡上，她才会重新活过来。"王子的妻子（曾经假装救了王子的巫婆）用手中的棒子打晕了王子，赶跑了魔女。她不能让任何一个人来侵占她的王子。原来这个假冒救王子的女孩是一个道行高深的巫婆，她最喜欢的就是破坏别人的感情，她必须牢牢抓住王子的心，才能让王子不被美人鱼给抢走。美人鱼伤心极了，她决不能让王子落到如此坏的一个巫婆手里。美人鱼的泡泡潜到海底，她请求魔女重新赋予她生命，她要解救她心爱的王子。魔女并没有答应她的请求，美人鱼伤心地哭了起来，她一哭，海底全都是泡泡。美人鱼的六个姐姐纷纷赶来，姐姐们也没有办法，可她们很疼爱这个最小的妹妹。于是她们集体去请求魔女帮助妹妹。魔女想了很久，要她们答应一个要求。"什么要求？"六个姐姐齐声问道。"除非你们六个愿意永远地变成六个小矮人，你们的妹妹才能重新变为美人鱼。"魔女的回答让六个姐姐大吃一惊，她们可是海底世界的六朵金花，怎么能变成丑陋无比的小矮人呢？一边是妹妹和她勇敢追求的爱情，一边是自己最美丽的容貌，姐姐们该如何选择呢？如果不救妹妹，她很快就会灰飞烟灭。最终姐姐们决定舍弃自己，成全妹妹。当六个小矮人环绕着已经复活的美人鱼时，小美人鱼再也控制不住自己的泪水……

美人鱼用倾心一吻吻醒了昏睡的王子，向王子解释了所有的事情，他们一起打败了可恶的巫婆。美人鱼终于可以和心爱的王子在一起了！但美人鱼却用魔法封锁了王子所有关于她的记忆，看着他与另一个善良的女子结了婚。美人鱼又回到了姐姐们的身边，成为最小的一个小矮人。当王子变成国王，生下了白雪公主，又娶了另一个恶毒的王后时，小美人鱼一直在关注着这一切，她和她的姐姐一起想办法对付恶毒的王后，守护着可爱的白雪公主。这也是为什么白雪公主会和七个小矮人在一起的原因，因为美人鱼就是那个深深爱着王子的人，她要永远保护着她的王子和白雪公主……

今天偶然翻到很早以前自己编的一篇童话故事，故事虽然情节可能不够吸引人，但老师当年的评语让我敢于把这篇故事放在我的回忆里，老师当时鼓励的话语让我充满信心，也尽情地发挥自己的想象力，给自己创造一双想象的翅膀。老师说："你真是太有才了，居然可以把美人鱼和白雪公主联系在一起，继续加油哦！喜欢看你的故事！"

这给了我无限的动力去写值得自己欣赏的故事，也让我联想到我们今天的孩子们，其实我们每个人都有无限的想象力和创造力，我们可以天马行空，想象出一大堆稀奇古怪的东西，也许在别人看来是笑话，但在我们眼里却珍贵无比。

我喜欢这样的感觉，创作出别人没有的东西，尽情地发挥想象力。但也许现实会给我们一定的打击，在我们现阶段的教学当中，特别是对于语文教学来说，标准答案太多，这无疑束缚了孩子的想象力。当孩子看到自己语文阅读版块一个又一个红叉时，不得不想着朝标准答案靠近，孩子们的疑问通常是为什么我这样想就不对呢，明明也合情合理啊？就像我曾经在一篇文章中看过一张试卷上的题目，要求写阅读理解篇章里最喜欢的一句话，学生的答案各不相同，但最终的标准答案只有一个，于是其他的答案全被判定是错误的，没有得到分数，那个时候我就在想：难道连最喜欢的一句话也要统一标准吗？大家的看法不一致是正常的，为什么一定要朝着标准答案看齐呢？

甚至中学的语文阅读题都可以总结出一定的规律来答题，有答题模板让学生去套，套对就得分。我看过很多孩子本来有很高的创作天赋，但无奈在很小的时候天赋就被封闭。很多家庭应该都遇到过这样的事情，孩子两三岁的时候拿到笔就无比兴奋，自然是不知道要维护家里的环境卫生，于是开始在墙上乱涂乱画，家长看见自然是立即呵斥阻止，于是孩子再也不敢画了，也再无法迸发出创作的火花了。

比如，我一个朋友家里有两个小孩，两个人差不多相差一岁，幼儿园有一次发了一大盒水彩笔，一回家两个孩子兴奋得不行，当时他们肯定不会想到要去找白纸来创作。于是家里的一面墙被他们涂成了大花脸，谁也看不懂他们画的是什么，但他们自己觉得很有趣。这件事情自然引起了家长的不满，家长把两个孩子骂了一顿，甚至还动了手，搞得那一天他们闷闷不乐。

不过好在朋友一开始虽然不理解，后来也意识到了这一点，后面孩子们画什么也就随他们去了。现在这两个孩子稍微长大了一点，看到他们小时候的作品还哈哈大笑起来。我想他们应该对这一切表示感谢，因为他们的创造力虽经历一次波折，却很幸运地被保留下来。两人上小学的时候果然在创作这方面展现出不一样的天赋。

在想象力和创造力这一点上，我赞同尹建莉老师的看法，给孩子准备一面涂鸦墙，让他们尽情地创作，创作出属于自己的独特世界。孩子就是这样，为何要去限制他们呢？朋友家的那面墙保留了三年之久，后来因为装修，把它刷得白白的，干干净净，一点儿影响也没有。尽管三年里也有人议论过，甚至责怪过朋友纵容孩子，把一面好好的墙弄成这样子，朋友也不在乎，更没因此再去打孩子。

保留孩子的想象力就是保留孩子们童年的快乐，我想我们都应该反思一下自己，是不是曾经扼杀过孩子们无比珍贵的想象力，如果那样做了，也许孩子们说作文多么难写、无事可写就不足为奇了。

四、感恩的心

我记得我小的时候有一次从外婆家要回家去，当时我只有八岁，爸爸妈妈又不在身边，他们打电话说让我自己坐公交车回去。说实话，那个时候我是比较害怕的，但我没敢说出来，只能硬着头皮答应爸爸妈妈。当时外婆年纪也大了，虽然担心我，也没办法送我回去。又因为家里有些事情，我必须那个时候赶回去。我还记得当时外婆送我到公交车站，在我的手里塞了一些好吃的，不停地叮嘱我一定要小心，告诉我路上要注意一些什么。我可能是因为害怕，并没有听进去多少，但在外婆的脸上，我明显看到她担忧的神情。公交车终于来了，我要第一次一个人坐公交车了。我站上公交车的那一刻，外婆拍了拍我的肩头，对我说："乖乖的啊，有问题就问司机叔叔，到了家里给外婆打个电话，不要让我着急。"我坐在公交车的座椅上，远远地望着离我越来越远的外婆，由于担心我，外婆一直站在公交车站台上，她的背影越来越模糊，直到我看不见为止。那一瞬间我真的被感动了，这件事情我永远也忘不了。外婆一直都很关心我，只不过我以前从来没有察觉到。但从那一刻开始，我知道我以后要做一个孝顺老人的人，永远孝顺我的爷爷奶奶、外公外婆、爸爸妈妈以及所有的长辈们，感谢他们对我的爱。

在这个世界上没有一种爱会消失不见，只是等待我们找到它的那一刻。这件事情给我的感触很深，所以我到现在还记着，我觉得我永远也忘不了外婆在公交站台上的那个背影，这件事情瞬间让我成长了很多。我从内心发誓一定要好好地做好自己，让所有人为我感到骄傲。其实每个孩子都有心灵脆弱的一面，他们都有一颗感恩的心，只是等待着什么时候被激发出来。也许你鼓励他一下，他就备受感动，会把所有的事情都告诉你，并且打开心扉，所以家长们要懂得走进孩子的心里的方法。有时候有些孩子可能嫌自己的爸爸妈妈过于唠叨，爸爸妈妈在这个时候就要注意改变一下方法，由打击孩子转换成改善孩子、鼓励孩子，情况就会大大不同。从现在开始，感动孩子，促进他的成长，为他的心灵添上爱的一笔，让感恩的心住进孩子的世界。

学会感恩，孩子是一定懂得感恩的，要让孩子感受到父母的爱，从而产生感恩，那么孩子就会越来越进步。从现在开始，做几件让他感动的事情，尽可能地感化孩子，那么孩子就会瞬间懂事起来，远远比打孩子效果好。

培养孩子有一颗感恩之心，孩子的世界就会充满美德，他们会因为感恩而懂礼貌，他们会因为感恩而给予别人爱，他们会因为感恩而懂事长大……

让孩子学会感恩，并不是说父母要宠溺自己的孩子，捧在手里怕掉了，含在嘴里怕化了，像伺候小皇帝或者小公主一样服侍自己的孩子。父母们往往认为这样孩子就会感恩自己的付出，其实我是不赞成这种行为的，因为教育要做到严宽并济，才能让孩子真正明白父母的爱。

我之前总是听到一个家长抱怨小孩子怎么怎么不听话，后来我才渐渐发现这一切都是宠溺出来的。之前我也问过这个家长为什么孩子做错事情的时候不给他指出来，还一味地祖护孩子。她说觉得以前把孩子放在外婆家里养对孩子有所亏欠，现在也不敢过多地说他，怕一说他，他就会往外婆家跑。我认为父母这样做是阻止了孩子去外婆家，但给孩子的品德教育带来诸多不良影响。我还记得，每次这个妈妈总是在孩子放学之前削好一个苹果，然后送到儿子嘴巴里去，当儿子和其他同学一起玩耍的时候，总是倒好一杯牛奶给儿子，也是递到他的手里。儿子不必动手，有时候还不愿意吃，反过来责怪妈妈多管闲事。

有一次因为外出工作，妈妈怕儿子没饭吃，在自己没吃饭的情况下还特别到外面给儿子买好饭，并且写好字条留给儿子，她其实不知道儿子最后因为饭不好吃，把买的那碗饭倒掉了。儿子不高兴的时候，想方设法哄儿子高兴，这位妈妈明白了爱的真谛，但是她爱错了方式，这对于孩子来说不是爱，而是害。在一方面过多地顺从孩子，弄得孩子像家里的小皇帝一样，越是皇帝越是难以伺候，这也难怪孩子不听话，把一些责任全都推给爸爸妈妈了。这样的孩子又怎么能够有感恩之心呢？孩子不是宠出来的，也不是打出来的，而是靠父母不断地教导出来的，父母怎么教孩子，孩子就会怎么去做，在他还小的时候，他做的一些东西是取决于父母的。

我记得之前有一个朋友，她已经是一个12岁男孩的妈妈了。只要我们坐在一起，她就会抱怨孩子总是无缘无故生气，而只要儿子一生气，她就会立马顺从他。有一次，我们大家一起出去吃火锅，正好我这位朋友把儿子也带去一起吃饭。因为去的人比较多，本来是分两桌坐的，但大家为了热闹一点儿，就说凑在一起吃。于是开始分座位，还没等大家缓过神来，就看到这个孩子发脾气往楼下跑了，我都不知道发生了什么事。后来看到他妈妈把他拉回来了，原来大家分座位的时候只给了他一点点位置，还开玩笑说小孩子不用坐那么大的位置，他立马生气了，甩开妈妈的手就往楼下跑。后来的结果是妈妈把位置全部让给他，自己站着吃。看到这一幕，我似乎想起了什么。这件事情过去没多久，因为当时的座椅是沙发类型的，上面都有一个固定放东西的位置，这个孩子瞬间爬了上去，而且不断地在上面跳来跳去，当时他妈妈很生气地指责他，让他赶快下来。男孩不但不下来，还冲着妈妈骂了几句，他妈妈一边不好意思地看着大家，说孩子还小、不懂事，一边重重地打了他几下。男孩立马哭了起来，大家也不好说什么，只能暂时劝阻妈妈不要和孩子太计较。我看得出每个人心里对这个孩子的无理取闹都很不理解，也知道这个妈妈肯定意识到了问题，只不过她还没有做出行动来真正教会孩子。

　　还有一次，我这个朋友总是喜欢带些水果给儿子放学之后吃，因为上班的地方离学校也不远。每次儿子放学，她都会接他到工作的地方来，准备好梨和苹果这样的水果，并且用水果刀切好了放在桌上等着孩子。儿子每次来都不太愿意吃，但妈妈总是逼着他，说吃这个对身体有好处。矛盾终于爆发了，某天妈妈削苹果的时候不小心弄伤了手，连创可贴都没来得及贴，儿子放学回来想出去玩，妈妈非要逼着他把水果吃完，儿子不情愿，咬了几口苹果之后重重地把苹果全部摔在地上，当时装苹果用的一个瓷器碗也一并摔成了碎片，那清脆的声音仿佛整栋楼都能听见。妈妈顿时怒不可遏，打了孩子一巴掌，但孩子还不知错，继续顶嘴说自己不愿吃，不吃就不吃，完全不体谅妈妈的一片苦心。想到自己的手刚刚还流着血也要给他削水果，这个妈妈再也忍不住委屈哭了起来。我连忙过去安慰，孩子却没有任何反应，最后还不肯写作业，没办法，妈妈只好求着他并且一直道歉说不该打他。面对这样的场景，我本来想上去再说几句，但因为我那个朋友也是个极其敏感的人，我就没再说什么，怕她生气。我曾经私底下问过她为什么总要给孩子准备好一切呢，孩子想吃，自己动手就好了，不必总是劳累自己。她告诉我因为觉得自己对不起孩子，因为身体的原因，小时候她没能给孩子喂母乳，导致孩子身体不太好，就想现在好好给他补补，没想到孩子还不领情。她现在能做的就是尽量弥补他，但是她不知道这份过度地弥补反而给孩子造成一定的麻烦。

　　让孩子觉得你亏欠他，孩子就会在一些行为上肆无忌惮，而且有亏欠心理的母亲一般都会过于顺从自己的孩子。我们能够发现，这样的孩子通常比较蛮横无理，一件事情可能无法转弯，只会按照自己的意愿去做，丝毫不考虑他人的感受。后来果不其然，大家一起去吃饭，饭桌上有一只大龙虾，孩子一定要吃，但那是请吃饭的朋友专门点给自己母亲的。因为孩子哭闹不止，大家都很尴尬，所以只好把龙虾给了他，孩子妈妈也没办法，只好不住地说孩子不懂事。坐车回家的时候，她还夸自己的孩子很棒，吃完了整只龙虾，抱怨请吃饭的朋友小气，连一只龙虾都不肯给孩子吃，后来我那位朋友请吃饭再也没有请过这位妈妈。

　　亏欠孩子却让孩子失去了基本的品德修养，那会导致在教育上亏欠他更多。而教育是要培养孩子的一颗感恩之心，让孩子懂得付出才会有所收获。

　　还有些家长抱怨孩子现在这个阶段玩心太重，无法控制，让他做什么他偏偏对着干。当孩子的考试成绩出来，语文、数学、英语三门功课都有90分以上，而且英语还考得很不错，考了96分，可家长还是觉得不满意，埋怨孩子没有正常发挥。其实我觉得孩子能在这个阶段达到这个水平已经很不错了。但家长认为孩子考得很一般，没有考出水平，弄得孩子很不高兴。

如果鼓励一下孩子，让他更有信心地去面对以后的考试，这样下去，孩子说不定能够更加稳定地发挥。抓住孩子的性格特点，如这个孩子本身就比较敏感，那么就不能用言语再来刺激孩子，而改为鼓励措施是不是更好？但他妈妈说这样的小孩子好难管，不知道该怎么管，管得严了，他心里又觉得不平衡，也不舒服。不管他吧，他又一天到晚只想着玩，孩子很贪玩，骂他又没有用，打他也就是那个样子；和他讲道理也讲不通，总是表面上听着，其实根本做不到。

看得出他妈妈也很苦恼，她说对孩子不能松气，松一口气就不得了，天天和念紧箍咒一样，而且天天这样念也没有用，他还是那个样子，孩子自己也不知道轻重，不知道怎么说他，不知道拿他怎么办。现在的孩子感觉做什么都提不起精神来，对于一些话已经感到麻木了。但我坚信他以前肯定不是这样的，深思熟虑之后，我建议他妈妈多采取鼓励的方式，不要总是抱着要批评孩子的心态去面对孩子。

比如，对于这个孩子，我觉得可以采用积分鼓励制的方式对待他，他会很感兴趣。每一次看到他不愿意认真听讲，我就说只要今天积极回答问题的同学可以得到多少分，孩子马上就有劲了，立即认真地听讲和回答问题。之前我也把这个方法介绍给一个孩子的家长，他也觉得很有效果。孩子不是被我们不断地去说的，说得越多，孩子越烦，对学习也不会有很大的兴趣。他们也有自己的自由权利，你要想办法让他对所做的事情感兴趣，那么就要给孩子一个感兴趣的机会去引导他们。

有些孩子可能从小没有养成很好的习惯，导致他们在平常的学习生活中缺乏动力，动作很慢，不能控制自己的行为，容易被其他事物影响，所以往往完成一件事情的效率要比别人低得多。比如，有一个孩子写作业的时候总是手里握着一个东西，只用一只手写字，另一只手一直拿着那个东西，也不知道注意力是不是早就被吸引到东西上去了。我猜想这一定是他很早以前养成的写作业习惯，这个习惯已经根深蒂固。这一行为的背后其实深藏着习惯的重要性，对于孩子而言，小时候习惯的培养会严重影响之后的人生道路。为什么家长们不能提前意识到这些问题呢？原因恐怕在于家长们没有这个意识，不关心学习习惯和生活习惯的养成。比如，当孩子写作业的时候边玩边写，你有没有及时地告诫过他，并且和孩子一起解决这些可能形成习惯的行为；当孩子希望爸爸妈妈陪他看一会儿书的时候，你有没有合理地告诉他怎么满足他的要求；他在家里做事情是不是也很慢，家长都忽视了，等孩子慢慢长大，才开始着急起来。这些都是值得家长关注的点，家长要帮助孩子培养更多的习惯，帮助他们渐渐摆脱坏习惯，不断养成好习惯。所以，孩子的问题不只是孩子个人的问题，更是我们大人应该注意的问题。

五、解决问题很快乐

当孩子声嘶力竭地喊着："我希望妈妈不要再逼我了。"我开始思考这个问题：孩子是不是被妈妈逼得太紧了？孩子和我说妈妈每次都要唠唠叨叨地让他写作业，每次他做什么事情都没有自由，作业其实他自己能够计划好时间完成，但妈妈还是一直不断地跟在他后面絮絮叨叨地说着，有时候还会发火，而且妈妈的要求很高，虽然妈妈每次都说其实对他没有什么要求，但这一切已经让孩子喘不过气来。

后来我叫来孩子的妈妈，让孩子和妈妈当面进行对话，这样可以把所有的事情都讲清楚。孩子说以前是因为他不敢说，但是不敢说并不意味着他要永远忍气吞声下去。我看得出孩子这次是要把问题全部抛出来，我想这样也好，至少孩子的问题不会憋在心里，既然能够提出来，我们就可以妥善地解决好。我让孩子和妈妈好好地说一说，心平气和地去谈这些问题。有些家长和孩子之间的确缺乏沟通，也不是说他们缺乏交流，而是指他们之间缺乏真正有效的沟通和交流。孩子和家长之间的交流分好几种，却很少有真正站在平等的基础上的，有的不是宠溺型的交流，就是用命令式的口吻去和孩子谈话，所以导致孩子的问题越来越大。

我们曾经和孩子说让他们把学习中的问题一个一个及时解决掉，却不知道孩子在生活态度上已经发生了翻天覆地的变化。孩子把对父母的恨积压在心里，久久不能释放，最后爆发的那一刻必然是我们无法想象的。这个孩子还好，他会说出来，这是向着正面去发展。

接下来我要做的就是协调好他和妈妈的关系，帮助他们进一步解决现有的问题。孩子很快哭着说："我希望妈妈不要再逼我逼得那么紧，我会做好自己的事情的。"妈妈听了立即反驳道："我什么时候逼你逼得紧了，以前我都没怎么管过你的，你自己说是不是，但是现在你看看你的成绩，我真的是替你着急，妈妈花了钱让你去学习，妈妈为你付出了这么多，还得不到你的半句好话，你以为现在自己很了不起了是吧？你以为我愿意管你……"我马上意识到谈话要是再这么进行下去，恐怕不会有一个好的结果，只怕孩子和妈妈会动手打起来。

我立即想终止现在的谈话，于是我朝着孩子妈妈摆了摆手，自己开始问孩子："你现在是觉得妈妈给你的压力太大了吗？"孩子回答："也不是，主要是我妈每天都盯着我，每天都和我说要写作业要写作业，我真的很烦，觉得我好像做什么事情都要受她的监控一样，感觉我被她牢牢地捏在手心里，永远也挣脱不了。"我继续问道："妈妈之所以这样，可能也是出于一片好心，她想你更好，要是你妈妈以后不再管你，你能自己规划好时间吗？"孩子含着眼泪点了点头。我对孩子继续说道："也许有一天你会很渴望你妈妈管你，或者说你妈妈以后不再管你，将来你还要怨恨你妈妈。每个人应该都知道这个道理，就像之前老师和你讲过的咬掉耳朵的故事（一个孩子因为小时候小偷小摸，父母没有正确引导，导致后来变成大偷大摸，最终在判刑现场孩子咬掉了母亲的耳朵，埋怨母亲小时候没有管教自己）一样。"

孩子没有再说什么。孩子的妈妈这时候又开始说起来："老师说得没错，我的确是为了你好才会费尽心思地供你读书，不然我花那么多钱干什么，你以为妈妈的钱来得很容易是吗？我们家这么大的开销，是谁付的钱，难道天上会掉钱下来吗？妈妈不辛苦吗？你怎么只想着你自己，从来都不知道妈妈的辛苦。"

我继续对孩子说："你妈妈其实也不想管你，她管你她也觉得累，既然你今天说出了这个问题，那么我们就和妈妈商量一下先暂时让你自己管理好自己的学习，妈妈可以不再插手，这样大家都可以轻松一点。我觉得你妈妈也会很开心能够看到你在自主学习上的变化。"

我转头又对孩子的妈妈说："成成妈妈，你看这样怎么样？给孩子一个锻炼的机会，你也可以少操点心，既然他保证可以自己管理好学习，我建议就让他尝试一下。"孩子的妈妈点了点头，我很郑重地宣布这件事情："今天老师就当个见证人，希望你能遵守和妈妈的约定，一定要做到哦！"这件事情终于得到解决，孩子也慢慢地开始理解，虽然还没看到什么成效，不过我相信未来的每一天孩子和妈妈的关系将更加融洽，母子间的矛盾也会有所缓解。

相比较以前而言，现在孩子写作业是比之前认真了一点点，虽然孩子的妈妈还是有所怀疑，觉得可能是孩子想先做做样子。但作为教师，我的心中始终怀着对孩子的希望，相信孩子也不会辜负老师的爱和希望。所以解决问题很快乐，在一个又一个的困惑被完美消化之后，教育的方向也越来越清晰了。

我还想向爸爸妈妈们做个小调查，当你们看到孩子胆怯地拿出一张不及格的试卷时，作为家长的你们会是什么反应？可以提供几个选择：A. 不管三七二十一，先打一顿再说，考得这么差，一定是上课没有认真听讲。B. 耐心地听孩子解释，并且帮助他分析错误的原因，从这张试卷里看到孩子的收获。C. 在以后的日子里只要孩子惹自己生气，就把考不及格这件事情拿出来说，甚至要再打骂孩子一顿。D. 和孩子说考得这么差，干脆不要读书了，读了也没用。E. 给予孩子鼓励，和他说这次没考好没关系，爸爸妈妈相信你下次一定会更加努力。

我想说的是，如果家长真心诚实地选择了ACD，那么你们真的不了解自己的孩子，你们从来没有走进过他们的内心世界，也从来没有真正和孩子聊过他内心的想法。孩子其实每一天都在进步，但是你都忽视了这些进步，当孩子有一天退步了，把结果摆在你的面前时，你却扩大了他的退步，把他羞辱到一个无地自容的地步。孩子是一直在成长的，我想问问爸爸妈妈，你们有没有看到孩子今天会主动学习了，他今天主动要求看书了，他今天对待学习更加积极了，他今天考完试会检查了，他今天比昨天更加勤奋了一些，这些点点滴滴的进步你们平时有没有关注过，一件小小的事情也是孩子一个大大的进步。而孩子的进步也是需要循序渐进的，一口吃不成一个胖子，每个人都不可能一下子做到十全十美，我们小时候考试也不可能做到每一次都是一百分。

在这些进步里，难免会有一些粗心或者其他种种因素导致的小退步，我们家长要正确地审视孩子的小退步，引导他们更加健康向上的发展，这样我相信一定能把孩子的这些小退步有效地转化为他们大大的进步。就像孩子的坏习惯一样，不可能一下子就改掉，毕竟它已经是一个习惯，好习惯的养成需要一个长时间的积累，坏习惯的去除也需要我们共同的努力。不能因为一次的考试成绩而否定孩子的全部进步，他们需要你们的理解与尊重，当孩子真正得到理解和尊重时，他所有消极和叛逆的情绪都会消失。作为家长，我们既要看到孩子不足的地方，也要看到他们闪光的地方，帮助他们改进不足，放大他们的优点。

有的家长可能会说我这样做孩子是不是会变得骄傲，只看得到自己的优点，从而认为自己没有缺点。其实只要家长用对方法，帮助孩子全面地认识自己，他们一定可以更好地发展。

孩子无论在哪里都会受到社会这个大环境的影响，如在学校、在家里、在一些公共场所等。或许这个孩子的父母前一天吵架，骂了一些很难听的话，被孩子听到了，在学校里当别人欺负他的时候，他就会立马把那些话搬出来，给予反击，在这同时又让另外一个孩子学到了不该学的话。就这样，也许最后所有的孩子都学会说这种话，并且很难改正过来，而且他们或许还在影响着下一个人。

家长是孩子的一面镜子，请随时随地为孩子做好榜样，引导他们向前发展。我对孩子说脏话是坚决制止的，但我不是强制性地让他们不说，那样反而会让孩子更加反感。而是换一个角度，让他们体会到同学也是他们的家人，孩子知道这些话是不对的，尤其是对待自己的家人，所以他们很快就有所收敛。我每天提醒他们一遍：我们是一家人，一家人要互相帮助，团结友爱。我相信他们会慢慢地改正这些习惯。孩子在这个过程中收获的东西更多，相信他们也会更爱自己的爸爸妈妈。

说到这里，我想问爸爸妈妈一个问题：你们在家里有没有让自己的孩子亲自去尝试做一些事情呢？如给他一点力所能及的小任务或者让他帮你们做点小事情。还是当孩子主动洗碗时，你因为他把洗碗池弄得脏兮兮的而把他赶走；当他洗衣服时，你怕他浪费水而阻止他？当他兴高采烈地想帮你做点小事时，你无情地拒绝了他，只知道赶他去学习。这样我们便造就了一个个能考上重点大学，却无法应对系鞋带、剥鸡蛋壳这样小事的孩子。其实孩子是一个独立的个体，他们也需要被认可，需要别人看到他们的成就。独立意识和独立自主的能力对于他们来说也是很重要的，我相信只要你安排他做某件事情，孩子会很乐意成为你的小助手。为什么有些父母还是放不开呢？放不开自己的心去接受孩子的成长，撒不开手让孩子自己起飞。孩子内心渴望父母多给自己锻炼的机会。父母们，孩子无法依靠你们一辈子，他们终究要靠自己闯出一番天地，只有这样获得的成功，才是属于他们自己的。相信谁也不愿意再次看到孩子考上一所不错的大学却因为不会系鞋带、剥鸡蛋这样的小事而被退学。孩子最后还是要自己走向属于自己的明天，因为他们的未来属于自己。

我们要尽可能多地带给孩子正面的影响，从而避免孩子接收到负面的影响。我们让孩子练习做家务，不是为了减轻父母的负担，而是为了给孩子的未来培养带来莫大的帮助。

记得我曾经看过这样一个故事：一个八岁的小女孩，因为妈妈是医生，每天都要上夜班，家里经常没人，所以她从小就跟着妈妈去医院吃饭。后来有一次她看到一个比她大的姐姐在医院做饭，就偷偷地站在旁边看着姐姐做饭，还悄悄地学了几手。有一天，她对妈妈说："妈妈，我可以做一顿饭给你吃了，以后我从家里做了饭给你送过来。"然后小女孩真的做了一个西红柿炒鸡蛋、一个土豆丝还有一个鸡蛋汤给妈妈品尝，虽然初次尝试，但对于妈妈来说是一个莫大的惊喜，妈妈没想到女儿竟然能够做饭了。这就是孩子的能力所在，我们不要以为他们还小，还做不了什么，其实他们小小的身体里蕴藏着大大的能量。只要给孩子一个机会，他们会给你一个惊喜，让孩子觉得可以为妈妈做一些事情，会培养孩子独立生活的能力和责任心。

也许刚开始的时候孩子的确会存在一些问题，刚开始学习做家务，一定有做不好的时候，但是家长不能操之过急。在练习做家务的时候，孩子一定会仔细观察妈妈的做法，妈妈也可以一步一步示范讲解，让孩子通过模仿慢慢地越做越好。记得有一个孩子初次帮妈妈洗碗，结果把碗摔碎了，妈妈没有责备，而是耐心地手把手教孩子，现在孩子每天洗碗都很乐意。让孩子做家务还可以培养他们的家庭责任感，他们会从自己身边的小事开始做起，珍惜家人的劳动成果。比如，我以前有一个学生，每次妈妈给他买了新鞋子，他总是不珍惜，每次回家鞋子周围都溅满了泥巴，一回家脏兮兮的鞋子往阳台上一扔，如果那双鞋没人帮他洗，他就再也不会穿了。后来妈妈让他自己洗了一次鞋子，孩子一边洗，一边说鞋子太难洗了，好不容易才把鞋子刷洗干净。以后孩子穿鞋子的时候就分外注意，不让鞋子沾上一点儿灰尘，每次都把鞋子保护得好好的。孩子终于懂得要珍惜妈妈的劳动成果，自己也慢慢地主动去洗鞋子，理解父母的辛苦。让孩子自己去尝试，尝试过后他就会懂得和接受。

就像我之前在电视节目中看到的，一个38岁的大男人整天坐在家里，花自己妻子的钱，从来没想过出去工作。当记者问他为什么不出去找一份工作时，他还觉得工作有什么了不起的，待在家里多舒服。后来妻子对他实在忍无可忍，到法院起诉离婚，这时候他才后悔，立马出去找了一份送外卖的工作，找到工作之后，立马穿着工作服到妻子面前炫耀一番，终于博得了妻子的原谅，把妻子从娘家接了回来。离婚事件终于告一段落，之后男子又恢复到以前的状态，他辞掉那份工作，理由是老板让他每次都送很远的地方，而且他觉得这份工作很丢人。妻子工作都不觉得丢人，可是他觉得丢人，于是一个大男人又在家里过起"衣来伸手，饭来张口"的日子。后来电视台请来一些心理方面的专家帮助男人分析他产生这种依赖性的原因，通过交谈得知，男人还是小男孩的时候，爸爸妈妈就对男孩十分宠溺，爷爷更是对他无微不至的关心和照顾，让男人一直没脱离那种状态。提到爷爷，男人第一次在电视上流下了眼泪，爷爷以前真的是什么事情也不让他做，什么事情都会亲自为他做好。

心理专家分析，是从小到大的习惯导致男人到现在还没意识到自己应该担起一个家庭的重担，他习惯性地要求别人什么事情都为他做好，他只要坐享其成就好。所以，孩子的父母在孩子小时候对他的影响是重大的，什么样的教育就会带来什么样的结果，孩子都需要成长，但我们希望这个成长的过程是美好的。家长哪怕有一点点异常的态度，都会让孩子有所察觉，带来难以预料的结果。孩子从小就要学会独自承担一些小小的任务，尽管有时候并不能全力承担，但家长如何让孩子学着做是很重要的。

六、手机"低头一族"

在孩子学习的过程中，手机一直是困扰很多家长的问题。到底该不该把手机拿给孩子？什么时候给孩子配手机是比较合适的呢？现在很多孩子沉迷于手机当中，当起了最小的"低头一族"，最后不仅玩坏了眼睛，更是让自己的学习成绩一落千丈。家长们绞尽脑汁想要阻止孩子玩手机，如给孩子配一台老年机，只能发短信和打电话，因为孩子有手机本身就是为了联系方便。但上有政策，下有对策，有的孩子利用积攒起来的零花钱买了一部名牌手机悄悄地使用，这是父母无法控制的。一整个晚上孩子都骗爸爸妈妈在写作业，其实是在房间里偷偷地玩了两个小时的手机游戏，然后赶着把作业做完，甚至连晚上睡觉的时间都不放过，躲在被窝里玩到深夜还没入睡。面对这种情况，爸爸妈妈可能毫无办法，既不能强硬地收走手机，怕引起孩子更加疯狂的反抗，也不能任由孩子就这么玩下去。这个时候我想告诉家长的是，请从今天起为孩子做一个榜样，制定一个原则，以身作则。

我见过不少家长带着孩子出去玩，自己却低头玩手机；我见过不少家长在孩子做作业的时候用手机打麻将；我见过不少家长在孩子吃饭的时候还捧着手机看电视剧。我们要知道，可能就是这些行为让我们的孩子也无法摆脱手机，是我们家长自己的行为让我们的孩子对手机也养成了依赖性，是我们自己导致了这一切。前段时间和一个稍大的孩子聊天，还没说两句话，谈到他妈妈的时候，他就坚定地告诉我这个时候妈妈一定躺在沙发上用手机打麻将，我问他怎么知道的，他说每天都是如此啊，没什么奇怪的，他已经习惯了，所以他玩手机也不应该被阻止。事实上，部分孩子已经患上了严重的手机依赖症，那么应该如何挽救呢？其实我们要做的很简单，家长可以在家里设置一个"无手机日"，如规定某一天晚上全家人要坐在一起阅读，而不能玩手机，这一天的时间里除了正常的接打电话，不得乱碰手机，全家人的手机都放在一起，互相监督，不得违反规则。

还要做到的就是即便要用手机，也绝不能当着孩子的面玩手机。孩子心里是会有自己的想法的，他们看到爸爸妈妈不让他玩手机，他们自己却玩得不亦乐乎，心里就会愤愤不平，凭什么大人能做的事情，小孩子就不能做？所以他们也可能偷偷摸摸地玩手机。有的孩子甚至为了玩游戏或者看电视剧，躲在被窝里，没有任何灯光也要看，直到凌晨才睡，甚至不睡，结果第二天去学校睡一天，之后一遍又一遍地循环。这样不仅对眼睛不好，而且会影响第二天的学习效率。

为了孩子健康成长，为了孩子能够有更大的收获，请放下我们手中的手机。对于年龄较大的孩子来说，规则是每个人都必须遵守的，既然爸爸妈妈如此，他们还有什么理由不放下手中的手机呢？手机是个大问题，希望家长一定要认真对待，孩子一旦养成习惯，便很难改正过来，家长要给自己一个机会为孩子做一个最好的榜样。

手机对人的影响真的很大，在食堂吃饭，我是趁着人流量最大的时候去的，因为想观察一下周围的人使用手机的情况。我见到人们一个个边吃饭边点着手机，除了那些结伴的人会聊聊天之外，大部分人都处于这样一种状态，甚至那些坐在一起的学生，也是不看对方只看手机。我走进自习室，自习室中的人也大多盯着自己的手机，仿佛怕自己会遗漏什么重要信息似的。我骑着车子回家，看到路上的四个高中生两两骑着车子，一人手上一部手机，哪怕在骑车，也要把手机拿在手里看看，发个语音或者发条信息什么的，手机仿佛已经成为他们生活中不可或缺的一部分。

手机对我们的生活已经产生了巨大的影响，看看我们身边的那些孩子，是不是也整天拿着手机玩玩游戏或者看看电视。即使吃饭时也闲不下来，人人都盯着手机，整个饭桌上只看得到手机，这是多么可悲的一件事情，手机难道已经主宰了我们的生活吗？

为什么越来越多的人感受不到快乐，越来越多的人觉得自己生活得不幸福，这些都是其中的原因吧！手机是一把双刃剑，在给人们带来便利的同时，危害着人们的生活，这也是人们总是抱怨自己和孩子摆脱不了手机，永远只能做手机奴隶的原因。"低头一族"越来越多，已经成为一道亮丽的风景线。

坐在公交车上，在我前面的是两个中学生模样的女生，她们大声地聊着天，让我这个坐在后面的人不得不听着她们之间的对话，听了好一会儿，我才听明白原来她们讨论的是关于手机的话题。一个女生直接说爸爸又给自己买了一部新手机，她又可以有更多的内存下自己喜欢的APP了。坐在她旁边的那个女生直接给她讲起了故事，她放小了声音，说："我的手机一直都在我爸妈那里，是我主动交给他们的，因为我只要一拿到手机，就会控制不住自己。为了能够更好地改变自己，我和他们提出把手机交给他们，他们就把手机锁在了一个抽屉里面，钥匙则放在身上，有一次他们洗澡的时候把钥匙放在了桌子上面，我心里就痒痒的，好想把钥匙拿回来。现在还是这样的感觉，我真怕自己会控制不住。"她一口气说了好久，后面的声音小得我都听不见了。

于是我就想我们现代人好像已经被手机牢牢地控制住了，手机似乎成为我们生命中不可或缺的一部分，在公交车上，在地铁上，哪怕是在私家车里，都有人两个眼睛是离不开手机的。刷朋友圈、刷微博、点 QQ 动态已经成为常态，只要有哪一天错过了这些事情，仿佛心里就很不舒服。第二天也要把头一天没刷过的再刷一遍。手机是一个工具，我以前也想过作为学生应该怎么利用手机。我和学生也经常通过微信或者 QQ 联系，有一次，有一个学生因为要下载一个练习单词的英语 APP，于是找到我帮他先下载下来，我第一次接触到学生的手机，就很好奇他们平常到底爱关注一些什么？于是在征得学生的同意之后，我拿着那个手机细细地端详了老半天，也稍微观察了一下。他们的手机里一般有一个视频 APP，安装的大都是哔哩哔哩动漫这一种类型的视频软件，他们认为这类视频可以给他们的生活带来乐趣，因为在学习之余放松一下也是有必要的。此外，前不久流行的游戏软件也有，但他们说也不经常玩，一般玩游戏会选择到电脑上面玩。给我展示的时候，这个孩子说自己平时也爱听听音乐什么的，所以一般都会下好一个专门听英文或者中文歌曲的软件，在晚上睡觉前就喜欢听听柔和的音乐。当然，一些沟通类型的软件，如微信或者 QQ 自然是有的，并且使用的频率很高。一些家长也说往往孩子和同学微信或者语音通话能达到一天两个小时左右的时间。

我们的学生当中也有因为手机而使家庭关系紧张的例子，父母不同意孩子玩手机，但孩子执意要把手机带在身上。我记得在期末考试前的一个月，我和孩子的妈妈商量把手机放在我这里，让孩子专心复习迎考。孩子刚开始是不同意的，她平常就觉得妈妈剥夺了她的自由权，后来我和她聊了一会儿，就以这一个月为期限，看她能不能控制住自己，还是被手机控制住，我用激将和鼓励法成功地达到了目的。我嘲笑她已经被手机弄得不知所以，她自己是不相信的，于是我们约定看谁说的是真的。后来这一个月她真的没再碰一下手机，结果当然是我输了。但是她在学习上真的进步了，这点是让我最感欣慰的，因为我知道手机或多或少还是对她产生了影响。

但愿我们每一个人都不要成为手机的奴隶，因为手机并不是我们生活的全部，人生还有很多精彩的事情要做，别让手机耽误了时间。

今天看着以前的高中同学发了一个他们初中同学聚会的小视频，他为其命名为"与手机一同聚餐"，后面还加了两个尴尬的表情，我看视频中至少有15个人坐在一间大包厢里面，每个人手里都拿着一部手机，手指则在上面点着什么。虽然我不知道他们的手机上面有什么精彩的内容，不过现在人们的精神生活越来越丰富，刷微博、拍视频、聊 QQ、玩软件等，哪一样好像都离不了手机。我渐渐发现，我们越来越容易受到手机的奴役，不可避免地成为手机生活奴隶。

我仿佛看到饭桌上的菜由最开始的冒着热气到慢慢冷却，朋友之间本应该有的欢声笑语也荡然无存，只剩下空一般的冷寂。大家都不说话，转而只在手机上交流，哪怕面对面，手机也成为热点。比如，同学中有人会利用微信在群里喊一句"发红包了！"于是大家纷纷汇聚起来，眼睛只盯着手机。现在我们的社会已经俨然成为一个"手机社会"，人们出门再也不用带钱包了，直接用手机微信或者支付宝支付，就连骑个单车，也只需要拿着手机扫一扫二维码。我们的生活更是离不开手机，在手机淘宝上买各种各样的东西，现在春节出去看电影也要在网络上预先订好电影票，到了电影院拿着二维码扫一下，电影票就出来了，完全不用任何人工服务，一切只需要在手机上完成就可以了。手机的确便利，但也让我们失去了一些东西。

我在想象，如果有一天我们所有人都失去了自由，而被手机牢牢地捆绑着，那么这个世界将会变成什么样子？使用手机已经成为一种趋势，所有的东西都紧紧地联系着手机。过年去做客的时候，往往最吸引孩子的还是手机，大人为了自身的娱乐也会对这种现象听之任之。比如，饭桌上吃好饭之后往往可以看到聚成一堆的小孩子，不用说他们一定是一人一台手机或者多人一台手机轮流玩，我并不是认为孩子不具备暂时拥有手机的权利，但是这方面应该受到限制。有一位爸爸对我说给孩子规定了每天看一个小时的电视，但是孩子还是不受控制，常常看了两三个小时还觉得不过瘾，我觉得这可能就是前期的工作没有做好导致出现现在这样的现象，前期如果能够严格要求，每个人都遵守家庭规则，事情也许会变得更加顺利。

在我们现在这个社会里，我看到越来越多的"低头一族"，他们大多数人毫无疑问是手机的奴隶，于是我就在想我们这个社会到底怎么了。随着信息技术的发展，越来越多的人得了各种各样的怪病。

我骑着自行车走在路上，看到至少有 60% 以上的人是边骑着车子，边拿着手机在看的，我很担心这样的状况，万一一个不小心很有可能发生撞车的危险。还记得之前在路口发生的公交车司机怒骂小车司机的事件，实在是让我印象深刻。在一个十字路口，正准备左转弯的车辆进入待行区，公交车跟在一辆小车的后面，左转弯的绿灯已经亮了，可是小车依旧不见前进，前面的车子已经发动出去比较远的距离了，公交车司机急了，她抬头往下一看，前面那辆小车司机正拿着手机不知道在翻阅什么，公交车司机使劲按了一下喇叭，我当时就站在公交车前面的位置，看得比较清楚，小车司机还如在梦中一般，直到第二声喇叭响起，小车司机才放下手机。接下来就是公交车司机的怒骂："一点点时间也要看下手机，等红绿灯的时候也要看手机，到时候撞车了看你怎么办。"

我不知道我们的爸爸妈妈是不是也这样在家里给孩子做榜样，我们已经是成年人，却连基本的常识都忘却了，难道只记住了开车不能酒驾，却忘了看手机、打电话也是开车的禁忌吗？现在的手机"低头一族"越来越多，不知道这样的事故会不会再次发生，我们应该庆幸没有发生大的交通事故，但是谁能保证不会发生呢？或许只是现在没有发生在我们身边罢了，所以爸爸妈妈们，要谨记给孩子树立一个良好的榜样，不要再做手机的奴隶。

和孩子一起走过的日子

　　每一个你伴我走过的日子，点点滴滴都刻在了我的心里，这是生命中最美的馈赠，也是人世间最具力量的温情。我们之间仿佛有着一种无法磨灭的关系，这种关系不是与生俱来，但却透着不同的光景。这一份心灵成长的愉悦，这一份无法表达的信任，这一份我们之间的民主平等，正是我想给予你的。

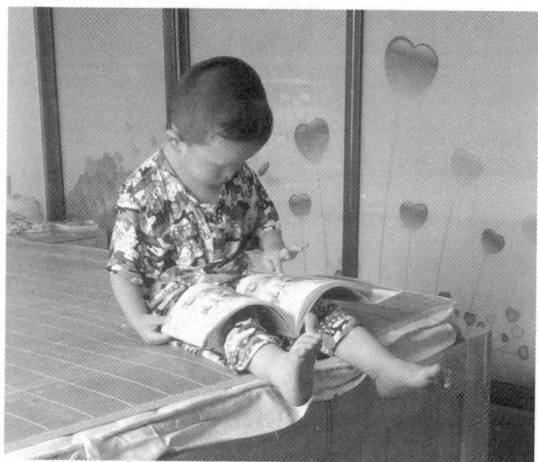

第一章 不一样的点点滴滴

一、爱要大声说出来

在孩子的心里种下一颗希望的种子，静静地等待着它的生根发芽和长大。只要种子在，希望就永远在。有一个特殊的日子，我觉得我永远不会忘记，在那一天，对于孩子和我来说，都接受了一场心灵的洗礼。因为一件小事，我给孩子们上了一堂思想教育课，听着孩子们坚定地回答，看着有的孩子流下了眼泪，我知道他们其实很懂事，只是缺少一个人去启发他们内心的芬芳。他们的心灵就像一朵还未盛开的花朵，期待着爸爸妈妈和老师的欣赏。

我希望他们理解爸爸妈妈和老师的辛苦，盼望能在他们幼小的心灵中种下一颗更强大的种子。我把爸爸妈妈的辛苦安放在他们心里，希望他们能够明白老师的良苦用心。可能中国的爸爸妈妈都有这样一个特点：他们羞于表达，他们不会对孩子表达自己的爱，他们觉得这样做很难为情，哪有家长主动对孩子说我爱你的，他们心里都感觉很难对孩子说出自己的爱，只是把爱深深地埋藏在心里。所以，孩子们依旧觉得爸爸妈妈无私地对待他们是理所当然的，可能孩子并不能够在一时之间理解这一切，他们还不能明白这份藏在心底里的爱。首先，我问孩子们："当你们享受着父母无限的关爱时，你们是否觉得自己对得起爸爸妈妈？""当你们在家里看着爸爸妈妈为你忙里忙外，你们的心是否受到了震动？""当你们每天在学校轻松地学着知识时，有没有想过爸爸妈妈还在寒冬或者烈日下辛勤地工作着，爸爸妈妈因为爱你们才这样做，一切都是为了你们。为了给你们爱，他们付出了更多的爱，而爸爸妈妈的爱是不要求回报的，他们也许不会对你说我爱你，但他们把我爱你融入了生活的点点滴滴，你们是不是能体会到这一点？"

那么在以后的日子里，你们在做每一件事情之前，是不是应该想一想老师今天提出来的这些问题，好好地问一问自己。当你们在学校准备和别人打架时，想到这些，你是不是会立即住手，告诉自己我不能对不起爸爸妈妈的辛苦付出，然后宽容地和好朋友重归于好。当你们在家里和爸爸妈妈吵嘴时，是不是能够告诉自己爸爸妈妈很爱我，我应该更加爱他们，然后给父母一个深深的拥抱，对他们说一句："对不起，爸爸妈妈，你们辛苦了！"当你们在完成老师布置的作业时，是不是能够告诉自己我要认真地看好每一道题，要对得起自己的每一天，因为没有爸爸妈妈的辛苦付出，就不会有我现在的幸福生活。我告诉他们爸爸妈妈很爱他们，这份爱体现在每一天的生活里，爱其实无处不在。我说完之后，有几个孩子站起来发了言，有的孩子听着我说的话已经悄悄地抹起了眼泪，还有的孩子迫不及待地和我说回家一定要好好拥抱一下爸爸妈妈。我知道这颗种子已经开始慢慢成长起来，而我只需要静待花开。

我继续告诉他们其实老师也很爱他们，老师把他们当作自己的孩子，如果有一天要我离开他们，我内心真的舍不得，和他们相处的点点滴滴都将永远地刻在我的心里。想起曾经的点点滴滴，一切都让老师感动至极，孩子们很可爱，他们每一次纯真的笑脸都让我快乐无比。每一个接触到的孩子，无论是什么情况，在我心里都是我最爱的学生。从某些方面来说，接触了一段时间之后，我们渐渐地熟悉，彼此慢慢地走向对方，关系融洽，他们对我的爱也体现在日常的学习生活中。比如，有的学生会在春游时在书包里藏上一点儿好吃的，只为了带给老师。有的学生看老师实在辛苦，会悄悄地把家里的按摩锤带过来，说妈妈平时累的时候就是这么用的，老师也需要。有的孩子还会在放学回家的时候在我的抽屉里悄悄地放上一张卡片，上面用稚嫩的笔迹写着：老师，您辛苦了！早点吃饭！说实话，品味到这份浓浓的爱，我真的感动得流泪。我最想对他们说的是：谢谢你们，孩子们！有你们的陪伴，我每一天都很开心。

我和他们说我是个很喜欢记日记的人，从小学三年级开始写日记，到现在为止已经攒了厚厚的几大本。我告诉他们老师曾经在日记里这样写过：我爱我的每一个学生，他们每个人都有自己的特点，其中有优点，也有缺点，这些东西曾经带给我无限的感动，也让我印象深刻。虽然他们有时候很调皮，有时候会让我很生气，但我依旧很爱他们。每一天虽然会生气，可是觉得带给孩子很多东西，孩子们也赠予我很多收获。我很喜欢老师这份工作，不管有多辛苦，我都无怨无悔。为了你们，付出再多，都是值得的。因为你们是我的学生，更像是我的孩子，无论你们是调皮还是听话，老师都会一如既往地喜欢你们，因为我相信我可以改变你们，我会让你们真正感受到老师的爱，让你们的周围都充满暖暖的爱意。有时候孩子们的爱和老师的爱交融在一起，就形成一个无比温暖的大家庭。而在这个家庭中，老师有责任带领好他们，用爱带领孩子们一步步走向更美好。

其实我看得出来孩子们真的很懂事，只是有时候我们家长不善于去激发孩子的感情，大家都把感情埋藏在心里，自然而然容易产生一些误会，因为爱是要大声表达出来的。一些家长总是向老师抱怨孩子在家里怎么怎么不听话，其实是我们没有想到问题的根源所在。孩子为什么会出现这样的状况？我们又是否和孩子深入地沟通交流过？父母面对孩子时也要善于表达自己的情感，让孩子真正感受到你们的爱，孩子会从你们的品质中学会传递爱和善良。

可能很多家长觉得外国人怎么那么开放，一见面就又搂又抱的，其实这何尝不是他们表达爱的一种方式？他们善于把爱表达出来，无论是孩子对父母的爱，还是父母对孩子的爱，他们总是可以适时地表现出来，让孩子感受到他们的爱意。有了爱，一切都容易融化，加强互相之间的沟通，方能生活得更好。事实也证明正是如此，我在这次课上把每个孩子的优点和缺点都列举了一遍，表扬他们的进步，并告诉他们以后要努力的方向，面对缺点要努力改正。很多孩子都坚定地点了点头，相信他们会因为自己的优点而备受鼓舞，也会因为改正自己的缺点而更加努力。

这节思想教育课的起源是班上的两个孩子小游和小天打架，两个人纠缠在一起，久久不肯松手，互相拉扯着对方。我才离开教室一会儿，他们就已经打起来了，等我被孩子们叫喊回来的时候，正看到他们两个互相扯着对方的衣领不放。我走上前去把他们两个的手掰开，想先把他们分开再说，但他们还是紧紧抓着不放。我一下子着急起来，没控制住自己的情绪，大吼了一声："为什么打架？"语气中充满愤怒。孩子们显然被我的举动吓着了，他们两个也终于松了手。我缓解一下自己的情绪，同时拍着他们的背，想让他们尽快平静下来。然后我蹲下来，看着他们两个，他们低着头，我问是谁先打起来的，他们互相用手指着对方，也不说话。旁边的同学忍不住对我说是小游不小心踩了小天一脚，小天就打了小游一下，两个人就越打越激烈了。我了解完事情的原委，朝着说话的学生用手"嘘"了一下，示意他们安静。我看了一眼小天的胳膊上好像红了一大块，应该是刚刚打架时被小游抓了一下，小天一直在啜泣，我用手轻轻地摸了一下他的手臂，他哭得更大声了。我拍拍他说："没事的，只是红了一点儿。有什么事情都可以和老师说，而不是自己私自打架解决。好了，先去座位上休息一会儿。"之后我分别在他们耳边说了一句悄悄话，先把他们安顿好了。我想接下来是处理打架事件的一个契机，在我的指挥下，孩子们纷纷回到座位上，我问了大家一个问题："我们是不是一个集体呀？"孩子们点点头说是。

接下来我和孩子们说我们在同一个班上，这是一种奇妙的缘分，是缘分让我们走在了一起，那么我们就是一家人，一家人就应该不分彼此、互相帮助。我问他们："一家人可以互相攻击自己的家人吗？"他们大声地告诉我：

"不能!""嗯,看来我们的同学们已经知道了自己以后应该怎么做,一家人应该互相关爱,而不能谩骂自己的家人甚至打架,对不对?""对!"他们再一次用响亮的回答回应了我,我给他们重点强调了"一家人"这个概念,我们整个班集体就是一个家庭。通过这次的课程,孩子们知道了一家人要互相帮助、团结友爱,这样才是真正的一家人。我相信他们以后会更爱自己的家人,也会爱护自己的同学,从而养成良好的品质习惯,做一个大家都喜爱的人。

二、小故事,大分享

曾经在我的身边发生了一件事,让我觉得其实教育孩子并没有那么难,只要我们找对方法。

事情是这样的:李老师是我的一位朋友,同时她也是一位家长,一个妈妈,她的儿子叫小伟。那天,我去她家里做客,在茶几上赫然放着一张试卷,我低头一看,上面用红笔写着:要是你下次再不认真考试,我就再也不给你签字了。李老师不好意思地说试卷是儿子小伟的。在征得李老师和小伟同意后,我翻阅了一下试卷,这张语文试卷考了 82 分,看到后面我发现主要是作文扣了 10 分,我就拿起来开始看那篇作文。这时候李老师悄悄地对我说:"你帮我劝劝小伟,我说了他那么久,感觉他都没听进去,让他下次写作文要认真一点儿,多写一点儿,写具体些。"我点了点头说好。

对待孩子,其实要让他心悦诚服地听你的,你首先要找到和他的共鸣。我拿起试卷一个字一个字地读起作文来,估计小伟也有点害羞,他连忙走过来要收走那张试卷,好像生怕我读出声音来似的。我轻轻地摸了一下他的头,和他说:"老师觉得你这篇作文写得还不错呀,怎么会被扣 10 分呢?"他开始也许因为自己没达到妈妈的理想分数而不想理我,也可能是我用真诚的眼神打动了他,他对我说:"我也觉得挺好的,但因为老师说我写得不够具体,就给我扣了 10 分。"这是一篇写缩写的作文,要求把《三国演义》里的一个故事进行缩写。我又拿起试卷给他分析了一遍,其他的题目做得都挺好的,基本上都是小问题。

后来我说:"小伟,我觉得你在写作这方面还是很有天赋的,这一次你就写得很好,但可能是因为没有对一个点进行详细描述,老师就扣了 10 分,你和我说说平时你是不是挺爱看类似于《三国演义》这类的书呀?"他回答说:"也不是单纯爱看《三国演义》,但我的确对这种故事类型的书挺感兴趣的,每次一看到,我就想全部看完。"我和他说:"真的吗?那你和我一样,我最喜欢的也是这种故事类型的书了,我以前也是这样,每次发了语文课本,我总是迫不及待地拿起来就看，直到全部看完。""老师，老师，我也是这样，每次还没等写名字，我就看得入迷了。"小伟已经迫不及待地回答我了。

这时候我已经找到了和他的共鸣，只要再深入地引导他一下，他下次绝对会写得更好。我让他给我讲讲《三国演义》里哪个故事给他留下的印象更深刻，他说得很起劲，似乎要把他知道的全部告诉我。我也给他讲了我最喜欢的一个故事情节，我感到他一下子觉得我是他的朋友，一个可以谈论真心话的朋友。最后我和他说："小伟，你真的很棒，不过我相信你下次的作文会写得更棒的，你下次写了作文可要给我看哦，我最喜欢看你这种故事型的作文了，以后不论什么作文，我们都可以交流一下，我们也可以互相学习嘛，也许我还没你写得好呢！"小伟坚定地点了点头，答应以后有作文都给我看，直到我走的时候，他还显得兴致勃勃的，嚷嚷着准备重新写一篇再给我欣赏。

从这件事情我看到了孩子的希望，他们希望我们把他们当作"小大人"一样对待，能够平等相处，能够知道他们的心声，能够理解他们，其实他们已经很努力在做了，希望我们看到他们的努力。我对小伟说老师也许还没有你写得好呢，一方面，肯定了他的天赋；另一方面，又让他觉得我没有把他当作小孩子在对待，而是放在与我平等的地位上，那么孩子受到感染，自然而然下一次写作文会更加认真仔细。孩子们其实有时候真的很认真地在做一件事情，也许是我们没有看到，这个时候我们就要仔细地多问问、多听听他的想法。教育孩子并不难，难的是找对合适的方法，只要找对方法，一步一步正确引导，要比永远在说教取得的效果好得多。

某一次我突发奇想，给孩子们设计了一个猜单词的游戏，看他们回家谁第一时间能把这个单词用字典快速地查出来或者结合其他单词猜出来，孩子们积极性很高，纷纷说要夺得第一名，赢得我的表扬。临近放学的时候，我把单词写在黑板上，孩子们认真地抄写在本子上，准备回家第一件事就是迅速地查找单词。后来看到孩子们借助爸爸妈妈的手机发来的消息，他们都很兴奋地和我说是"雨伞"等几个单词的中文。我表扬了他们一番，鼓励他们做得更好。我觉得这时候就应该是老师和家长鼓励孩子的一个时机，其实孩子是很在乎老师对他的看法的，老师的一句鼓励可以让他高兴上好几天，也许他以后就会很乐意去做这件事情了。那天晚上不少家长事后给我发消息说从没见过孩子这么积极地去做一件事情，都是想得到老师的表扬，今晚他们一定可以做一个甜美的梦，因为有了成就感。

如果孩子对我出的猜单词游戏表现出了一定的兴趣，那么说明他对英语学习是积极的，家长们不应该放过这种机会去引导他们。我也希望通过一系列方式让孩子们找到自信，树立学习英语的信心。对于孩子，我们不能只看到表面的东西，还要看到他内在收获的东西，这时候对他的积极表现给予鼓励，我们是可以看到他的进步的。比如这次的几个单词，日后他们必定印象非常深刻。

也许有的孩子是通过查字典得出来的答案，也许有的孩子是查了百度查出来的答案，家长千万不要认为孩子查百度就没学到东西，甚至质疑他是不是趁这个时间玩游戏。当时有一个家长就是这样，结果破坏了孩子对于"猜单词"的兴趣，孩子再也不愿意参与。我问原因才知道，当天他兴奋地和爸爸说自己掌握了几个单词，爸爸只是不屑地说了一句还不是查百度得到的答案，他觉得自己被爸爸打击到了。无论我怎么劝说，他都不想再背单词了，后来我想到解铃还须系铃人，于是联系他爸爸说了事情的严重性，爸爸道了歉，这件事情才处理好。我们要从另外一面去思考，我们的孩子能够采用查百度这种方便而且快捷的方式，是因为孩子头脑灵活，与此同时，你应该告诉他要是你能用字典查，你会更棒的！孩子对于学习的信心就建立起来了，要是能给他买一本字典，会更好，一个好习惯就培养出来了。孩子以后遇到不懂的单词一定会主动去查字典，在这个过程中，他所积累的就不止一点点了。猜单词环节不仅是在激发孩子的兴趣，也给了家长更多的机会去体验孩子的学习，有的爸爸妈妈和我说孩子查不到的时候很着急，就请求他们提供支援，于是全家齐上阵，终于把单词彻底搞定，在这个过程中，父母和孩子好像融为了一体。

等孩子们的单词掌握得差不多的时候，我们就会有一次小小的比赛，这个比赛是在班级里面举行的，大家好像对此都比较感兴趣，因为每次的胜利者会得到老师的惊喜礼物一份。每次在我说明第二天会有单词竞赛之后，孩子们都会精心地去做好准备，有的孩子告诉我他们甚至熬夜去背单词，一定要把单词拿下。渐渐地，我转变方式，不事先和他们说要有单词比赛了，只是出其不意地来一场考试考查他们。我主要是考虑到要让他们随时随地做好准备，而不仅仅限于一时，因为我发现这样的比赛如果做好了准备，就显得没有什么竞争性，而且单词需要遵循记忆曲线不断记忆。孩子们常常在我比赛的时候可以发挥得很好，但是一旦比完之后，就会放手不管，然后所有的记忆全部清零，过一段时间之后又开始从头再来。这样的过程持续下去，孩子们就陷入了"背了又忘，忘了又背"的循环当中。大部分家长也跟我反映，孩子有单词比赛的时候对背单词显得非常积极，没有比赛的时候就容易偷懒，有时候甚至三四天都不会摸一下英语书，所以我要通过这样的方式避免出现这些不良情况。

但这样的出其不意遭到大多数孩子的反对，他们觉得招架不住。眼看比赛就快办不下去了，有一天我在写一篇总结的时候结合思路突然想到为什么不让孩子们自己去主办一下这样的活动，一来可以让他们体验一下老师每次为了比赛所花费的心血，更理解老师的工作；二来可以锻炼一下他们的能力，别看是一个小小的比赛，但要组织起来是非常烦琐的，充分地考验着孩子们的团结合作能力。想到点子我就开始着手处理这件事情，第二天我就在班上宣布了这样的决定。孩子们一开始还很犹豫，当我抛出一个又一个的职位时，终于有人开始抢了，最后几乎所有人都分到了任务。有人负责宣传，有人负责出要考查的单词，还有人负责准备音频……

在准备的三天里，有学生不断地来向我抱怨不想再干下去了，大多是觉得自己的某个合作伙伴不听话，导致工作没有办法做下去。好在经过我的劝说，他们都坚持下来了。一个星期之后，比赛终于要开始了，结果因为通知时间的孩子把通知单上的时间多打了一个数字，导致来参加的孩子寥寥无几。没办法，比赛在后期只得重新设计。又一个礼拜过后，孩子们终于解决了所有的难题，成功地举办了这次比赛。但在后面的单词批改环节又出现了问题，一部分孩子为了保证公平，强烈建议所有的试卷由老师批改，另外一部分孩子则主张既然是他们的比赛，全程就应该由他们自己参与。他们争执不下的时候，又来找我评理。我也没有说很多话，让他们自己决定就好，也可以举行一场辩论赛，专门辩论这个问题。他们果真摆开阵势开始辩论了，后来还是支持学生自己批改的小组赢得了胜利，于是他们就行动起来。

后来经过检查，我发现孩子们真的很认真，所有批改的试卷做得比老师还认真，连小小的标点符号和大小写都没有放过，真正是实实在在地体现了公平。这次单词竞赛结束之后，我看到每个孩子好像都发生了细微的变化，他们不再排斥突发式的单词比赛模式，而且我再在班级里举行这样的活动时，总是会冒出很多个小助手来，后来这项活动竟然成为孩子们自己的活动，老师不再干预，只是在他们需要帮助的时候提供帮助。渐渐地，每个孩子好像都有能力去处理这样的一些事情，班级管理也越来越顺利了。

一个又一个故事也许只是我的一次想法，教育故事应该就是如此，我之所以产生这些想法，是因为自己读了一些关于班级管理的书籍。

除理论书籍之外，我还常看一些关于教师的书，因为我觉得这对于以后的专业成长道路会很有帮助。可能是因为从小到大都梦想着成为一名教师，让我对班主任这个职位充满崇敬，回想自己从小到大的班主任，我知道总有一天我也会成为这样一名教师。在不断地和教师这个职业接触的过程中，我发现自己越来越想成为一名优秀的教师，尤其是成为一名陪伴每个孩子共同成长的班主任，就这样，我捧起了田冰冰老师的《轻轻松松当好班主任》……

田冰冰老师的这本书令我耳目一新，班主任这个工作在许多人眼里应该是一份非常辛苦的工作，可是田老师却能够轻轻松松地担当起班主任的工作，依我看来，田老师应该是一个神奇的班主任，她用智慧总结了一些不可多得的经验。转变思维，创新方法，未来我也想做一名优秀的教师。

我认认真真地重新阅读一遍田老师的《轻轻松松当好班主任》，从中学到的东西让我好想亲自去实践一番。我越来越觉得田老师教给我们的这些方法将使一个老师受益终生，下面是我对田老师所讲方法做的一个小总结。

第一，田老师启动的"跟着课本去旅行"的项目式学习，让我很久之前萌生的想法又一次燃起了希望。之前我就写过类似的文章，如果我是老师，也一直想做一次"跟着课本去旅行"的活动，最开始没有什么思路，后来看了一些旅行与课程以及教育联系起来的书籍，再通过田老师的这本书，我能发现这个项目是多么有趣。先搜集资料，让学生做成旅行手册，哪怕足不出户，待在家里，也能领略一番祖国的大好河山。让孩子自己寻找资料，自己完成自我研究，这就是一个不断进步的过程。

第二，让孩子们自己利用调查问卷，从事真正的社会实践活动。孩子知道精打细算地去打印调查问卷，由个人整理到集体智慧的结晶，孩子们完成的不仅是一个完美的过程，而且是一次具有深意的锻炼。这样一次小小的活动，却因为调动了孩子的积极性，孩子很乐意去做，所以有了更大的收获。

第三，田冰冰老师关于周末主题实践活动的设计让我大开眼界，我一下子知道了班主任原来可以拥有这么多法宝。一场美食争霸赛带给孩子们的不仅是做菜这样一个有趣的过程，而且是一个和爸爸妈妈亲子互动的好机会。另外，田老师还开展了和其他小学合作写信的活动，让学生和她一起体验等一封信漫长得如同一生的感觉。开展这样的班级活动，把不同地域的两个孩子神秘地联系在一起，把友谊和寄信紧密相连，这应该是班主任想出来的绝妙主意吧。

第四，在班上成立"节省吧"，帮助"败金娃"更好地体会生活的艰辛，用实际行动掌握节约的本质。在班级里采取具体的措施来帮助节约，凭旧换新省纸张，人走灯灭有灯官，田老师想出来的这些方法真是巧妙。很多家长抱着"再苦不能苦孩子"的观念，给孩子大量的零花钱让他们任意花，田老师竭尽全力让家长把孩子的零花钱降下来，让孩子们逐步养成会理财的好习惯。通过邀请家长做现场讲座的方式，孩子们理解了理财的重要性，实现了个人的理财规划，知道了现在一点一滴的积累对于将来的帮助是非常大的。我现在觉得田冰冰老师每一次都可以想出非常好的办法来应对班上出现的各种现象，如利用一则《2元过一天，看大学生挑战极限》的新闻，就让班上的孩子尝试着做做看，结果很多孩子都从具体的实践中明白了到底应该怎么节约。把一个个大手大脚的孩子转变为精打细算的孩子，原来班主任是可以这样"做"的。

田老师通过一次失败的课堂对话，想到了怎么让学生自己策划对于妈妈的爱意的活动。我发现现在的很多孩子和爸爸妈妈之间的关系并不好，特别是高年级段的孩子，据妈妈们说，孩子们回家之后通常是一头钻进房间里面，几乎很少和爸爸妈妈进行互动，我想这样的一次小小活动应该能够促进他们关系的亲密，让爱传递下去。和孩子们一起策划关于爱的表达方式，给爸爸妈妈献上最难忘的礼物，在节日中发挥深刻的教育作用，田老师做得极其完美。"爱的打卡机"又给了我新的启示，简简单单的几件事，也许可以给爸爸妈妈爱的感动，让孩子们每周坚持，这不是一个非常好的习惯吗？

当然，田老师的方法还有很多，对于我们都具有一定的启示，值得我们在《轻轻松松当好班主任》这本书中不断去寻找答案。田老师说："教育人一定要拥有退后一步观察自己的能力。这样才能看得清楚明白，判得明晰理性，做得扎实透彻，教育才能常做常新。"[①] 这句话应该赠给每一个教师，每一个孩子都是一个独立的个体，当面对一个个与众不同的个体时，班主任要具备一定的智慧，转变思维和创新方法，给孩子足够的空间去成长，帮助他们做最好的自己。

三、和初高中的孩子交朋友

初高中的孩子会有怎样的心理特征呢？我只有靠近这个群体，才能得出更为准确的结论。于是我悄悄地对家里亲戚中的孩子展开调查，看看他们存在哪些问题，或许会让我们某些家长更加明白应该如何去对待这个时期的孩子。

对于初中的孩子而言，让他们自己意识到问题也许更为合适一些，所以我打算采取一种他们比较能接受的方式，如书信沟通的方式来赢得他们的心。初中生对于自己存在的一些问题，既不想让别人知道，又迫切地希望得到解决。所以，我会用信来打开他们心灵的那扇窗户。想象着他们看到老师写的信时那种惊异的表情，可能带给他们内心的感动才是最重要的。

---

① 田冰冰. 轻轻松松当好班主任 [M]. 北京：教育科学出版社，2017：128.

我以前和我的同学也常常写信给对方，就算每天见面也喜欢这样做，日久天长，我觉得我们的感情都得到了很好的巩固，大家喜欢把烦恼和忧愁表达在信里，然后互相解决。不过这种方式是我最先实施的，我主动写信，他们就会给我回信。起初是因为不小心和好朋友闹了矛盾，不知道怎么去解决，当面又不好意思道歉。后来我想到一个好办法，就是用信进行沟通，虽然老套，但是颇为有效。

有一个孩子，刚刚进入初一，估计是还没适应初中的生活，一下子对初中繁重的学业无法接受。于是他开始逃避，不再学习，而是终日拿着手机玩儿。结果玩过了头，开始被妈妈责骂，妈妈甚至把手机摔个稀巴烂。最终的结果是妈妈的确限制了孩子玩手机，但孩子变得越来越叛逆，不想听任何人的话，只是活在自己的精神世界里。换一个角度想想，如果妈妈能理解孩子，用平等的身份和孩子好好谈心，了解孩子出现问题的根本原因，孩子也不至于越来越叛逆。对待初高中的孩子，切记不能用权威压制，与他们平等交流是尤为重要的，这也是我提倡信信交流的主要原因。

初中生，人手一部手机已经成为一种见怪不怪的现象，他们已经形成一种状态，不用手机是绝对不行的。比如，有的学生迷上追星，于是手机里全部是该明星的东西，视频、图片应有尽有，搜索的一些内容也全是明星。终日捧着手机，也只为看自己心爱的明星一眼。或者是看电视，一旦迷上一部电视剧，就誓有不追完决不罢休的气势。再或者是和同学 QQ 或者微信聊天，一旦聊起来，没完没了。追星族已经成为一种趋势和潮流，追电视剧也无法避免，聊天似乎更是理所当然，为什么大人就可以聊天，孩子就不可以？孩子总是冒出这样的问题，他们希望我们能够给出一个满意的回答。那么该如何去解决这些问题呢？孩子们的手机能够强行收缴吗？答案当然是否定的。随着孩子年龄的增长，他们的心智也一步一步地成熟起来，他们不希望爸爸妈妈控制自己，他们渴望有自己的自由。我们需要用更加理智的方法去面对孩子的问题，保证他们的健康成长。

初中的孩子看起来更加独立，他们不希望别人干预他们的自由，他们希望自己做的事情能够得到别人的认可。初中的孩子更加想让别人看到他们的内心，但同时又在掩盖他们的内心，他们想让别人走近他们，又会给人以拒人于千里之外的感觉，但是一旦靠近，你就打开了一扇大门。走近他们，其实会发现他们也很可爱，只不过更加成熟一些。

他们碰到感动的事情更加容易被感动，遇到伤心的事情更加希望和别人诉说，遇到高兴的事情更盼望能够和别人分享，这就是他们，初中和高中的团体。靠近他们，我发现他们其实也很好相处，他们需要的只不过是更多的理解，打开心灵之窗其实并不难，难就难在我们是否真心实意地想和他们交朋友。如果我们是好朋友，那么一定会无话不说，孩子都是这样，初中的孩子只不过懂得更多。我们有时候需要做的是更多的倾听，倾听他们内心深处的声音；认真地倾听，了解他们内心最宝贵的声音。

初中的孩子大多都很喜欢动漫，有的孩子甚至会把自己画的珍藏多年的动漫画拿给我看。在看到那些画的时候，我惊呆了，我真的感叹孩子在绘画动漫这方面的天赋，连我也自叹不如。我真的觉得他们很厉害，我会真心地对他们进行赞美。有的孩子甚至瞬间就可以画出一幅美丽的动漫画来，然后我就问这个孩子："将来你肯定在绘画方面很有天赋，以后打不打算把它作为主要的学习？"孩子对我说："老师，其实画这个只是一种爱好，难得有你这么支持我，我妈就会说我不务正业，不过也许将来有机会把它展示出来。"我说："我觉得这是一种很好的兴趣呀，我们当然是要学习，而且要以学习为主，但有空的时候画画也可以陶冶情操，放松一下，我觉得这是一种很好的方式。"孩子立马觉得我很理解他。我的确是理解他们，有的孩子还说下次有时间画画儿要送一幅可以自定主题的动漫画作给我，说实话，我真的有点迫不及待呢。

初中的孩子，要和他们打成一片，才能真正帮助到他们的学习。只有走进他们的内心世界，他们才会真正乐意和你交朋友，在什么时候应该做什么不应该做什么，他们其实都知道。只不过家长以为他们不知道，一再地提醒警告，这也给孩子的情绪带来了影响。为什么始终要把孩子当成没长大的小孩子，父母和孩子之间的矛盾就来源于此。

这也是一些家长抱怨孩子越长大越不听话，自己都没办法管的根源所在。其实我们应该问一问自己是否尝试过走近孩子，让他们理解你的关爱。关爱不是粗暴的表示方法，而应该是发自内心真正的爱。我为我的学生着想，所以每次复习应该做些什么，在每次上课之前，我会征询他们的意见，然后再去做准备。最起码应该让学生愿意去复习，愿意去巩固。比如，期末考试临近，我会和他们一起商量一个复习计划出来，一起备战期末考试，让他们知道老师其实会和他们一起度过期末考试，他们不是一个人，而是大家集体在战斗。

这样学生自然有激情去面对他们可能或者即将面对的困难。他们在学习上遇到什么问题，也一定会求助于老师，一起解决问题，这是多么享受的一个时刻。我还记得在几年前，有一个孩子疯狂地迷上了 Costume Play（指利用服装、饰品、道具以及化妆来扮演动漫作品、游戏以及古代人物的角色），当时她爸爸妈妈都没有办法管她，于是我想尝试着帮助她学习。我开始也不知道从哪里着手，直到我发现她对 Costume Play 很感兴趣。因为我一开始和她聊得比较多，有一天她突然对我说："老师，最近南昌有一个动漫展，我好想去，你能不能和我爸爸妈妈说一下，陪我去那个动漫展看一看。"我立马了解到这个孩子的心里在想什么，每个孩子可能都有自己的兴趣爱好，我答应和她的爸爸妈妈好好说一说。当天下午，我就针对这个情况与她的爸爸妈妈进行了沟通，同时我说明也许可以趁这次机会真正触摸到她的内心世界。好在她爸爸妈妈表示理解，没有反对。可能有些父母会感到吃惊，老师应该是帮助孩子学习的，竟然要帮着她出去玩儿，太不可思议了。

大部分家长抱着这样的想法当然看不到孩子后面的改变，也难怪我们总是找不到合适的管教孩子的方法。处在初中阶段的孩子本来就怀有叛逆心理，这个情况在初一和初二阶段最容易发生。孩子的种种，父母并没有都看在眼里，也许是因为父母从来都没有了解过自己的孩子。

虽然我本身对动漫不太了解，但那几天我还是努力地看了一些书，试图找到和孩子的共鸣。这一招果然奏效，我们有了共同的话题可聊，接下来我才开始谈到学习，同时说明学习也是一件和动漫一样的事情，正好找到一个动漫人物的事例，于是和孩子一起分析，孩子觉得我说的一些东西正好触及她的内心。她对我的说法表示赞同，同意以后好好学习，这样在追求动漫人物的路上也会更加顺利。我告诉孩子的不是一味地限制她不准再接触动漫，而是让她自己不断去想，孩子也会理解我们的做法。

她在最后恍然大悟地得出一个结论：原来老师都是为了我好。现在这个喜爱动漫的孩子，这个原本叛逆的孩子，这个原本打算一心追求动漫舍弃学习的孩子，已经考上了一所重点高中，在中学里继续追逐她最初的梦想，用学习促进自己梦想的完成，用学习更加快乐地继续追逐动漫，这是她所体会到的。我相信她以后一定会拼尽全力完成学业，在大学里继续发光发热，说不定还能创新地想出一些主意。因为往往这样的孩子最具有创新的精神，敢于突破自己，敢于追求。这是她带给家长的教育启示，有时候并不一定要强制，只要往相反一点的方向走，扭转一下局面，就会给孩子带来一个不一样的人生。

有一个孩子是属于很随性的那种人，不和他熟悉还好，一和他熟悉起来，就会没完没了地拉着你聊天。我和他相处了比较长的一段时间，所以在他面前也没有架子，于是他就会想到什么就和我说什么。

这个孩子很聪明，但缺乏韧性，他上课给人呈现的永远是那种不认真听讲的状态，上课吃东西或者边写练习边听课都是常有的事情，不过我一直觉得他是在别人面前故意那样表现，实际上他听得比任何人都要认真。换句话说，其实他把老师说的话都听进去了，但他就是不表现出来，也许是为了故意和妈妈斗气，或者说是故意和老师开玩笑，所以才给人一种这样的呈现。其他同学都说他一天到晚只想着吃，将来成绩一定会一落千丈。可我依然相信他，他一直以来成绩都很平稳，这一点更加让我肯定了这种想法，我尽量多从正面告诉他我其实很欣赏他，他在学习这方面真的很有天赋。我相信他以后会越来越好，他可能只是想展示一下自己的个性，不过我会永远支持他，希望他继续努力加油。恍然间初中最具有挑战性的两年过去了，最初英语成绩的弱项已经变成了最强的方面，他的学习成绩一直保持得不错，在初中阶段可以保持这么稳定，也着实让我觉得他一定是下了一番功夫。我也希望我们永远是最好的朋友，不仅是师生，更是朋友，能说真心话的那种朋友。虽然私下里我们经常会嘲笑对方，说对方是乡下人，没见过世面，但那只是开玩笑，只有真正的朋友才能达到这样的境地，我知道正是因为他喜欢我这个老师，才会把什么话都说出来让我知道。

我一直都把我的学生当作朋友，希望能走进他们的内心，了解他们内心的想法，希望他们什么都和我说，遇到困难我会和他们一起分担，拥有幸福我会和他们一起分享。我们就是这样简单而纯真的朋友，这才是真正的朋友，和初高中的孩子交朋友一点儿也不困难。

还有一个孩子，之前她对我说她被妈妈逼得实在没办法，妈妈很在乎她的学习，她自己也感觉到压力重重。因为家里的情况不一般，她有好几个表哥和表姐学习都很好，各自考上了自己理想的学校。现在家里只有她一个人还在读初中，所以妈妈把全部希望都寄托在她的身上。她说自己是个女孩，也想争口气给妈妈看看，证明自己不比任何人差。但她现在迷上了看电视剧，而且一看就一发不可收拾，每次看到这一集就想着看完不再看了，但是等到看完了，又忍不住点下一集，一直等到全部看完了，还在回味其中的情节，又盼望着这部电视剧能出下一部，让自己再看个够。

她表示自己也想认真地好好学习，但一到关键时刻，总是忍不住。现在由于沉迷于电视剧，耽误了学习，对学习已经有些厌恶了。她感觉每时每刻都是被妈妈逼着去看书的，而且看电视也是偷偷摸摸进行，每次都胆战心惊的。

看着眼前这个孩子，我表示深深地理解，有时候可能我们大人也会忍不住，看到精彩的电视剧，肯定也不会放手，更何况是没有自制力的孩子呢。我先对这个孩子表达了理解她的这种行为，因为每个人看到自己喜欢的东西都会舍不得放弃。在交谈的过程中，和孩子产生共鸣是最重要的，也是必须去做的，只有这样，和孩子的谈话才能继续。接着我像平常聊天一样问她："那你平时喜欢看什么样的电视剧呀？"她迟疑了一会儿，看到我真诚的眼神，于是很认真地对我说："其实也没什么，我比较迷那种侦探类型的电视剧，看到这种电视剧，我就忍不住想去破这个案子。"

"哇，这是一件好事呀，说不定以后你就是个侦探呢。我以前也会看这种类型的电视剧，因为觉得破案真是一件非常有趣的事情，不过后来发生了一件事情改变了我的初衷，使得我选择了更为合适的方法。"孩子马上产生了疑问，立马问我："是什么事情呀？"好奇心被激发出来。我开始向她讲述这件事情，当初我正在追看美国的一部侦探大片，名字叫什么现在已经忘记了。不过我清晰地记得当时是一个很简单的案子，于是当案子呈现完毕之后，我就开始思考怎么破解这个案子。可我怎么也找不到线索，这个问题困扰我很久，我甚至放学走在路上还在思考这个问题。后来被我的老师发现了，当时是我们的实习老师，她看见我上课心不在焉的样子，就趁下课休息的时间把我叫到一边，然后询问我最近怎么了，实习老师很年轻，我和她也相处得很好，我们就像朋友一样，我有什么话也会直接对她说。我告诉了她原因，她显得很感兴趣，听我讲完案情之后，立马帮我分析起来，很快她就找到了答案。那一刻我真的是从心底里对她感到敬佩，于是我问她怎么有那么好的头脑。她只是轻描淡写地对我说："这没什么的，推理一下就知道了，任何一个有知识的人都能做到，用知识武装自己，不信你也可以试试看。"我回家之后开始琢磨老师的这句话，为什么我就想不到解决的方案呢？或许我真的是欠缺一些东西吧。从那以后，我就发誓一定要认真学好文化知识，只有这样，将来才能解决更难面对的问题。后来我真的对一些问题具备了基本的推理能力，而这一切并不是看电视看来的，而是靠自己的常识积累得来的。我不再看电视，而是迷上了阅读，阅读让我更加理性地去判断一些问题，也给了我更大的思考空间。而且我觉得看电视会伤害眼睛，知识的系统性也远远没有阅读来得快，所以我就渐渐喜欢上阅读了。

还没等我说完这些话，孩子立马就反应过来了，她似乎和我找到了相同点，开始拥抱着我说："老师，我知道了，只有先把本领学好，才能找到破案的关键，我将来也想当个侦探家。""在老师心目中你是个聪明的孩子，我相信你经过不断积累一定会越来越棒的。"自从那次之后，这个孩子在学习上再也没有分心过，而且常常拿来问题和我一起讨论。我们一起讨论案情，一起分析，我看得出她已经很信任我了。

这就是孩子，只要耐心一点，孩子就会懂得你的良苦用心。我也鼓励这个孩子多和她的妈妈沟通交流，尽可能地把自己内心的一些想法都表达出来，那么最后妈妈也会很通情达理地慢慢让孩子取得进步，最终这扇隔阂的大门也会彻底地打开。果然，后来孩子和妈妈成为很好的朋友，她妈妈高兴地和我说起孩子的巨大变化时，我的心里也充满欣慰。

前几天和一个家长聊天，她向我感叹孩子真是越大越不好管了，她说孩子之前很怕他爸爸，每次他爸爸一回来总是乖乖的。但现在不一样了，现在看他爸爸的眼神都是不一样的，以前看都不敢看一眼，现在是拿眼睛瞪着他爸爸。

他爸爸说什么，他就一直瞪着他爸爸，一种没办法说得清楚的感觉。而且孩子成绩稍微好一点儿就不专心，拿他这个人真的是没办法，有一点点成绩就很骄傲。其实我觉得孩子大了就是这样，而且这个孩子刚刚上完初一，马上就要升入初二，而初二这个阶段一般正是孩子叛逆的集中爆发时期，遇到一些问题连他自己都没办法理智地解决。趁孩子还没到一个完全的爆发期，我们可以慢慢地改变这种情况。我记得曾经有一个观点，说是只要能够引导好，孩子是可以没有青春叛逆期的，我也觉得如此，有些孩子很平稳地就度过了这个时期，而有些孩子则不然，这可能和父母的教养方式有很大关系。

孩子妈妈显得十分生气，她继续说孩子好像不管爸爸妈妈说什么都不听，每天都要用一两个小时来玩电脑游戏。自己不会控制时间，趁妈妈上班的时间还偷偷溜到网吧里去玩游戏，晚上都很晚回家。父母经过一番寻找，找到了还沉浸在游戏中的孩子，把他带回家，爸爸拿来藤条打他，最后打得他身上一道一道的伤痕。现在孩子越来越叛逆，越来越和父母对着干，我已经知道孩子是处于"打我我偏偏就不想听你的话"这样一种心理，所以我劝孩子的爸爸妈妈，先暂时冷静下来看看孩子处于一个什么样的情况之下，玩游戏一定不是他最初想做的事情，一定是开始我们就破坏了什么。妈妈想到每一次孩子有一点儿骄傲他们似乎都会不断地打击他，孩子每次也最不耐烦这个，这可能是原因所在。于是我告诉他们，对于孩子的骄傲，我们在肯定的同时，要帮助他认识到一些自己不足的地方，肯定是必需的，要看你怎么样去肯定孩子。有时候告诉孩子我和你是站在一起的，那么孩子可能会更加信任你。孩子不是"管"出来的，也许是找对方法握手言和然后彼此信任出来的。对于游戏，也许只是孩子想发泄对父母的不满，然后故意和父母对着干，矛盾化解了，一切就会恢复正常。

有的父母是这样的，这次孩子的成绩考得比较好，有点扬扬得意了，父母看到这种情况，就会有些不满，于是对孩子说："这次考得好不代表以后都能考得好，你不努力，还是会被别人甩在后面的。"试问孩子听到这句话会做何感想。我就打个简单的比方，如果大人在工作中有一件事情完成得非常出色，得到了很多人的赞扬，这时候你的领导跳出来和你说："这没什么了不起的，后面的事情你不一定能顺利完成，没必要这么骄傲。"

听到这些话，我们是不是也有些心凉呢？自己终于成功完成的一个项目在领导的眼里竟然是这样的，无法体现自己的价值。也许领导只是警示一下，可有些人会直接受不了。大人都如此，更何况是孩子呢？所以说肯定是必需的，不能因为怕孩子变得骄傲而不肯定他通过努力得到的一切。但是在肯定之后我们应该做什么呢？要让孩子认识到自己的不足，千万要注意不能在孩子面前直截了当地说出孩子的缺点，不足是要让孩子自己去领悟的。孩子出于一种逃避心理，也许面对这些问题，都不敢承认，或者说不会去承认。

他们最初会坚决地认为这是家长强加在他们身上的一些不足。在我看来，这件事情很好解决，家长的生活经验肯定比孩子多得多，在学习这件事情上，要让孩子彻底地领悟到自己的不足，家长帮助他们找不足是一个不错的办法。

每次发现孩子在哪一方面比较薄弱，家长通过和老师沟通之后，就拿着这种类型的题经常去问孩子，让孩子为爸爸妈妈解答问题，效果是完全不同的。孩子不知道爸爸妈妈原来也不懂自己学的问题，就会急于解决这个问题来更好地教爸爸妈妈。如果这样，我相信他们在课堂上也会更加认真地听讲，而且在教会爸爸妈妈题目的解法之后，孩子的心里也会充满成就感。有的家长总说自己没有文化，这不正是一种特殊的学习吗？而且还能帮助自己的孩子不断努力学习。

对于孩子的叛逆，我们不能把它看作一件简单的事情，很多爸爸妈妈就是存在这方面的误解，所以导致对待孩子使用暴力手段已经成为一件很难控制的事情。叛逆是每一个孩子必然要经历的过程，尤其是现在竞争压力增加，很多孩子会提前进入这个时期，我们更要做好预防工作，帮助孩子平稳地度过这个时期。大部分家长在遇到这个问题时都处于一种很焦躁的状态，可能会觉得对孩子失去了信心，说以后再也不想管他了，家长的失望几乎让任何一个家庭在孩子逐渐长大的过程中都会出现"越叛逆越挨打"的情况。

家长会觉得自己对孩子这么好，一心一意为了孩子好，为什么孩子如此不领情，真是让人很生气。如果家长存在这种问题，势必难以和孩子交流，我们要做的就是先平复自己作为爸爸或妈妈的心情，然后再理性地看待这个问题，和孩子和平地解决这些问题。很多孩子也会和我说，妈妈每天在家就是念叨这几句话，都快被她烦死了。家长和孩子同时提出这些问题，说明这是可以解决的，孩子和家长之间存在的矛盾可以一个一个消灭掉。先要对应好关系，找到矛盾的激发点。我举个例子，我的学生会和我抱怨妈妈每天都要唠叨他，吃饭要唠叨，洗澡要唠叨，学习就更不用说了，他说他最烦的就是这种唠叨，就像谁不知道她的辛苦付出似的。听到孩子的这些话，也许有的家长要拍案而起了，怎么还有这种孩子？为了你好，还嫌我唠叨。这就是一种不对应的关系。家长没有理解孩子，孩子也没有理解家长。比如，一个孩子在早上上学之前，妈妈一直唠叨他钥匙带了没有，结果他把钥匙直接砸到妈妈身上，然后转身跑出了家门。晚上回家又找不到钥匙，于是在家门口苦等了两个小时，回家又和妈妈大战一场。孩子和父母都没有站在对方的角度想问题，当然就冲突不断。我们是大人，我们比孩子更理性，就应该先选择理解孩子，缓和冲突。

很多孩子在进入青春期的时候就陷入和家长的重重矛盾之中，家长其实不知道孩子处于这个艰难的阶段，面对学习和生活的压力，孩子很难发泄自己的情绪，他们迫切希望得到别人的理解。由于心理发展和生理发展的严重不平衡，孩子就会出现不同程度的对抗情绪以及逃避、说谎、破坏、暴力等不良行为，独立性有较大发展，自尊心增强。如果爸爸妈妈在不适当的时候对他进行说教，孩子自然就不乐意了。

其实家长只要稍微了解到孩子这方面的情况，就会明白其实孩子会理解我们。但也不是说父母天天把为孩子的付出挂在嘴边，孩子就会理解父母。要让孩子从内心真正理解父母，还要让孩子自己有所体会。作为父母，在处理这件事情上，要显得更为谨慎一些，不要总是把所做的事情反复说给孩子听，而是要让孩子在实际行动中感受到爱。

四、爱胜在无声

记得我看过很多篇描绘父爱或者母爱的文章，孩子们用稚嫩的语言把对父母的爱表达得非常纯净自然，也许爱就是如此简单，爱胜在无声。

下面摘录一篇没有获奖的参赛作文：

妈妈的爱

在我小学刚毕业那会儿，那一年是六月份，我逐渐认识到我的妈妈正是在无形中给予我关爱，她不会表达她的爱，但她用实际行动向所有人证明了这份爱。

小时候我家里真的挺穷，爸爸为了赚钱，向别人租了块地和其他人合伙养起了鸭子。

记得那一天对于我来说是个刻骨铭心的日子，之所以记得如此清楚，是因为在那一天我差点失去我最亲爱的妈妈。"鸭棚着火了，鸭棚着火了，你家的鸭棚着火了……"正准备洗澡的妈妈还没来得及装满桶里的洗澡水，听到这声噩耗，就连忙往鸭棚那里奔去。我不以为意，只顾着看自己的书。

消防车呼啸而来，又呼啸而去，救护车远去的声音是那么刺耳。第二天一大早，我才听到邻居说妈妈差点死了，原来为了抢救鸭子，为了攒够我的学费，妈妈不顾生命危险冲进火海，救出一只又一只鸭子，自己的手却不小心碰到了还未关闭电闸的高压电线，当即失去知觉，晕倒在地。当时救火的人谁也没有发现在熊熊大火燃烧的同时，地上还躺着我的妈妈。

但妈妈知道女儿不能失去她，她强忍疼痛站了起来，又跌倒在地，在泥水中一步步爬过死亡的边缘。当我再见到妈妈时，已是十多天以后，只记得那十几天里，我每晚都久久不能入睡，因为我知道我想妈妈了。那天爸爸放了好长一串鞭炮庆祝妈妈回家，妈妈满手的水泡，苍白的脸色，让我不敢再看下去。

我差点失去了我最好的妈妈，妈妈说大难不死必有后福，这是老天给她又一个疼爱我的机会。摸着妈妈被严重烫伤的手，我的泪水一滴又一滴地滴下……穷人家的孩子早当家，我要早早地懂事，早早地听话，因为妈妈肯为我付出生命，我又如何报答得了我的妈妈？想象妈妈倒下的那一刻，我的心再也不能平静，为了我们，跌倒又爬起，她到底承受了多大的痛苦？妈妈，我爱您！有人说："女儿是妈妈的小棉袄！"我觉得我是妈妈一辈子的小棉袄，会永远温暖着她，因为她的爱已温暖了我太多太多……

自从那次之后，我就懂得我生活在这个世界上必须要懂得感恩，妈妈平时不说出她的爱，但她用她的爱把我紧紧地包围，让我感到如此幸福。

之所以把这篇作文的片段呈现在这里，不是说一定要经历一件大事才能让孩子理解爸爸妈妈，而是要告诉所有的爸爸妈妈，哪怕再微小的一件事情，只要孩子看得到，他就会理解你们的一片良苦用心。

还有这样一篇作文：

平日里我总和妈妈作对，她让我往东，我偏偏往西；她让我往北，我偏偏往南。反正在我上初中那会儿我就是这样和妈妈唱反调的，妈妈有时候会很生气，我们两个有时候吵架甚至吵得要打起来。前不久发生的一件事彻底地改变了我的想法，那天晚上很热，不幸的是我由于晚上蹬被子感冒了，鼻塞得厉害，那种天气要是不开风扇，我想我会热死。我把风扇打开又怕感冒更加严重。

后来妈妈给我买了感冒药，吃了感冒药之后我就准备睡觉，可因为鼻子很难受，实在是睡不着。风扇呼呼地转着，我的心却怎么也静不下来。我一边扇着风扇，一边打开被子，因为真的很热。过了一会儿，妈妈突然来到我身边，她悄悄地凑近我，摸了摸我的额头，感觉没有发烧，于是问我还难不难受。我迷迷糊糊答了一句，她说一定要把肚脐眼盖上，否则明天又该肚子疼了。妈妈细心地帮我盖上被子，缓缓地走出了房间，她说去给我倒一杯开水。那一刻我看到妈妈的腰好像不是那么直了，甚至有些佝偻。自从那一刻起，我才明白平时自己太过分了，妈妈还是很爱我的，她的爱没有惊天动地，但就是这份简单的爱已经足够让我感动。我发誓从今以后做什么事情都要站在妈妈的角度想问题，因为她真的是为了我好，妈妈每次和我吵架，也不说什么，其实是我没办法看到她心里的泪水，一份细细的爱足够让我知道妈妈的爱。

文中的主人公之前也是和妈妈矛盾重重，但他在细微之处观察到了妈妈的爱，妈妈在无声中让孩子瞬间理解了这份爱，这就是家庭教育的成功。孩子自己去领悟，会比我们经常说要好得多，甚至我们把爱说出来，说个成千上万遍，起到的都是反作用。而孩子就在我们身边，用无形的爱来感化他，一定会让孩子更加懂事。孩子的成长也许就在一瞬间，提前让他感知，说不定还能让他避免进入青春叛逆期，从而顺利地发展下去。孩子的叛逆是正常的，重点在于我们怎么对待他。孩子是世界上最纯真的人，我们也要努力把他们的这份纯真保存下去。

有这样一类孩子，无论你和他说多少话，他都听不进去，因为他觉得那些话对他来说不重要。其实有时候对于初中的孩子而言，多给他们行动上的启示往往比言语沟通有效得多。就像我看到的一个孩子，他之前的考试没考好，于是灰心丧气，完全失去了学习的信心。

因为我们以前是邻居，我和他的关系很好，所以他妈妈特意打电话给我让我去劝劝他。一走进他家，就见到他蜷缩在角落里，低着头手里还拿着什么东西在玩，我上前和他打了个招呼，但他只是抬头看了我一眼，之后就低着头不说话。他妈妈这时候走进来，说："你怎么又不说话了呢？"孩子还是没有说什么，继续低着头看着手里的一个勺子，我这时候才看清楚原来他拿着一个勺子在刮墙边的床沿。

接下来他妈妈和我说："我也是没有办法了，现在这孩子成了这个样子，我也不知道怎么办，主要是那天因为他没考好我说了他几句，他就夺门而出，后来才找回来……"我朝着他妈妈做了一个"嘘"的手势，她立马领会到我的意思，关上门走了出去。房间里只剩下我和这个孩子，以前多么开朗的一个小男孩啊，我不知道他为什么变成了现在这个样子，听他妈妈的意思是学习压力过大造成的，而且又迷恋上了玩游戏。我开始和他谈心，告诉他面对什么困难都不要怕，他还有我们，我们会和他一起度过。我说了很久，时间一分一秒过去，孩子依旧纹丝不动地把玩着手里的玩具，一句话也不说，甚至还有点生气的样子。后来我才发现他中途去上厕所是为了戴上耳机，不听我说话。等他回来的时候，耳机已经戴上了，我还不知道刚刚说的话他一句都没听进去，因为他用帽子掩饰了耳机的存在。

我知道对他说再多的话也没有用了，他压根不想听，或许这个时候的他正处于矛盾期吧。于是我打算放弃这种方式，但一方面我又想激励他，看到他颓废的样子，我真的于心不忍。我也找了个借口出来和他妈妈商量了一下，后来我严肃地把他的耳机摘了下来，告诉他以后谁也不会管他，他要是想玩游戏可以尽管去玩，暑假这两个月哪怕他全部花在玩游戏上也可以，这个世界上关心他的人才会管他，玩游戏能玩一辈子吗？他有那个精力和时间去玩吗？我说我是为了关心他，今天才会来到这里，我已经和他妈妈说好了，以后都不会再管他，可以让他玩所有的游戏，并且玩个够。

说完这些话，我把耳机放在桌子上，装作生气的样子摔门而去。其实这一切都是我和他妈妈商量好的，我们想看看他有什么反应。果然不出我所料，不出三天时间，孩子打电话自己和我说希望我能原谅他，后来我才和他做了一次比较深入地沟通，终于让他振作了起来。

后来那个孩子以优异的成绩考上了一所不错的学校。这件事情就发生在我身边，所以我更能理解，其实在第一次的时候，孩子的状态是真的听不进去任何话，但是我用行动告诉他，他必须站起来，否则就无法避免这些东西。我也感悟到对待不同的孩子要采取不同的方法，不同的方法会体现不一样的价值。

也许有的孩子就不适合采用这种方法，因为他们已经习惯了不去想这些。

如果对孩子来说会适得其反的方法最好暂时不要用，一定要清楚地了解孩子的情况。说实话，我当时那个方法还是挺冒险的，因为我还没完全清楚孩子的情况，我真怕孩子会破罐子破摔，直接否定一切，所幸的是孩子还是能够理解我的良苦用心，最终改正过来。不要特意去激怒孩子，那会让事情变得越来越糟糕。用一些行动来让孩子理解有时候无疑是最好的解决办法，激不激烈要视情况而定，重要的是能够启发到孩子。如果情况严重的话，我们做出的行为就要激烈一些，才能让孩子往深处去想。

我曾经听过这样一句话，要想教育好孩子，父母必须要狠下心来。当然，这样的狠心并不是狠下心来打骂孩子，而是该坚持原则的时候就要坚持原则，不能退让，对待年龄较小的孩子尤其要如此，不能因为孩子的哭闹而选择逃避，选择迁就，那只会让孩子越来越觉得哭可以作为一种威胁，从此只要不满足他们的要求，他们就可以随意地选择哭闹。因为只要哭闹，要求就会被满足。

我甚至曾经劝过一个家长如果孩子不愿意读书，就让孩子在家里待一段时间，最后他会自己要求去上学的。因为孩子本身学习态度不端正，态度上很无所谓，其他人很紧张他的学习，但他自己仍旧像一个没事人一样，我想过和他妈妈商量让他吃一天苦，体验没有知识、没有文化的生活，没有了一定的支撑，可能很多人都难以存活，但这样的计划久久未能落实。后来有一次他考试的时候不认真，所有的题目都是乱答的，我就想着能不能让他体验一下不学习的感受。比如，让他在家里待上一周，在这期间不用去学校上课，可能大部分孩子都是耐不住的，到时候看着别人上课还要心生羡慕，我期望他可以产生这样的感觉。

要让孩子懂得其实很简单，父母要先放下自己的架子，和孩子平等民主地交流，真正了解孩子的人才会知道孩子需要的是什么，孩子在这个过程中收获了什么，孩子想和我们说什么。只有知道这些，父母才能够和孩子有效地沟通。

处于初中阶段的这些孩子往往处于叛逆的爆发期，他们会出现各种各样的问题，就像之前有一个妈妈无奈地向我抱怨孩子威胁她如果不买一部新的乐视手机给他，他就马上离家出走。因为这是妈妈之前的承诺。妈妈迫于无奈只好带着儿子去买手机，手机买来了，却又带来了无尽的烦恼，孩子几乎天天机不离手，根本不知道他在看什么。

于是妈妈开始后悔不该买手机，但不买手机孩子的情绪又无法得到控制。的确是这样，这个阶段男孩子特别容易产生情绪，不听父母管束，和家里人对抗，甚至经常把离家出走这种字眼儿挂在嘴边。处于青春期的孩子虽然身体已经基本发育成熟，心智却不成熟，他们想要表现自己，又常常受到挫折，急于摆脱大人的管制，但在一定程度上又缺乏安全感。特别是女孩子，容易变得内向，缺乏自信、愧疚，甚至抑郁；男孩子会变得异常暴躁，容易愤怒，甚至无法控制自己。

处在这个阶段的孩子自尊心极强，他们重视和同学、朋友的关系，特别容易受到同学和朋友的影响，因此要帮助他们处理这些问题，也就变得异常艰难。作为父母，应该努力为孩子打造一个和谐的环境，学会相信孩子，自始至终都和孩子保持亲密的关系，支持孩子做他们想做的事情。在孩子成功的时候给予他们肯定和表扬，在孩子失败的时候给予他们安慰和鼓励，并且激励他们，为他们带来信心，鼓励孩子走出去，多参加各种各样的活动，培养他们的社交和沟通能力。

让孩子解除被父母操控的想法，进而帮助孩子建立积极的自我意识，将自主权交还给孩子，主动和孩子在适当的时候进行互动，让孩子在自觉中学会约束自己。

第二章 学习的兴趣来自不同的方法

一、鼓励一点，进步一点

我始终认为任何一个学生都没有问题，问题在于老师怎么去看待学生以及对待学生。

记得几年前有一个让众多老师都头疼的学生，他没有一天是认真完成作业的，在上课时间和朋友跑出去打篮球，老师打电话给家长，结果他让家长和老师都找不到人，家长跑来学校问责老师，理由是家长已经把学生送到学校，学生在上课时间擅自出去，是老师没有尽到看管的责任。为了这件事情，家长来学校很多次，而且每次这个学生的作业都是没有完成的，老师也没有办法，家长说逼孩子去写作业，他就会写得极其慢，到了晚上 12 点还没完成作业。

面对这样的学生，教师应该怎么去解决问题呢？这种情况多半发生在高年级的学生身上，相对来说，他们已经渐渐走向成熟，觉得自己有了人身自由权利，认为自己的一些事情已经不需要别人来管。但其实我明白，这些孩子是希望有人能够给予他们关注，他们也需要得到别人的肯定和鼓励。

之前有一个类似的学生转到我的班上，我心里其实很清楚他的情况，因为听别的老师说多了，自然会有所了解。但我还是装作不知道一样，一如既往地对待他。我在第一节课上采用特殊的方式进行听说训练，发现每个学生的优点，同样的，我发现了他的优点。我用一个小小的英语游戏，让大家彼此熟悉，找到每个人的长处，我也看到了这个学生内在的潜力，继续通过不一样的方式告诉他其实他在这一方面是有天赋的。我努力地引导他们敢于表达，敢于说英语，希望能带领他们走向不一样的英语生活。

我发现这个孩子语言表达能力较强，只要他会表达的，只要稍微鼓励一下，他都尽量用英语表达。后来每一次上完课我也尽量和他妈妈沟通，让她在家里多鼓励他，他妈妈说经过鼓励之后，他似乎变得积极了一些。我一直用自己的方法鼓励着他，所以他进步的点点滴滴我都看在眼里，并且用本子把它们记录下来，有时间就和他交流一下，让他知道自己能做到很好。比如，他以前从来不写英语作业，自从我夸他字其实可以写得很好看之后，他每次的英语作业都能认真完成，虽然质量还是比较差，错误率较高，但是相比于以前还是有很大进步的。

由此可见，鼓励具有很强大的力量，对于学生来说，鼓励是最美好的一道光。

初中的孩子处于叛逆期，作为老师，还是要看到学生的优点，并且在适当的条件下对学生采取鼓励的方式，让他们稍微有点信心面对学习，以后就会信心满满。比如，前面提到的那个学生虽然学习差一点，但他对我很尊重，虽然听到别的老师说他不尊重老师，但我看到的是截然不同的一面。他特别有礼貌，每次下课别人都走光了，只有他会和老师打过招呼，说一句"老师再见"之后再走，而且每次看到老师远远地走过来总是会亲切地叫着老师，虽然没什么事，但这一句亲切的问候却足以暖化老师的心灵。

所以说，对待青春期的孩子要掌握方法，方法用对了，什么都好解决，成绩虽然差一点，但是慢慢把兴趣建立起来了，后面再慢慢引导，想必孩子也差不到哪里去。至少这个孩子还有其他的一些优点，缺点可以慢慢弥补，优点却会伴随人的一生。鼓励对于孩子来说是一种很好的方法，但是有些人想着鼓励却用错了鼓励的方法，所以才会起到适得其反的效果。比如，无缘无故地说孩子很棒，孩子很棒，最后孩子却不知道棒在哪里；一边鼓励孩子，一边却让孩子觉得那不是鼓励，反而是一种讽刺；当孩子真正完成一件事情的时候总是对孩子挑三拣四，最后再来鼓励，恐怕孩子的信心已经被打击得没有了。

鼓励需要采用正确的方法，但不要用错鼓励，用对了，孩子会受益终生；用错了，会贻害孩子一生。要知道鼓励永远比表扬更加让孩子有所感觉，也许很多家长会觉得表扬和鼓励是一回事，都是想让孩子有所进步，激励他们更加勇敢地前进，但是我想说的是表扬和鼓励是有本质上的区别的。

这让我想起了美国著名的心理学家德韦克曾经做过的一个实验，受到表扬的孩子不喜欢接受挑战，喜欢选择简单易行的任务，而受到鼓励的孩子更加勇于接受挑战。的确是这样，当我们表扬孩子的时候，就是在告诉他为了保持优秀，不能犯一丁点的错误，从而使得孩子们纷纷选择逃避出丑的风险。

但生活并不是一帆风顺的，一定会受到挫折，这样的挫折一定会让受到表扬的孩子更加难以承受。相反，受到鼓励的孩子则会越挫越勇，不断地挑战自己的极限。表扬或许会让孩子骄傲一些，无法承受失败的挫折，让他们知道自己已经做到最好，几乎没有进步的空间。而鼓励则是激励他们做得更好，他们还可以继续前进，鼓励更多的是突出孩子的努力，而表扬仅仅是显现了一种成就。其实失败后的鼓励远比成功的表扬更加重要。

还有的孩子是这样的，他们性格内向，那就需要引领他们走出他们的世界，奔向大家的世界。在课堂上，我尽力去打造一个"激情课堂"，给所有的孩子一个表现的机会，帮助他们更好地成长，给他们提供一个更大的舞台去展现他们自己。在这样的环境里，性格内向的孩子最后能够主动地举手回答问题，还有一种不回答誓不罢休的状态在里面。

有的内向孩子会融入这个课堂，最后变成拉着老师回答他的问题。还有的孩子在课堂上抢着回答问题，如果没能回答到，还会生气，这就是"激情课堂"的魅力所在。创造"激情饱满"的课堂，让每个学生每一天都能有所收获，这应该是教师的终极目标，让孩子了解到他们最终的目标更是我的高级目标。

我相信最后每个人都能带着笑容去处理好一切，哪怕是那些平时喜欢偷点小懒的孩子，那些喜欢耍点小脾气的孩子，那些别人眼里十分调皮的孩子，多从实事方面鼓励他们，让他们看到自己真正在前进，他们一定会表现得越来越好。前方的路不知道是布满荆棘还是一路平坦，但选择之后就不要后悔，大家互相陪伴着走下去，这条路不会太远，我们每个人都看得到尽头，却又看不到尽头。

记得某日在浏览一个阅读的网页时看到这样一部电影，深有感触，是怎样的经历让从小就是"学渣"的她考上了最好的大学。电影的主人公是一个叫沙耶加的小女孩，她生活在一个很不和谐的家庭里，父亲完全不管她，母亲只靠一点点的生活费度日，这一切导致她开始放弃自己的生活，和其他的朋友一起浑浑噩噩地过日子，她觉得自己没有学习的天分，结果高中的时候被分到最差的班级，于是她养成各种各样的坏习惯，如化妆、吸烟、喝酒等。

她高二之前完全是鬼混的"学渣"一枚，最后却用一年的时间考上了日本排名第一的私立大学。高二的时候，电影的主人公因为抽烟被叫到校长办公室，校长告诉她只要供出其他的吸烟者就可以免遭处罚，可是主人公非常讲义气，怎么都不肯说出其他的同伴。后来校方只好把她妈妈叫到学校。她妈妈被校长叫到学校后，不仅没有责怪女儿，反而对学校的教育方式提出了质疑，甚至向校方明确表示虽然女儿的确违反了校规，但为了自己免受惩罚而出卖朋友也不应该是教育孩子的正确方式。对于什么都不说的女儿，她觉得很自豪，自己支持女儿的行动。

到最后学校只好给予女孩休学的严厉惩罚。在主人公辍学之后，妈妈依旧没有放弃女儿，为了让女儿能够进入大学，她给女儿报了补习班，补习是一对一地进行。

主人公的补习老师叫坪田，坪田老师是一个非常优秀的老师，虽然主人公沙耶加每次考试总是拿零分，但老师并没有消极对待，而是在夸奖和鼓励中试着了解沙耶加写出这些错误答案的原因和想法。坪田老师真正挖掘到了沙耶加的内心，并且说服她报考日本排名第一的私立大学。定好目标之后，沙耶加开始了奋斗之路，可是她当时身处高二却连小学四年级的知识都不懂，这条路必定充满艰辛。后来经过努力，沙耶加的总分从 0 分提到了 5 分，坪田老师继续进行鼓励，继续挖掘沙耶加学习的欲望。

坪田老师想尽一切办法鼓励沙耶加，沙耶加虽然回到了学校，却被很多人瞧不起，于是她下定决心要做给他们看看，这更激起了她的不服输精神。在坪田老师的帮助下，沙耶加渐渐有了自信，并且开始向往学习，但考大学的这条路上充满困难，沙耶加也想过放弃，因为高考前的一次模拟考试沙耶加的成绩单上还是 E，当她痛哭着对妈妈说对不起的时候，我知道她一定是在慢慢地改变。坪田老师在沙耶加失落的时候不断地开导她，妈妈为了沙耶加能重新振作起来，更是带女儿前往庆应大学亲自感受，实地考察，最后终于帮助女孩燃起了斗志。在高考当天，沙耶加的父亲被女儿的刻苦努力深深地打动，也亲自来为女儿加油。

虽然沙耶加感叹高考是一个令人感伤的东西，但她最终取得了成功，她用努力赢得了所有人的赞同。电影最后告诉了我们什么呢？我觉得最重要的一点就是：每个孩子都有优点与缺点，放大优点永远要比改掉缺点更有利于孩子的成长，对于孩子的提升，鼓励永远比批评更有效。而老师要懂得欣赏孩子的优点，帮助孩子找到他的优点，不断地鼓励孩子，让孩子有自信去面对一切，知道用最有效的方式让孩子面对自己的学习，多多了解孩子，耐心地倾听孩子，用真诚的心和孩子交流。在这一点上，父母亦应如此。

二、另一个女孩的故事

沙耶加的故事让我不由得想起了另外一个女孩。这个女孩在小学阶段一直是班上的佼佼者，还是管理班级的学习委员。但女孩一直生活在农村，父母费尽心思把她送进城里一所著名的重点中学。9 月份开学，她起初很不适应，因为她感受更多的是学习任务的加重，她越来越受不了。特别是英语这门科目，她从小到大根本没有学过英语，读小学的时候甚至连英语是什么都不知道。而英语这门科目到了初中竟然要开始写作文，女孩连 26 个字母都无法默写全，更别说能写出一篇完整的作文了。

但老师每天都会要求英语作业要完成哪些，特别是作文，强调要注重练笔。每天的英语作业便成了她的一种煎熬，每天耗在英语上的时间总是最多的，却没有多大的效果。女孩每天写英语作业都要写到很晚，当看到已经熟睡的妹妹时，她觉得自己很孤独，那段时间是她一直以来难以走出的痛苦。

看到别的同学因为有着良好的英文基础而轻松地读着一篇又一篇的英语课文，看到他们流利地和英语老师进行沟通，女孩在整个冬天都寝食难安。记得有一个冬天的晚上，天很冷，已经接近凌晨1点了，女孩还在奋力地想写出那篇英语作文，她多么希望自己能够拥有一定的英语水平啊，这样就不至于跟不上了。

那一间房间很小，却一点儿都不暖和，因为女孩的书桌正好对着一扇破旧的窗户，每次寒风透过窗户吹进来，女孩总要打个冷战，然后继续奋力地写作业。女孩的眼睛已经睁不开了，她快要睡着了，她趴在桌子上，头一下子垂了下去，手上还握着那支写字的笔。时钟滴答滴答地走着，已经到了凌晨3点。女孩猛地醒来，突然发现自己全身发抖，冷得厉害。是啊，这样的天气，这么晚，女孩还坐在窗户边写着没有写完的作业，两只脚虽然有棉鞋包着，但是已经冻僵了，连站起来的力气都没有了，手因为被头压着，已经僵硬了，也很难伸直。因为很冷，女孩费力地放下手中的笔，朝手上哈了一口气，使自己变得暖和一点。

她抬起脚，往地上跺了跺，但因为长时间没有站起来，脚已经又冷又麻，跺在地上也是硬邦邦的声音，那疼痛的感觉更是让女孩无法忍受，但没有办法，她必须坚持。这一夜女孩在4点钟终于躺在床上睡着了，但因为学校离家里很远，不到6点女孩又爬起来赶往学校。就这样，女孩经历了好几个睡了又醒之后又睡的日夜。开学后20多天过去了，因为来自农村，怕遭到同学的嘲笑，所以女孩一直不敢和英语老师说话，她怕英语老师说的英文她听不懂，更不知道怎么去回答。

英语老师姓李，是一个女老师，年纪比其他老师都要大，但看起来还是比较和蔼可亲的，之前听说她是从高中部调来的老师。但越怕什么就来什么，有一天，班里的另外一个同学告诉女孩英语老师找她，老师找自己到底是为了什么，难道自己又犯了什么错误吗？还是昨天的作文没有写好，老师要狠狠地批评一顿？

离老师办公室越来越近，女孩心里很没底气，班主任、数学老师都和英语老师在同一个办公室，万一英语老师骂她，那么所有人都会知道她因为英语作文写得不好而被老师骂了一顿，那她必然会崩溃。终于她敲响了老师办公室的门，里面不知道是哪个老师应了一声"请进"。她推开门看到英语老师正好坐在门口的那个位置，正看着手里的什么东西，她心里有点打鼓。她深深地呼吸一口气，走近了老师，因为胆小，她的那句"老师好"叫得很小声，以至于办公室里的其他老师都没发现她来了，只有英语老师抬了抬头，示意她坐在旁边的位置上，老师开始说话，她越来越紧张。

没想到老师对她说的却是觉得她的作文写得很好，老师还帮她修改了很多，老师说她的作文反映的是一种真实情况，给她留下了非常深的印象。希望她以后能多写这样的作文给老师看，老师边说还边给她指出几处错误，并且很耐心地教着她，女孩一直低着头听着。说完，英语老师还特意回头叫班主任，也就是语文老师，女孩清晰地记得英语老师对班主任说的那句话："班上的这个女孩子很不错，英语作文写得很好呢！以后我们要多培养她一下。"

这句话让女孩感恩了一辈子，正是因为这句话，女孩一直对英语抱着热爱。在后来的日子里，女孩渐渐地和英语老师越走越近。虽然班上的其他同学很不喜欢这个老师，甚至在背后骂她是老妖婆，因为她什么事情都喜欢管，而且每次布置作业都下狠手，但女孩觉得英语这门科目越来越有趣。初一上学期的第一次家长会，女孩的妈妈出席了，当时家长会是在一间大的多媒体教室召开，是几个班合在一起开的大型家长会。

妈妈回来后高兴地对女儿说："你的作业完成得很棒，被李老师拿到家长会上当众表扬了，老师还夸你有问题总是努力弄明白，几个班的家长都用羡慕的眼神看着我，后来开完家长会，还有家长追着问我到底有什么教育孩子的好方法呢！妈妈真为你感到骄傲，看，老师还让我把作业拿回来好好地表扬你一番呢。"女孩虽然害羞地接受了妈妈的鼓励，但心里也很开心，因为她觉得一定要坚持用心地学好英语，哪怕没有基础，她也相信自己是可以的。后来有一次她在停车棚偶然碰见英语老师，她鼓足勇气拿到了老师的电话号码，老师还答应她以后有什么问题都可以随时问她。

她觉得自己和英语老师的距离越来越近，和英语的距离也越来越近。后来学校发了通知可以报名参加全国中学生英语能力竞赛，女孩心里本来很没底，后来上完课之后英语老师把她叫到一边鼓励她参加这个比赛，告诉她比赛的结果并不重要，参与的这个过程却很重要，而且老师相信她，这给了她莫大的信心。

李老师就像电影里的坪田老师一样，不断地鼓励着女孩，看到了她进步的点点滴滴，并且让她知道每一天都要有所收获，女孩在英语方面的能力越来越突出，她终于不用再担心自己跟不上其他人了。后来开家长会，李老师每次都会把作业本放在桌子上给家长查阅，女孩的学习越来越认真。若干年后，女孩虽然离开了学校，离开了李老师，但她对英语的热爱却丝毫没有减退，她在英语上的发挥越来越出色，在上大学报专业的时候，她毅然决然地选择了英语这个专业，并且发誓以后也要成为一名出众的英语教师，为孩子们带去新的种子和希望。她要成为一个像李老师一样的人，让更多的学生知道来自老师的爱。

李老师是个好老师，她用广博的师爱温暖了一个来自农村学校女孩的心。要是没有李老师，恐怕就没有女孩今天成功说出的一句又一句英语，是李老师让女孩找到了自信，给了她敢于跨出去的勇气。女孩很感谢初中三年的日日夜夜一直有李老师的话语陪伴，虽然后来因为学习成绩的提高，她再也不用熬夜到那么晚写作业了，但是每一次她写完作文总要自己先检查一遍，然后再拿给李老师看。在这样的一个过程中，她的英语作文水平得到显著提高。这么多年过去了，女孩心里一直记着李老师的话，她相信李老师的这番话会陪伴她一直走向明天。

一份又一份的鼓励就这样传递下去，传递到每个孩子的心里，对待每个孩子，都用一颗值得鼓励的心去看待，我们会发现孩子其实是可以的，他能够做到，只是缺少我们的鼓励。就像之前我在一个活动场地亲眼见到一个孩子参加攀岩比赛，比赛到半途中，孩子害怕了，拼命地想下来，父母一时之间手足无措，一方面，怕孩子乱挣脱容易摔跤；另一方面，又希望孩子坚持下去，完成这次比赛，可是这个时候孩子已经哭了，而且哭得很厉害。

父母没有办法，正打算让工作人员把孩子小心翼翼地放下来，这时孩子的阿姨站在孩子的右下角，对着上面的孩子大喊道："小怡，我相信你可以的，不要放弃，等你到达终点，阿姨和你一起去吃冰淇淋，加油！我和爸爸妈妈一起在下面等你哦！"听到阿姨说的这番话，孩子顿时不哭了，迟疑地看了阿姨几眼，把眼泪擦干继续往上爬，在这个过程中再也没有一丝害怕，这点让在场的人都感到吃惊。因为是小朋友之间的比赛，孩子最后还取得了一个不错的成绩，孩子的阿姨把孩子抱下来的那一刻，我看到阿姨摸了摸小女孩的头，举起大拇指，对她说了一句："你真棒！"小女孩会心地笑了。

看到孩子笑得那么开心，我也不由得默默地感叹鼓励的力量。原来一个人可以更加强大的秘诀就在于此。鼓励让人更有希望，鼓励是最大的一种肯定，这就是我们不断前进的方向。

三、学习方法更有效

我曾经遇到过一个学生，他叫方方（化名），方方本身是个很内向的孩子，不怎么说话，在同学中间也是那样，他的英语和数学成绩一直不理想，所以更显得自卑一些。起初我不知道他是仅仅在我面前这样，还是在所有人面前都是这样。后来我通过深入的接触，发现他是一个很懂事的孩子，他爸爸妈妈也这样认为，因为他尽管学得很艰难，可是一直在坚持学，并且从来没有在爸爸妈妈面前抱怨过。

但我渐渐地发现了他的问题，那就是他学得实在太累了，每天学校里的作业一大堆，家里还有爸爸请的家教上门授课。他基础很差，在学校里根本跟不上，所以爸爸给他请了家教，可他在家里上课的效果并不怎么好，总是上着上着就产生很大的心理负担，想起自己还有几样作业没写完，今天还要补哪几样作业，甚至边上课边写作业，有时甚至打瞌睡。他和我说每天他都要12点才能睡觉，早上还要6点钟爬起来赶去学校上早读，我也深深地觉得他真的很累。后来的中考他以接近400分的成绩达到普通高中的分数线，他爸爸很不甘心，于是把他送到一所私立学校去复读。

他还有一个弟弟，我也比较了解他弟弟，他们两个在一个年级，相反的是，他弟弟学得很轻松，因为他比较有基础。他弟弟以600多分的好成绩被最好的重点中学录取，可能他爸爸不甘心的原因也在于此吧。他去复读之后，我问他在新的学校有没有好一点儿，他还是说自己好累，每天有应付不完的作业。并且比以前的负担还重，不仅是身体方面的，还有心理方面的包袱在一直压抑着他。因为他是复读生，所以融入不了同学，还担心同学会嘲笑自己，他说他很痛苦，不想去学校。我明白复读对于一个孩子来说要承受更大的心理压力，针对他的情况，我真的觉得有必要给他爸爸提一点建议，方方的问题在于没有让他学得轻松，其实他从心底里是讨厌学习的，正是压力造成了这一切，但他为了顾及父母的感受，不会说出自己内心的真实想法。

其实父母在这个时候应该采取一定的措施来帮助他，问题到了这个阶段就十分严重了，爸爸可以试着和老师商量给他减负，或者就让他自主学习，在复读阶段减少去学校上课的时间。因为学校的生活他已经参与过了，既然只能给他带来负担，那么不如取消。当然，我在这里不是说学校教育不好，只是孩子需要一种更好的方式来帮助他学习。每个人的情况都不一样，这样也可以同时培养他的自觉性，因为学校里复读班级的学生实在太多。据我所知，某学校这一年初三一个班接近70人，老师根本无法顾及每个学生。

加上方方又是那种特别内向的学生，所以也许他在学校没有学到东西是正常的，而且还非常疲惫，转眼间一年时间又过去了，中考的时刻再次来临，不知道方方还要经历几次复读。那为什么不从现在开始解决这个问题呢？采取个别教学法，让他更有目标地备考，有针对性地规划好学习，让孩子意识到中考是一件很重要的事情，激发他的学习动机，提高自主学习的有效性，再去参加中考，一定更有把握。

其实我建议复读的学生都可以这样做，如果没办法再融入学校，就少花一点儿时间，适当的时候再去学校，有必要让他们自己学习或者采取个别教学法。如果家里学习氛围不强，可以把孩子带到一些大学或者中学的自习室体验一下，感受学习的氛围。或者就把他放在那里，让他自己安排学习，必要的时候再找老师给予帮助，重点是不增加太大负担，自主学习。我们太缺少这样的自习室了，我提倡在中学或者小学甚至一些社区设置图书馆和自习室，这样才能真正地实现素质教育的目标，完成终身教育体系的建立。而像方方这样的孩子也能真正感受到教育的快乐和学习的乐趣。要是每个社区或者中小学都能够成立一个人人保持安静看书状态的自习室，教育局面也可能会打开全新的篇章，至少终身教育的理念会在一点一滴中得到落实和进步。正如《教育——财富蕴藏其中》一书中所认为的，终身教育不是一个遥远的理想，而是以一系列强化这种教育需要的变革为标志的复杂教育环境中日趋形成的一种现实。[①]

我曾经看过一个高三的女生给她们学校的校长写的信，也是请求最后一个月自己回家自习完成高考，可学校的领导不重视这件事情，也没答应女孩的这个请求，后来女孩考得不是很好，去了县里的一所中学复读。可能我们现行的教育体制就是这样，没有空间让学生充分地体验学习，各科教师可能也是为了拼成绩，而给学生超出额度地布置作业，对于学习成绩好的孩子来说还是可以接受的，那些学习成绩差的孩子却跟不上，只能陷入作业的漩涡当中。

学习方法和必要的条件真是一件很重要的事情，只有让孩子找到适合自己的方法，并且有条件去付诸实践，才能完成人生的完美蜕变。不同的人学习的方法是不一样的，盲目地模仿别人的学习方法，可能最终也没取得和别人一样的成绩。这也是因材施教教学法创立的原因。教师要从学生的实际情况、个别差异出发，有的放矢地进行有差别的教学，使每个学生都能扬长避短，获得最佳的发展。我们的教育可以更加尊重孩子的自主性，给他们充分的自由去完成他们的人生理想，当然是用适合他们的方法。

如果学习这件事情可以自由一点，那么很多孩子就会抱着不一样的心态去面对学习了，如果学习不再是一种负担，孩子们就会从中有所收获。

四、减负真的能减到实处吗？

也许有的老师喜欢拼命地在课下给学生布置作业，完全没有考虑学生的实际情况，也不管孩子们做得有多晚。当然，我这里不是说布置作业不好，

① 联合国教科文组织. 教育：财富蕴藏其中 [M]. 北京：教育科学出版社，2014：62.

而是指布置作业一定要适度。当"罚抄"也成为一项作业，并且逐渐流行起来，延伸到每一门科目，还美其名曰可以促进学习和惩罚学生，学生的负担可想而知。现如今很多作业都导致孩子们不堪重负，无意义地抄写作业正在增加孩子们的负担。在这里罚抄的定义是，教师为了惩罚学生而让学生抄写大量无意义的内容，抄写内容多为一百篇课文或者整本书。一篇课文让孩子抄写一百遍，之后又当作废纸扔掉，背不下来的单词需要罚抄更多。长期的罚抄作业导致孩子厌学情绪加重，孩子也更加讨厌老师……

很多孩子开始抱怨不想再被"罚抄"，没有达到理想分数要被罚抄，听写没有及格要被罚抄，上课讲话导致全班所有人都被罚抄，作业没有完成继续被罚抄。

记得曾经有一名高中语文教师在学完课文《孔雀东南飞》之后，让学生在一夜之间把这篇课文抄写十遍，并且不说理由直接一个晚上完成，这种作业就是无意义的。结果第二天90％的学生没有抄完，受到了相应的惩罚。而那10％的学生虽然艰难地完成了任务，但据他们说自己从老师布置完作业就开始抄，上课也抄，下课也抄，回家也抄，睡觉也抄，几乎每个人都处于一夜未睡的状态，并且手指已经不能灵活地移动了。第二天就一直打瞌睡，又影响到上课的效率，可谓得不偿失。还有的学生左右手齐开工，把五支笔绑在一起写，结果效率不但没有提高，连手都写歪了，而且比那些一遍一遍写的人还慢。过后问他们从这次作业中得到了什么，他们摇摇头，表示什么也没得到，只忙着去抄了，也没想为什么要抄，只不过手要酸痛几天了。

还有一个孩子被罚抄了很多内容，手上的一张张纸密密麻麻的，全都写满了字，不过具体是什么字，倒是看不太清楚。据孩子自己说因为被老师罚抄，抄得手都快要断了，不过倒是练就了一身好本领，那就是字可以写得非常快，但能不能看清楚就是另外一回事了。看着那一句句重复的话不断地出现在本子上面，还有孩子心不在焉的样子，大家觉得罚抄真的有意义吗？

看到那些密密麻麻的字，我都觉得心里堵得慌，这些孩子要经受怎样的痛苦才能耐住性子坚持抄完，如果门门学科都采用这样的方法，孩子们表示自己很难承受。数学就抄卷子，语文就抄课文，英语不但要抄单词和文章，还得把所有的翻译一并抄上去，甚至于历史、政治和地理这些学科也走上了这样的道路，让孩子无限制地去抄。罚抄真的有帮助吗？

教师让学生罚抄，学习成绩好的学生可能不受影响，因为学习好的孩子不会被罚抄。但是学习相对薄弱的孩子就会变得更加糟糕，因为学生的情况不一样，伴随着的教育结果也会有所不同。罚抄的对象一向都是学习成绩相对较差的孩子，于是被罚抄的孩子因为负担的沉重就会更加厌恶学习。

　　教师为了成绩而去罚学生学习，我觉得在一定程度上会让学生失去学习的动力。很多学生其实并不害怕罚抄，教师的目的是让孩子认识到自己的错误，孩子可能并不一定这么想，有的孩子还抄出了经验。

　　罚抄主要是建立在学生没有及时完成作业或者在听写的过程中出现不及格的情况，教师出于想让学生记住教训或者防止下次出现不及格情况而制定的规则。学生触犯了课堂纪律，教师想惩罚学生，那么也可能出现这样的情况。仅就前者而言，我觉得这种现象也不是不合理，但是教师也要结合学生的实际情况做出决定。如果一个学生总是被罚抄，那么就是一种不正常的现象了，也许这个学生自己有着情非得已的原因。

　　我就见过这样的孩子，他每一次作业都异常多，多得让人难以置信。于是我就去问了他原因，他解释说是被罚抄了，我问为什么，他不说话。后来从他爸爸那里才得知原来他的英语基础非常薄弱，小学阶段几乎把英语荒废了，也没怎么认真地去学英语，所以到了初中，每次都过不了关。而老师又一定要求罚抄，如果不抄写完，就会让家长去学校陪读，于是每一个夜晚孩子都要被罚抄到深夜。久而久之，这个孩子对于英语学习更加恐惧了，不敢再学英语，学了也没什么用。如果是这样的情况，教师就要酌情考虑怎么去帮助这个孩子，因为一味地罚抄可能会让孩子的情况越来越恶化。

　　一般来说，面对罚抄，孩子会有以下做法：第一种就是马马虎虎完成，只为了应付检查，罚抄的字迹根本没办法辨认清楚，更不要说有的字还是拿两三支笔写出来的。这样的罚抄根本没有意义，孩子没有过脑子，罚抄多少遍都没有任何作用。大多数孩子也是怀着这样的心态去完成作业的，可以说在一定程度上罚抄也导致了整体作业质量的不佳。第二种就是很认真地对待，但是也没受到老师的重视，于是态度就会发生转变。罚抄本就是一件带有惩罚性质的事情，学生遭受一次就够了，如果多次这样，那么一定会使得教育失去原本的意义。

　　无意义的作业不如不做，做作业是为了更好地巩固所学知识，如果罚抄成为作业，就失去了作业自身的意义。我记得之前看过一篇文章，文中写道：我一直把深夜了家里还有一个在写作业的学生，当成是这个家庭的灾难。我真是对她的那些毫无意义的作业深恶痛绝，我已经多次怂恿她不写那些东西，就是不写！那实在是对人的智力的侮辱（据邹静之《女儿的作业》删改）。[①]

　　在《教育的另一种可能》一书中也有过这样的描述："王雄老师喜欢带领学生追问'什么是历史'，拒绝让学生背诵现成的答案，注重培养学生的质疑

---

　　① 邹静之. 女儿的作业［J］. 内蒙古教育，1998（6）：23—24.

精神和公民素质。"① 这样的老师是不是更加受到孩子们的欢迎？与之相反的是，一个老师总是要求孩子们背课本，背一沓沓的复习资料，如果学生不能按时完成任务，就直接开启执行罚抄模式，让学生把要背诵的内容抄上十遍二十遍乃至一百遍，直到学生自己都不知道抄了什么为止。手抄麻木了，心也麻木了。

作业是不是能够成为孩子们喜欢的东西，让孩子更加切身地感受到学习的乐趣。作业能不能不要那么多，使得孩子们高效率地完成，并且给自己一点自由的时间，保证充足的睡眠。作业能不能不要总是重复地抄写，创新作业的方式，让孩子们在这个过程中也能够有所收获。

无意义的作业不如不做，相比较而言，更多的孩子因为受不了沉重的作业负担去抄答案完成作业，这样的作业做的又有什么意思呢？无意义的作业不如不做，大量的抄抄写写只是在干机器人的工作，对于智慧的提升并没有多大的帮助。无意义的作业不如不做，罚抄不是学习，在本该快乐的年龄就应该有更多的自由。

当然不仅是罚抄，大量的练习和题海也让孩子们的睡眠时间被挤占，越来越多的孩子上课会打瞌睡，是因为晚睡早起已经成为习惯。

也许有的老师会觉得要是我们不布置作业，家长一定会埋怨老师不负责任，甚至有的家长觉得老师布置的作业越多越好，家长们是出于这样一种心理，既然没有时间去管孩子的学习，就希望借助老师的力量去压制孩子，让他们把更多的精力投入到学习中。家长们的出发点是好的，但是没有看到孩子们是不是真正需要这样的强迫的方法。教育要在教会孩子基础知识的同时，尊重孩子的兴趣和需要，用符合孩子的方式去完成学习。

我们每天都在喊减负，但是减负真的减到了实处吗？孩子们肩上的负担并没有减轻，反而日益增加，每当看到一个孩子背着沉重的书包弯着腰走过，每当看到我们的孩子每天晚上十一二点还不能按时睡觉，每当看到我们的孩子撑着眼皮完成一天的学习，我很心疼，但也很无奈，如果我们不再仅仅追求结果，而是去享受过程，是不是就会好得多呢？孩子的一个书包有 20 斤重，这绝对不是夸张，我曾经掂量过小学五年级和六年级孩子的书包，基本上都是这样的重量，甚至于放在一张高高的桌子上，我想把它提下来都变得很困难。

但愿减负不再是一个口号，也希望我们的孩子能够拥有更加幸福的童年，有时候看着他们眼神中流露出来的失望，我觉得我应该为他们做点什么。正

① 中国青年报冰点周刊, 主编. 教育的另一种可能 [M]. 北京: 中国人民大学出版社, 2017: 1.

如成尚荣老师在《儿童立场》一书中所说："儿童的生活方式应是快乐的，儿童应有自己的童年生活状态。"[①] 我也认为孩子不应该被负担压得太重，导致腰都直不起来。

孩子们一直不断地在打瞌睡，让我不由得感叹其实我们的孩子也很可怜，每天早上早早地起床，晚上因为作业久久不能入眠，我见过学生为了逃避作业，故意不把作业带回家；我见过有的学生为了完成任务，紧赶慢赶还是慢了一拍，然后直接抄别的同学的作业；我还见过有的学生为了作业这件事情欺骗老师，欺瞒父母的，这种种现象让我开始思考作业的价值到底是什么。

老师在一天的课程结束之后，布置多少作业才是适当的呢？我觉得老师要考虑多方面因素，小学可能主要是语、数、外三门功课有作业，对于小学的孩子，教师应该尽量布置更为有趣的作业来吸引孩子的注意力，让孩子能够高效地完成作业。对于初高中的孩子，作业也要根据各科的作业量来适度布置，如语文教师在布置作业时，也应该和其他科目的教师协商，因为初中几乎有八九门功课需要完成作业，如果每门科目的教师都布置作业，而且都比较多，孩子晚上就不用睡觉了。初高中的作业也可以在设计上下功夫，怎样的作业才是最有效的？我想应该不是无休止地抄写，也不是无穷无尽地做练习题，让孩子愿意去做作业，作业的量能够为孩子所接受应该是最重要的。

题海战术不值得提倡，并不是说你刷了多少题，你的成绩就可以得到有效提高，如果只是一味地追求布置作业的数量，那么孩子必将讨厌作业。我也见过很多孩子在老师布置了很多作业的情况下开始骂老师，他们好像是在宣泄自己心中的不满，因为他们很不想写这么多作业。

我在没有见到一个孩子之前，不会想到孩子原来在作业上面是这么不情愿，甚至可以说是完全被动地去完成作业。学校的作业过多是一个很严重的问题，我见过有的孩子做作业做到半夜12点还没做完，不同的学校在作业量的控制上也是有差异的。有的学校不顾及学生的感受，胡乱地布置作业，让学生根本接受不了，太多机械化的作业，让学生感觉自己像机器人一样在完成作业。而机器人还有电量维持，我们的孩子却陷入上课打瞌睡，下课补作业，考试什么也记不住的恶性循环当中。甚至有的同学开玩笑说干脆每一天都写作业熬通宵，每天晚上只睡一个小时就够了，然后第二天去学校睡一天，这样就可以把被罚抄的作业做完。我在想，孩子们是被逼迫到了何种境界才会说出这样的话，宁愿耽误上课的时间在学校睡上一天，回来再继续被罚抄，这样他们所做的又有什么意义呢？罚抄又有什么意义呢？

---

① 成尚荣. 儿童立场［M］. 上海：华东师范大学出版社，2018：28.

　　我甚至发现一种对于孩子成长很不利的恶性现象，早晨在小学或初中班级教室门口会见到很多孩子趴在窗台或者地上用笔写着什么，走近一看，原来孩子们正在疯狂地补着作业，而这些作业以语、数、外居多，他们跪在地上写着，写出来的字也很难辨认清楚。还有一大部分孩子手里拿着别人的作业，边看边写，他们的写字速度非常快，常常三下五除二就把作业解决了。直到老师来了，他们才急匆匆地收起本子往书包里面塞。经过调查，大部分学生表示想抄其他孩子的作业以完成老师的任务。在《中国作业的革命》一书中，作者提到，"据笔者了解，无论是抄袭作业还是代做作业，都是很常见的，至少不能算是奇缺、稀罕的。作为一位一线教师，在学生的作业中，笔者不仅常常可以发现抄袭的影子，还可以发现让别人代写的痕迹"[①]。由此可见，作业对于孩子来说已经成为严重的额外负担，他们不愿去写甚至是懒得去写。

　　在我近距离接触的一个孩子身上，我就发现了这种痕迹，他已经很难开动脑筋去思考一些所谓的数学里面的作业问题。通常问他题目会不会做时，他头脑中展现的都是一大片的空白，几乎自己从不动手去完成作业，完全依赖他人去帮助解决。他常常以不带作业来逃避写作业的问题，每一次都说自己下一次一定会带好作业，但是我发现他几乎每次都是同样的原因。当我问其他的同学："他不带作业，最后怎么做完这些作业的呢？又是什么时候完成这些作业的？"同学只告诉我一个字——"抄"。当我问到抄谁的时，同学便闭口不谈了。由此我也联想到一些事情，为什么一个班上通常会出现一半以上的雷同作业？为什么解决作业的方式如此迅速准确，原来孩子们都留着这一手。

　　这在一定程度上说明我们应该更多地思考我们的教育，孩子们怎么会被作业压迫成这个样子？学校只要减轻一点点负担，多在作业的形式上下功夫，或许就可以避免这样的现象发生。孩子一旦脱离独立思考，后面的情况就会更加危险。

　　我见过有的学校的孩子自己建立群，给这个群起了一个颇具特色的名字，叫作"智障之家"，大概是有某种隐喻吧。然后课代表把作业往群里一发，瞬间就有答案出来，多少次只见到孩子奋笔疾书抄答案的身影。据我了解，更多的孩子找不到答案，于是各种寻求软件，有一个软件只要拍照片立马能找到答案，现在凡是有手机的孩子，都会在里面安装这样的一些类似软件以便应付作业。那么写作业的意义何在？写作业还有必要存在吗？家长们恐怕还

---

　　① 宋运来，徐友凤，主编. 中国作业的革命 [M]. 南京：南京大学出版社，2014：63.

以为孩子每天在认真完成作业，却不知有多少孩子作业做得很快，却没有任何效率可言。这样的作业还不如不做，不做还能换得孩子安稳的睡眠，第二天早上有一个良好的精神状态迎接新一天的学习。我间接想到，以前有一个孩子总是不完成作业，为这个问题不知道和父母闹了多少矛盾。于是他突发奇想用 QQ 群组建了一个作业军团，作业军团里面有多名成员，他广泛地散发任务，让同班同学或者外班同学接受任务，分组完成各项作业，然后统一发答案在群里供各位同学参考。就这样每天的语、数、外作业有人承包，物、化、生作业有人承包，政、史、地作业也有人承包，大家各干各的，然后统一分享。最终大家都完成了作业，并且做得还不错，但考试却给了他们严厉的打击。抄作业是一种很不好的习惯已经成为公认的真理，我相信没有几个家长会发现孩子抄作业而不去及时制止的，但是我们也要找到如何从源头上断绝这种现象，恐怕这是每个老师和家长都应该思考的问题。我无法说得出来对待学生抄作业的感受，但是我会一直思考……

第三章 教师，这是一个怎样的职业

一、教师是值得尊敬的人

《中国教育报》微信公众号上的文章总是能带给我许多感想，上面对于教师的关注让我看到了一个民族的希望。人们常常觉得教师是这个世界上最值得尊敬的人，他们传播给孩子知识，教会孩子做人，放飞孩子们的梦想，我对教师始终怀着崇高的敬意。这些年来，全国各地的贫困地区因为教师的缺乏而屡屡陷入教育的两难境地，一是教师的工资待遇低，导致大部分教师流失；二是农村的教育水平与城市相比实在相差太多。

国家在这方面也做出一定的举措来保证乡村教师的生活，可是一时之间难以满足对于教师的需求。我曾经想过去农村做一名乡村教师，可以说这也是我的一个梦想，让所有的孩子都能拥有良好的教学资源，让所有的孩子都能对自己充满希望。近些年来批判教师的事件也发生不少，如有因为一起聚餐而被通报批评的教师，有因为做微商而被开除的教师，因为怀孕而被迫辞职的教师。教师是一个神圣的职业，可教师也是一个普通的人，他们需要养家糊口，他们有自己的家庭。教师究竟是怎样的一个职业呢？

对于学生来说，教师一定是最神圣的人物，社会应该给教师更多发展自己的机会，这样才能让教师成为真正的教师。我看过很多文章歌颂教师的敬业，我欣赏教师的创新精神，感动于他们带给学生的种种，我希望我们的教育事业越发展越好，出现更多值得敬佩的好教师。

以前在提到教师尊严问题这个议题时，我想到的是家庭给予孩子的教育中是否有尊重老师的内容，因为家庭可能影响一个孩子的未来。而家庭中给予孩子的教育是否教会了孩子尊重老师依旧是个问题，那么多事件的背后，家庭教育其实都在起着推动作用。在教育当中，家长与教师之间的关系虽然微妙，但只要家长和教师都能处理好彼此之间的关系，那么就能培养出信任。教师需要全社会的尊重和认可，尤其是来自受教育者的尊重，只有这样，教师才能安心教学，把教育别人的孩子当成教育自己的孩子，当教师能够做到这一点的时候，教育的尊严也就失而复得了。

家长的家庭教育方式也对教师的尊严造成了一定的影响，因为父母是孩子的第一任老师，从小父母做什么，孩子可能就会模仿什么。比如，父母对老师不尊敬，孩子肯定也会是这样的心态。

2018 年 6 月 29 日上午 9 点左右，安徽省淮北市某学校学生张某与赵某因为琐事发生矛盾，张某殴打赵某一顿之后仍旧不肯罢休，告知其家长自己在学校被打了，于是张某的母亲带着亲戚来到学校把正在上课的班主任老师暴打一通，为避免再次被打，老师只好屈辱地躲在隔壁班的教室里面。四川省某中学的高三班主任因为在校期间多次教育上课玩手机影响班级纪律的学生，没想到遭到溺爱孩子家长的一顿暴打，女儿也因此受到连累。教师本应该是最值得尊敬的职业，现在却成了家长们一言不合就上告或者暴打的对象，一时之间教师的尊严问题被推上风口浪尖。被打的老师说当时还以为家长是为了感谢才单独约他出去，但他也没完全答应，没想到却是这样的结局。安徽五河一名女教师因为未及时回复学生家长在微信群里提出的问题，被学生家长公然辱骂并且殴打。根据聊天记录显示，应该是孩子当天发了一张语文试卷，而家长询问老师为什么自家孩子没有，估计老师临时有事没能做出回应，家长不但在群里用粗俗的语言攻击了老师，还找到学校对老师进行殴打，据了解，孩子的试卷是发了的，但由于考得不理想，所以不敢拿给家长看，学生家长在没有了解清楚事实真相的情况下，就把怒火转移到了老师身上，老师的心里何其寒心。2018 年 6 月 13 日，怀远县刘咀小学刘老师被董姓学生的父亲和祖父拦在路上暴力殴打，刘老师身上多处受伤，满脸鲜血，额头上的伤痕长达十几厘米，而起因仅仅是刘老师上课的时候批评了董姓学生。

一系列事件的产生，给教师的尊严蒙上了一层阴影。教师应该是有尊严的，只有有尊严的教师才能让学生也成为有尊严的人，但是现在在我们的教育中好像弱化了教师的尊严，家长们有问题会找老师，但当老师没有处理好孩子的问题时，对老师可能又是另外一种态度，所以导致不尊重老师的行为层出不穷。

家长在教师尊严的维护方面起着巨大的作用，往往孩子对于老师的尊重大部分来自于家长对老师的尊重。家长如果本身对老师不尊重，甚至由于不满而殴打老师，势必会给孩子树立不正确的榜样。教师的尊严最先遭到践踏，也是源于家长对于教师工作的不理解，没有采用正确的方式予以对待，通过暴力手段解决矛盾显然是不可取的。从另外一个方面来讲，教师和家长之间如果缺乏有效的沟通，也容易出现问题，家长和教师应该是沟通学生问题的桥梁。特别是从事班主任工作的教师和家长之间的沟通更要加强，了解了问题，家校之间才能更好地解决问题。

家长把信任交给老师，信任就会延伸信任，而老师对孩子饱含爱心，爱心也会扩展出更大的爱心。家长尊重老师其实就是在尊重自己的孩子，要让老师感受到来自社会的尊重和认可，老师就会为自己所从事的职业感到自豪，这种自豪感一旦建立了，老师就能更有激情地投入到教学工作中去，从而为孩子们带来更好的教育。另外，教师对于家长的尊重也是在尊重自己，因为教育始终需要家长的携手配合才能获得较为完美的结局。家校合作是一种很重要的关系，所以所有的教师和家长都应该建立一座沟通的桥梁，使得家校关系更为融洽。愿每一个孩子都能遇到一群心中有爱的老师；更愿每一个老师都遇到一群尊师重教、通情达理的家长。只有教育真正携手共进，互相理解，孩子们才能拥有更幸福的教育生活。

二、教师是这个世界上最伟大的职业

我还依旧记得这样一个故事：从前有一个老国王，他想找到这个世界上最成功的人，于是他命令大臣去找，大臣们为了拍马屁，连忙说国王不就是这个世界上最成功的人吗？

国王摇了摇头，把那些阿谀奉承的人全部革去官职，流放出去。后来一些大臣找来很多不同职位的人，国王都摇头说不是，于是大臣们说宰相这个职位应该是除了国王之外最成功的人，一人之下，万人之上，不成功哪里能做到这个位置？

国王还是摇了摇头，大臣们相继找来医生、司机、厨师、将军、农民等职位的人，但是国王都不满意。大臣们怕惹怒国王，连忙在全国各地贴出悬赏启事，后来有一个聪明的小孩揭下了悬赏启事，大家都劝他不要去，可是孩子自信满满地说我知道答案是什么，于是大臣们把孩子带到国王面前，孩子对国王说："我知道这个世界上最成功的人是谁？"国王好奇地问："到底是谁？你要能说出来，我可以马上给你奖励，否则你可要接受惩罚。"

孩子立马脱口而出："答案就是老师啊！要是没有老师，哪里来这么多有学问知道自己应该从事哪项职位的人呢？厨师、医生、将军，试问哪一个不需要老师教呢？没有老师又哪里来的这么多从事各种职业的人呢？我最感激的也是教我的那位先生，要是没有他，我恐怕也想不出这个答案来呢。"

国王恍然大悟，他终于找到了这个世界上最成功的人，孩子说得没错，世界上最成功的人应该是老师，他们培养了无数有知识有能力的人，要是没有他们，这个世界上也不会存在那么多职位，连国王自己也是老师培养起来的。于是，国王重重地奖赏了孩子，并且宣布老师是这个世界上最成功的人。

师者，所以传道授业解惑也，师者最高兴的事莫过于桃李满天下，春晖遍四方。教师是一个崇高的职业，而我也会倍加珍惜和学生相处的时光，我会更加努力地对待孩子们，帮助他们把一点一滴的进步都转化成成长道路上前进的动力。教诲如春风，师恩似海深，我也很感激我以前的老师对我的谆谆教导，没有老师，就没有我的今天，而今天我也站在教师这个岗位上，我也要把更多的知识传播给我的学生，让他们每个人都健康快乐地茁壮成长。

孩子们的爱是这个世界上最纯真无瑕的，只有老师真正愿意为孩子付出的时候，才能感受到这些纯洁的爱意。我很感谢那些信任我的孩子们，也很感谢那些信任我的家长们，正是因为他们，我才了解到自己所有的辛苦都是值得的，我不会忘记身上的使命——给孩子们带来知识，让他们的人生之路走得更加绚烂多彩。我认真地对待这份爱，孩子们也会感受到这份爱，这份爱将会永远地留在我们的心里。

三、家长也是"爱"的老师

闲暇之时，我们是否翻开过《爱的教育》这本书，这本书不大不小，正好就在我们身边，只要我们能够细细品味，就会发现它带给孩子的无限魅力，让孩子学会关爱他人，懂得别人的爱，同时给予别人爱。

爱的教育从小就会给孩子们播下爱的种子，不知道大家有没有读过意大利作家亚米契斯的儿童小说《爱的教育》，当故事中的主人公感谢父母时，当孩子意识到父母把所有的爱和温暖都奉献给他时，当爱已经在孩子心底时，爱的教育就来了。其实每个人都有爱与被爱，在这个过程中，父母是陪伴孩子最长时间的人，也是孩子最亲近的人，父母的言传身教会让孩子更加明白爱的真谛。

我记得有一年的母亲节，学校门口有一个卖康乃馨的小摊子，我正要走出校门，班上一个学生急急地追赶着叫我，于是我停下脚步等她。她一见到我，脸上是怯怯的表情，仿佛有求于我，于是我摸摸她头，问她怎么了，她小心翼翼地对我说："老师，今天是母亲节，我想买一朵康乃馨送给我妈妈，但我身上没有钱，你能借给我一块钱吗？"我毫不犹豫地说："当然可以了，老师觉得你真是个有爱心的好孩子！"我把钱给了她，为这个孩子所拥有的爱感到欣慰。看到她开心地捧着一朵花站在我身边，我顿时发现爱就在我的旁边。故事发展到这里还没有结束，第二天，孩子把一元钱还给了我，并且对我说了好几声谢谢。后来孩子的妈妈找到我，对我说："老师，为了昨天的康乃馨，孩子把她最心爱的猪猪存钱罐砸碎了，我本来说我可以给她一块钱的，但孩子执意不肯，她说她要用自己平时省下来的钱真正为妈妈买一件礼物。"听到这里，我也忍不住想落泪，孩子是这个天底下最单纯的人，为了妈妈，他们什么都愿意付出。比如，有的孩子曾经用辛苦一天赚来的钱在炎炎夏日里给妈妈买了一根冰棒，并且说看着妈妈吃就觉得自己很幸福。难以想象这是孩子忍住了多大的饥渴，只想给妈妈更多的欢乐。

在我心里，每一个孩子都很善良，也很孝顺，也许他们不敢行动，但在心里，他们真的很爱爸爸妈妈。孩子其实都有一颗最纯真的心，他们希望通过自己的努力给爸爸妈妈带来一份惊喜。今年的母亲节，看到孩子们用稚嫩的手在感恩卡上写出了对妈妈的祝福，看着他们脸上洋溢的笑容，爱的力量在散发光芒，我深深地感动。感恩的心，感谢有你，伴我一生，让我有勇气做我自己。感恩的心，感谢命运，花开花落，我一样会珍惜。珍惜这份爱，珍惜爱的教育。

有学生和我说过，他曾经一夜之间拥有了大量的家庭作业，并且几乎都是罚抄，如某篇课文罚抄一百遍。抄抄写写实在很累，他就选择了偷懒，抄一段故意漏掉一段。但第二天被老师发现之后，后果变得异常严重。听他描述的那个样子，感觉老师就像恶魔一样，他说老师拿着一根一寸厚的戒尺走进了教室，一个一个地喊没有完成作业的同学的名字，上前领罚。他注意到老师手中的名字正是课代表交上去的那一大堆名字。老师发出命令，让学生把手放在讲台的桌子上，学生只好乖乖地把手放在上面，接着就是一阵噼里啪啦的响声，老师还不准学生叫出声来，谁叫了，惩罚就要加重。在该同学经历了异常痛苦的 30 下打手之后，手已经变得火辣辣的。打完之后，老师很轻松地对全班同学说："我都是为了你们好，记住一句话，严是爱，宽是害，不写作业的后果很严重。"但孩子们表示并不是自己不想做作业，而是根本做不完。老师这样的惩罚是不是一种爱呢？

这件事情不禁让我想起另外一个大学老师讲的故事，她说这是她带的实习生在学校实习之后回来很激动地告诉她的事情。这个实习生刚来学校的时候，发现学生都很听话，因为当时还兼任了班主任的工作，所以和学生相处的时间越来越多。班上有好几个爱调皮捣蛋的孩子是原班主任在她来的第一天就已经提前告知的，但和这些孩子相处下来，实习生觉得情况并没有原班主任讲的那么糟糕，这几个孩子在上课的时候还是挺乖的，下课还围着她问长问短。当时她心里就有点疑惑：为什么原来的老师会这样说呢？后来没过多长时间，在学生和她熟悉了之后，她发现那几个被老师认为有多动症的孩子开始有动静了，乃至于后来动静越来越大，直到她都无法控制。有一次，一个领导这群孩子的学生在上课的时间睡觉，和她起了争执，最后对着她吐了口水，这个实习生觉得自己很委屈，也不知道应该怎么办，就到原班主任那里说了这件事情。原班主任二话不说带着实习老师就到班上找这个学生，把他叫出来之后，班主任直接抬手给了这个学生一个耳光，那一巴掌打得学生一下子都没回过神来，后来就看到这个学生用一种极其怨恨的眼神盯着实习老师，表示知道是她告的状。这个实习生也被这一巴掌震惊到了，她没想到原班主任会用这样的方式来解决这件事情，她那天几乎是哭着回了自己的学校，向大学辅导自己的老师哭诉了这件事情。她怀着深深的自责说不想再当老师了，也不愿意再到学校去了。经过辅导老师的劝导，后来她虽然回到学校向学生道了歉，但她说这件事情将是她一生都无法磨灭的阴影。

我常常在想：爱的对立面是不是就是在孩子犯错的时候用各种各样的手段来惩罚他呢？据这个实习老师说，在惩罚过后，学生居然没有一丝惧怕，反而变本加厉地想着法儿对付老师。在她回学校的第二天，就有学生为她准备了立在教室门口的水桶，她推门而入的时候被浇了一身的水，要不是实习老师极力劝阻，这件事情差点闹到校长那里，也许几个学生就要面临被开除的结局了。结果显示爱的对立面，就是伤害，没有让学生更加听话，只是震慑了学生一时。直到后来，实习老师正式在全班同学面前道歉，那个学生才哭着向老师致歉，说不该那么对老师。于是爱的对立面开始转换，转换成全新的爱。

打骂也许可以一时地震慑住孩子们的心，但是这种方式始终是不可取的，伤害的是学生，最终也可能伤害到老师自己。老师应该理性地看待学生犯的错误，找到更好的解决办法。我也见过学生因为犯错误被老师罚抄一百遍或者一千遍课文的事情，我看见这个孩子在被罚抄的过程中不断地骂老师，这是怨恨的种子，后面可能发芽长大，老师如果不注意这一点，和学生的关系必然越来越僵化。

对于父母来说，如何诠释对孩子的爱是一个难题，有的父母可能做得非常简单，却能让孩子很痛快地接受这样的方式，并且深深地感受到这就是爱。有的父母做得非常多也非常累，还被孩子抱怨爸爸妈妈不爱自己，说出想离家出走这样的话。

有一个小女孩，长得非常漂亮，因为是家里最小的孩子，上面还有一个哥哥，所以父母异常疼爱她，总是把最好的东西留给她，常常弄得哥哥说父母偏心。但我一问这个小女孩的想法，她说出来的话让我大吃一惊，她说一点儿也不喜欢家里，想搬出来自己一个人住，和别人合租也行，只要不和父母在一起就可以。我问她为什么，她久久地不说话，然后非常坚定地和我说了两个字"束缚"。后来我才了解到这个孩子在家里通常什么事情也不干，早上起床妈妈叫至少五遍还不一定起得来，每次写作业的时候总是把自己一个人关在房间里，严禁父母进来一分钟，觉得自己整天都生活在妈妈的唠叨之中已经烦得透顶。妈妈每天晚上送水果只能放在房间门口让女儿自己去取，也不敢惹怒女儿。

有一天晚上已经接近 12 点钟，我正准备睡觉，她妈妈一个电话打给我，在电话里哭着说不想再管女儿了，她很爱女儿却不知道用什么方式去爱才能让女儿满意。我在电话里适当地给了她一些建议，觉得这种事情还是当面说比较好。第二天我邀请她来家里坐坐，我问了事情的原委，原来是昨天一放学回家妈妈就开始催促女儿写作业，想让她尽快写完，周日带着她出去玩一趟。但女儿不这样认为，磨磨蹭蹭到了晚上 9 点还没开始写，于是母女间爆发了激烈的争吵，两个人都很生气，第二天早上谁也没理谁。后来和她妈妈聊到这件事情，她妈妈说这样的事每个月会发生两三次以上，每次都不知道怎样解决，只能慢慢修复关系，而女儿有时候还不领情。后来我劝了很久，母女两个才坐下来聊了一会儿，而女儿的决心依旧很坚定，就是要搬出去住。女儿说现在不搬的话，考上高中也一定会搬，她会考一个比较远的高中，这样就可以离父母远远的。

这个小女孩和妈妈之间的矛盾让我想起对尹建莉老师的一篇新闻采访，这个新闻应该是很早以前的了，但是尹老师在其中说的一些话让我印象深刻。尹老师说："在女儿成长过程中我肯定也操心，哪个母亲能不操心孩子呢。我女儿并不完美，她也有她的缺点；我也不是完美母亲，也有做得不好的地方。但我们都不在意这些，只要在一起就十分愉快，互相开玩笑，她还会喊我的外号，像姐妹一样相处得轻松自在。此生能成为母女，是多么深的福分，珍惜还来不及，哪有空彼此闹别扭呢。我们还是有中国人比较内向的特质，所以我不好意思问她怎么看待妈妈，她也没正面讲过这个问题。凭感觉，她对父母应该是满意的。"我读过尹老师的书，对于这种感觉尤其强烈。父母和孩子之间是可以很好地相处的，只是看我们怎么去做，建议父母们有空也品读一下尹老师的书，尤其是对于还小的孩子，我们可以在更早的时候纠正我们的做法。我们不要认为只有学教育的人才能把握好和孩子的相处之道，其实每个家长都可以，只是我们需要不断地学习罢了，这样就能回答好如何诠释爱这个问题了。

四、"教"和"育"的相互配合

父母是孩子的第一任老师，孩子从小生活在父母的身边，会模仿父母的行为。

从我自身经历来讲，有的父母觉得老师应该照顾到孩子的方方面面，只要稍有不如意的地方，就会对老师产生误解。于是开始在孩子面前公然地责骂老师，如果父母呈现给孩子的是这样一种状态，那么孩子也一定不会很尊重老师。比如，曾经有一个老师和我聊天，她说现在家长的要求实在是很难达到，回去布置的作业要求孩子必须题题会做，一旦有不会做的，立马就找老师兴师问罪，把责任全部推向老师，认为老师没有水平，没有教到位。在我看来，回家的作业里有题目不会写是很正常的一件事情，每个人都有不会的东西，就像我们长到这么大也不敢保证自己什么都会，这就需要我们耐心地教导孩子。何况老师每天布置作业也是为了让孩子及时复习巩固，孩子有问题不会，我们就及时地去解决它，问题之所以叫作问题，就是因为它是等待解决的。所以不会做是正常的，既然不会，孩子就会更加用心地去学。对于不会的这个问题，家长的不同做法可以给孩子带来不一样的感受，如果家长能够帮孩子解决，就应该尽量和孩子一起解决，让他们在这个过程中收获快乐，学会了对于他们来说又是满满的成就感。如果都会做当然最好，但是还要防止孩子出现过分骄傲的情况。如果家长实在不会，也不必操很多心，可以鼓励孩子主动去问老师，既锻炼孩子的胆量，又帮助孩子解决了问题，一举两得的同时会让孩子和老师的关系更近一步。在解决问题的过程中，孩子真的会收获很多东西。

比如，一道数学题目不会，经过老师的耐心讲解之后，孩子充分理解了，那么在此基础上再让孩子学习几种一样的题型，孩子会掌握得很不错。如果再深一步，也许他一辈子都不会忘记这种解题方法。但是我见到的情况却不是这样的，我见过有的家长一旦看到孩子一道题目不会写，立马对孩子进行呵斥，同时在孩子面前骂老师，觉得老师没有完全教会孩子，或者这一切是因为孩子上课不认真造成的，谩骂一番之后，急得抓耳挠腮，还想不到办法去解决。这样做给孩子施加的影响是很大的，难怪孩子有时候也和老师顶嘴。家长都这样，又怎么能要求孩子去尊重老师呢？谁也做不到所有的题目都会做，孩子就是在一个由不会到会的过程中学习成长的。

老师布置的作业，孩子不一定都会做，他要一点一点地去挑战才能有所收获。为什么我们不能鼓励孩子用自己的方法去解决呢？孩子是可以想到办法把这些问题解决掉的，或许他早就想到了明天可以跑去办公室问问老师。孩子的心里还是纯真的，会出现不尊重老师的行为可能是家长无意间的行为影响的。

有一次我在学校门口看到学生排成一队走出校门，有一个孩子一直要插队，所以不断地推搡别的同学，后来还打起架。最后老师把他拉出来，告诉他不能插队，这个孩子的态度让我大吃一惊。他直接对老师说："我插队关你什么事？不排队又能怎么样，你管得着我吗？我就是要插队，我就是要插队。"一边说，还一边把"我就是要插队"这句话当成歌唱了出来，那个表情实在让人无法忍受，惹得其他同学都笑了出来。可能看到这里，有的家长会说这只能怪老师太没有本事了，连普通的学生都制服不了。但是我想说的是这样的坏习惯到底是怎么造成的呢？后来我终于知道了原因，路队解散后，刚好这个学生的家长也过来接人，刚来到学校门口，他就骂开了，先是骂孩子为什么到处乱跑，导致没有及时找到他，然后又用极其难听的话骂老师没有责任心，没有通知他接孩子。骂着骂着孩子也跟着骂了起来，说老师刚刚还打了他，家长连忙问是什么原因，那架势好像立马就要冲到学校里面去找老师算账一样。由于受到班级授课制的局限，目前来说，我们学校里的每个班级相对来说人数是比较多的，老师可能很难兼顾到班上的每一个学生。家长如果在孩子面前说一些难听的脏话，孩子也会有样学样，把这些运用到他生活的每个角落。家长对老师尊重，孩子也会同样尊重老师，那么家校的生活会变得更加和谐。老师们也有自己的家庭，也有自己的孩子，希望家长们能够对老师多一点理解，在孩子的学习上和老师保持良好的沟通，同时鼓励自己的孩子和老师积极沟通，那么我坚信家长和孩子在其中得到的收获一定是最大的。

我记得曾经听过一个讲座，当时担任主讲人的教授对我们说哪怕家长对老师有怨言，也应该和老师私下交流解决，而不是一直给孩子灌输老师不好的思想。孩子对于老师的印象往往会影响他对于学习的主观感受，甚至会让孩子对该门课程失去兴趣，师生关系在教育中是需要不断发展的，学生对老师留有坏印象并不是一件好事。

最近我看了很多教育方面的书籍，包括微信公众号里面推送的一些消息。当然只要是观点，就必然会有不同之处，观点产生分歧是自然而然的事情，但我依旧愿意做好分析，为我们的孩子选择更好的教育方式，同时提醒指导家长采用更为正确的家庭教育方法来帮助我们的家庭成长得更加健康有趣。这些文章给我的感受颇深，让我忍不住想发表自己的观点。

教书育人的是教师，但育人的还有家长，家长会比老师带来的知识更容易让孩子受到影响。孩子和父母在一起相处的时间更长，从小到大，父母见证着孩子的每一步成长，或许孩子内心更想依靠的是父母，而父母是孩子人生当中两个最为重要的角色。我看到一篇篇的文章里面更多地强调的是家长对于教育的重要性。

我隐约觉得"教"和"育"两个字说的就是教师和家长，我不知道我可不可以给教育两个字下一个全新的定义，那就是教师和家长携手一起把教育给予孩子，这可能也是我写作本书的初衷。让更多的家长意识到孩子的教育需要父母的充分参与，不仅是教师，有时候家长起的作用更大。教育既然联合在一起，就必定有联合在一起的理由，我们常常说教师是教书育人的角色，所以教师就必须教书和育人兼备，而这也给了家长充分的理由把一切都交给老师，把孩子的所有都交给老师，老师们可能承担不起，也无法承担。孩子还是家长自己的，家长应该尽的责任不应该转交给老师。我并不是在为老师开脱，因为事实的确如此。曾经看过一篇文章，其中有一段话是这样写的：同一个班的学生，总会有学习成绩比较好的，学习成绩比较差的，对于老师来说，这是正常的，好的差的都只是班里的一部分，对于家长来说，好的差的却是一个家庭的全部。孩子需要家校共育，孩子成长的大部分时间都在家中，孩子习惯的养成更多地依靠父母，一个真正能够成才的孩子，其根源在家庭，并非学校。

我看过一篇微文上的感慨，在家校共育中最大的问题就是：老师不敢管，家长舍不得管，外人不方便管。回头看看我们的社会，还真有这样的现象。我们今天的孩子大多生活在爸爸妈妈温暖的怀抱里，没有经受过挫折，孩子受了委屈，家长们肯定要为孩子出头，我们的老师管教学生也成为一种陌生的权利。在孩子犯错的时候，不能及时制止，面对孩子的错误，老师只不过说了几句，却要被家长告上教育局，要是教育都呈现这样一种趋势，那么还有几个老师会真心实意地管教学生呢？古人说："严师出高徒。"老师严格管教孩子才称得上是好老师，一个老师看见学生犯错而置之不理，这是不是失职呢？在老师批评正确的地方，家长应该给予老师充分的支持，因为这样才能避免孩子犯更大的错误。不让老师放弃管教你的孩子，那么就要给老师一点儿空间。家长舍不得管又是一个重要问题，家长可以惯着孩子，但社会不会惯着孩子，现在让孩子肆意妄为，将来社会一定会给他一个重重的教训。有一句话说得极好，小孩子都是家长放起来的风筝，线往哪牵，孩子就往哪飞，至于最后到底是腾空而起还是半米落地，考验的恐怕都是家长的本事。

教育别人家的孩子，伤害的是他们父母的面子。因为这句话，大部分人遇到别人家的孩子调皮捣蛋的时候，可能都会一忍了之。而真正聪明的父母会赋予外人教育自己孩子的权利，我曾不止一次听朋友说过，也有我亲身经历过的。在一次聚会上，某同学带了他家的两个小孩来，在饭桌上，吃饭还没有结束，结果那两个孩子把所有的菜都倒进其中一个大的盘子里，搅和在一起，说是玩过家家，大家还在吃饭，看到这样的场景，谁还吃得下去？可是同学之间也不好说什么，孩子的妈妈也只是笑笑说孩子不懂事。但是我想说孩子不懂事，难道父母也不懂事？孩子这样做，作为父母的就可以放任不管？如果这样下去，社会会代替父母教训孩子。

在微信公众号上曾经有这样一篇文章：《中国孩子的问题，基本上都是家长的问题！》虽然说得有点极端，不过也颇有道理。作者用他自身的经历结合"韩国首席妈妈"全惠星博士的教育方法，建议妈妈们要懂得发展自我，不仅要懂得养育孩子，还要有能力引导孩子。作者说家长最需要做的，是让孩子有一个强健的身体、有一种极强的学习能力和成为大人物的强烈愿望，有了这三点，天赋普通的孩子也会成为一个成功者。作者主要从三个方面阐述了这个问题，第一，"宠物式养育"影响了中国孩子的成长。对于这个问题，我们也曾有过探讨，有时候把孩子保护得太好，对他来说不一定是一件好事。第二，家长们容易走入鼓励教育的误区。其实我们应该有建设性地批判和处罚，鼓励不是不惩罚，鼓励注重的应该是过程，表扬认定的才是结果，我们要对孩子在做这件事情中付出的努力进行鼓励，而不是对他已经取得的成就进行表扬。第三，再次谈到阅读问题，用犹太人的例子告诉我们重复成习惯，习惯成自然，自然成个性，个性成命运。最后作者对中国孩子成长最重要的九大素质进行了总结：第一，是真诚高尚的人格。第二，是开朗豁达的个性。第三，是勤奋向上的态度。第四，是独立勇敢的精神。第五，是敢于吃苦的习惯。第六，是不怕失败的心理。第七，是善于交流的能力。第八，是宽容大度的能力。第九，是终生依赖的技能。

作者提出来的这几点我觉得是真实存在的，如果家长们能重新思考，从这几方面开始为孩子考虑，我相信孩子的未来一定不会差。

马云曾在谈中国教育时说："教很好，但是育不够！"正所谓"师者，所以传道授业解惑也"，教育不仅在于"教"，更在于"育"，教书的是教师，但育人的一定是父母。优秀的教师会用智慧唤醒孩子的智慧，教师最希望学生超过自己，教师最希望学生越来越好。马云说："教和育是两个概念，当然我们现在对于老师、对于学校的期望值太大。教的主体是教师、学校；但育的主体却是家庭，家长得参与进来。"我们中国的孩子读书的确可以很好，但其他方面却差了很多，我们应该鼓励孩子去玩，可能往往在教育中最出色的不是从小到大都是前三名的"好学生"，最好的学生常常是那些第十名左右的学生，他读书不是最刻苦的，但也花了时间和别人玩，在玩中学到了更多。所以，"育"是中国孩子首先要加强的。

　　我觉得马云老师这几点讲得非常好，怎样让家长参与进来，家长又该怎样参与，这是两个不同层次的问题，但对于孩子的发展却是异常重要的。"教"和"育"应该同时发展起来，而不是只注重"教"而忽视"育"。南京一所中学的校训就写在校门口，在我看来那是金光闪闪的八个大字："育人教书，成人成才。"我一下子就知道这所学校一定是把育人放在首位的，先育人再教书，先成人再成才。我见过北京的一所学校，他们的教育追求是"把孩子培养成孩子，把教师培养成教师，把学校办成学校"，这些不都体现了育人的重要性吗？所以，家长们一定要注意"育"好你们的孩子！

　　在我们的教育反思中，应该看到教师和家长的关系这一个层面，这是教育中存在的一大问题。其实家长和教师能否有效地配合，直接决定着教育的效果。我曾经见过有的家长对待孩子的老师态度很冷漠，基本上零沟通零交流，有时候老师打电话也一定认为没好事，或者以自己工作忙进行推脱。其实对于家长来说，不仅自身要尊重老师，还应教育孩子尊重老师，尊重老师是家长走向老师的第一步，家长要充分尊重老师为孩子付出的劳动，还应该在孩子面前肯定老师的辛苦。有一天，我在一个亲戚家中见到一个孩子的作业，有一道题目是这样写的：要求孩子们列举生活中像雷锋叔叔一样的人物。可能其他的孩子写的都是英雄人物的事迹，但亲戚家的孩子是这样写的：我最感谢我的老师，因为老师每天都辅导我们学习，实在很辛苦。说实话，看到这一段话的时候，我很感动，后来我把孩子叫过来问他为什么会想到写老师，孩子说这段话是妈妈教他写的，因为当时自己也不知道写什么，后来妈妈说老师每天这么辛苦，陪着你们学习，难道不可以写老师吗？孩子一想的确如此，所以就写了老师是跟雷锋一样的人物。我相信所有的老师看到这一段话都会倍感欣慰，因为妈妈能够时时刻刻想着老师的辛苦，所以孩子将来也一定是一个很有感恩情怀的人。老师们不注重物质，更希望的是和家长心灵上的相互契合。

　　孩子们有时候在家里也会抱怨老师的不好，如今天老师点名回答问题，他举了很多次手，老师都没有点到他，于是就说老师不公平，这个时候家长就要正确引导孩子对待老师的工作。及时让孩子与老师加强沟通，不但能培养孩子善于沟通的习惯，还能同时锻炼他们的胆量。有一句话说得非常好："亲其师，信其道。"我对此的理解就是只有和老师亲近，才能相信老师传播的知识。所以，老师和学生之间的关系也非常重要，如果有机会，家长可以在孩子们面前多夸夸老师，这对于孩子的学习兴趣培养也是很重要的。据调查显示，孩子讨厌学习某一科目的原因可能就是对老师不满意，不理解老师。

所以家长从心里认可老师，对老师好的地方多加赞扬，对于老师做得不好的地方，及时对老师提出来，那么我相信每个家长都能和老师成为最好的朋友。家长要避免在孩子面前表露对于老师的情绪，不要总是挑剔老师的不是，因为孩子们其实很敏感，任何一个举动都可能导致孩子排斥老师，那么最终吃亏的还是我们的孩子。

我一向支持的都是老师和家长要勤于交流，我本人就喜欢和家长沟通。因为在这其中我能更多地了解孩子，同时能有效地处理好一些矛盾，我甚至希望和家长的沟通可以多一点，再多一点。家长主动问我，我会觉得家长还是很关心孩子的；家长不问我，我也会主动把孩子的一些情况告诉家长，这样长期坚持下去，家校之间是不会出现很大问题的。有问题，我也能及时处理。比如，曾经有家长因为孩子和其他同学打架，然后弄得要到医院去，但因为我每天都和这名家长反馈一些情况，家长很快就表示谅解。最后还特意跑过来感谢老师，要不是老师及时处理孩子的伤情，后果可能不堪设想。沟通是一个没有终点的过程，现在有了微信，我平时也会把我看到的一些好的文章发给家长，我们共同学习，家长们也很乐意接受这种形式，每次都能理解我的工作。

可能每个科目的老师会对孩子的表现评价不一，家长也不能因此给老师贴上标签，让孩子觉得评价好的就是好老师，评价差的就是不好的老师，家长要接受老师对孩子评价的差异，也要尊重老师本身的差异，帮孩子分析清楚原因，再和老师进一步加强沟通，那么孩子也会正确面对这个问题。

只有家长和老师建立起良好的合作关系，才是促进孩子更高效学习的根本途径，所以教育问题的解决也非常简单，需要教师和家长一起努力。

教育这两个字是可以查到其来源的，最开始是《孟子·尽心上》中的句子，《说文解字》对它的解释是"教，上所施也，下所效也"；"育，养子使作善也"。从中我们可以看出，"教"更多的是知识的不断积累和传播，而"育"是对孩子品行的培养，教和育侧重的方向是不一样的。不过现在我们的学校更多的是以教为主、以育为辅，孩子们在学校里都是以学习知识为主，像与人交往和为人处世之道等这些育的方面则没有得到重视。

这个社会以后需要什么样的人才？我们的孩子要在社会竞争中脱颖而出，不能只看知识的储备，更多地应该关注孩子的身心发展是否健全，育人是孩子综合素质的提升，所以家庭教育也很重要。作为家长，应该有意识地去平衡学校教育和家庭教育中教和育的关系，家庭教育更多地以育为主、以教为辅。引导孩子拥有良好的品德，养成良好的生活学习习惯，拥有照顾自己的能力，然后再去复习在学校学习的知识和技能，这才是家长们最应该关心的事情。

我们现在的家长可能在一定程度上把概念弄反了，回家就站在孩子身边看着他做习题，一个题目做不对，要么开始唠叨，要么直接开骂，弄得孩子紧张兮兮，甚至也养成了暴躁的脾气。家长这样做也容易让孩子不去思考，养成依赖的习惯。我们要注重培养孩子的独立自主能力，这才是育人的最佳表现。育人有时候比教书更重要，教书是知识，但育人是能力，将来孩子的学习成绩差，可以用能力进行弥补，他可以寻找知识水平高的人一起帮助他，但能力却无法弥补。知识弥补不了能力，我们在学校学的知识有可能因为没有用上而会选择性地忘记，但能力却深深地驻扎进孩子的身体，帮助孩子更好地成长，我们不仅重知识，还要看能力。

家长们要学会用合适的方法去促进孩子各方面的发展，在孩子的教育问题上不要弄反"教"和"育"的关系，和学校相比，家长更应该关注哪一方面，其实在孩子身上，我们一定会逐渐看到。

第三辑

靠近孩子，收获成长

在培育孩子的道路上，逐渐地靠近孩子，那么距离就会拉近，而我们也可以收获成长。与孩子走在一起，自然而然可以发现许多新奇的东西，这些内容就是他们的小小世界。我们总想探寻孩子的世界究竟是怎样的，我想在不断学习的过程中，我们终将明白。

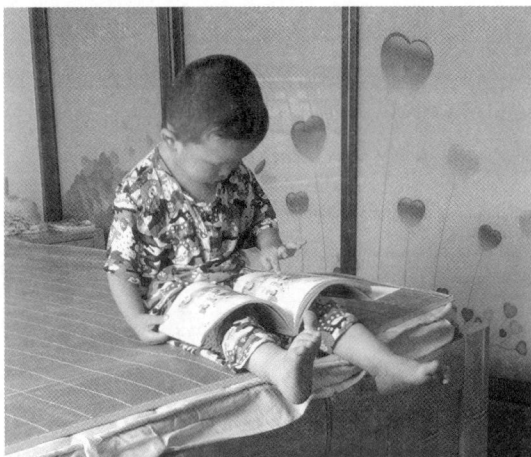

第一章 谈谈父母这些烦心的事

一、给孩子一个平等的机会

我知道孩子们是懂得爱的，只是有时候我们家长缺少正确的方法去对待他们。当出现问题的时候，只是一个劲儿地数落自己的孩子，或者用暴力对待孩子，从来没想过孩子出现这些问题的原因是什么以及怎么帮助孩子去解决这些问题。

孩子也是人，也是一个完整的人，他们也有感情，他们也需要别人的理解。孩子尚能理解父母的辛苦，并且为之付出努力，我们父母为什么不能站在孩子的角度想想问题，而不是在孩子面前保持自己的权威。可能受传统思想的影响，父母一直都觉得生了孩子出来，他就应该什么都听自己的，不听话，就要想尽办法，就算打，也要打到他听话为止。爸爸妈妈们的想法是我生他、养他、教育他，他当然要听我的，我打他、骂他，还是为了他好。这恐怕是我们大部分父母的普遍认知。他们会把自己摆在一个高于孩子很多的位置上，以此来命令孩子。他们希望在孩子面前成为权威人物，并且不能超越这条底线。我们认为这是在表现父母的权威，打造一个听话的孩子，可是却有可能让孩子离我们越来越远。

可能有的父母觉得让孩子怕自己，这样就够了，孩子再也不敢做出出格的事情来。父母从小便对孩子大声训斥，从而让孩子产生看到自己就躲开的条件反射。也许有的父母还为此感到骄傲，看我教出来的孩子多怕我，我让他往东他绝不敢往西，这么听话！其实我们错了，在权威的压制下，孩子表面的确很乖、很听话，但在他的内心深处是受到了深深伤害的，这种情感也许在现阶段不会爆发，但当他们的思想发展到一定阶段，情感就会突然陷入一个爆发期，到时候恐怕想和他说一句话都变得异常艰难。父母会发现孩子也许再也不肯说一句真心话，因为他们一方面惧怕，一方面又想反抗。

平等才能排除权威，只有先放下权威，和孩子建立民主平等的关系，尊重孩子，父母和孩子才能建立真正良好的关系，要知道平等的关系是绝不能依靠权威来维系的。

有的家庭里总是呈现这样一种状态：爸爸妈妈总是骂孩子，只要孩子犯了错误，就要接受严重的批评和惩罚，而且不听解释也不问原因，直接用暴力解决，不是拿皮带抽，就是用脚踹，结果导致孩子在家里无力反抗，从而变得沉默不语。这就是父母凌驾于孩子之上给孩子带来的困扰，父母一旦用暴力制服孩子，孩子自然不敢和父母亲近。有一个孩子曾经和我讲过他的父母平常很少管他，但凡要管的时候就是要打人的时候，常常不分青红皂白就打一顿，因此他现在心理上有很严重的阴影，他每次都害怕见到爸爸妈妈，只要一见到，就会吓得发抖。

还有的孩子心里会有这样的想法：家长打了我，我是不敢去打家长的，但是同龄人比如同学打了我，我是可以还手的，于是和别的同学打架就成了常有的事。打架一方面是为了发泄自己的不满；另一方面，也是想和家长对抗，因为孩子往往与家长说不上半句话，于是想用这样的方式来吸引家长的注意。孩子打架的确不好，只要我们用心去沟通，在孩子的生活里倾注爱，这点是可以得到很好的改善的。孩子需要民主平等的关爱，而不是压制下的关心体贴，他既是我们的孩子，也是一个有思想的人，要让他发展得更好，请放下对孩子的抱怨和手中的暴力。我总是见到有的父母实在管不了孩子，于是顺手抽起一根衣架重重的就是一下，接下来是两下三下，也不管孩子到底是什么感受，反正打了就解气了，心里舒坦了。殊不知父母心里是舒服了很多，可是孩子的心灵却在这个时候受到了大大的伤害。也许我们会发现，孩子以后的表现似乎更加叛逆了，再也不肯听父母一句话。

我之前是见过这样的父母的，孩子一次数学考试没考好，父母说他一顿还不够，接下来就是一顿暴打，打得孩子再也不敢说一句真心话，以后每次考完试，孩子总是偷偷地把试卷藏起来，不让父母知道。而且孩子吐露："我觉得我爸爸妈妈也管不了我了，因为他们打我根本没有用，不就是挨一顿打吗？等我长大了，我就什么都不怕了，看他们还打得了我吗？以后谁打谁还说不定呢！"对于父母来说，这是多么可怕的一番话，它真真切切地道出了孩子的心声，孩子甚至冒出将来能够打得过父母的想法，这样就不用再害怕了。其实在家庭教育中，暴力解决不了任何问题，而只会让问题变得更加糟糕。

当然，对于孩子，我们还要看到他们的身心发展规律，在平等的基础上去理解他们。

有一次，我和最好的几个朋友约好一起在某个地方聚一聚，当我走进旁边的商场正准备去找她们的时候，在一家服装店的门口看到一位年轻的妈妈正和她身边的一位朋友聊天，小女儿一直在旁边哭闹，因为隔得比较远，我也没有听清楚女儿究竟在哭闹什么。不一会儿，只听到妈妈大声地叫喊着，接下来伸出手打了女儿两个响亮的耳光，那声音估计离得几十米也听得见，女儿哇哇地哭起来，妈妈还不停地骂着。可能是她身边的朋友说她不应该打孩子，这位妈妈的火一下子上来了，边说边抬起手又一巴掌打向女儿。我听到她对朋友说："每次我上街都是这样，只要一和别人讲话，她就开始哭，能不气人吗？"

我慢慢地走远了，没有找到朋友，等我出来的时候，看见那位妈妈依旧在那个位置教训女儿，她用手抖着女儿的双臂，仿佛要把她摇醒一样。"等下到了电影院，我就会给你买，你听到了没有？你明不明白？还哭不哭？"一下子三个问题抛出去，我看到女儿有点不知所措了，只能呆呆地点点头。我知道是妈妈无法忍受女儿的哭闹，可是我看她的女儿最多不过4岁，4岁的孩子能懂什么，她问的那些问题有意义吗？我都想说我不明白，妈妈还使劲儿地摇着女儿："你到底明不明白？"

刚刚说完，妈妈就拉着女儿边骂边走出了众人的视线。因为要等朋友，我看到她们径直走进一家玩具店，妈妈说："这次就给你买一个小的玩具，要是你再哭，以后什么也别想买。"我等了10多分钟，才看到她们母女两个从玩具店里走出来，小女孩的脸上挂着泪珠，好像又被妈妈教训了一番，妈妈在前面走着，女儿拼命想去拉妈妈的手，可是妈妈依旧不理不睬，对着女儿又是一阵大吼，把女儿吓得直往后躲，"让你就买那个，你不买，又给我哭，以后什么都别想买了"。

其实任何一个做母亲的人都能够理解这位妈妈的心情，但孩子还处于一个较小的年龄段，应该尽量少用暴力手段去对待他们。也许有的父母认为孩子已经4岁了，她能够理解成人的世界。其实不然，4岁的孩子根本不知道自己错在哪里，更不懂得你给他讲的那些道理。在这种情况下，用暴力对待孩子只是对孩子的一种吓唬，让孩子感到害怕然后屈服而已。

我想起之前在微信朋友圈里火热地传着的一个视频，6岁姐姐教训2岁弟弟，可能大家看过之后会纷纷赞扬姐姐的懂事和说教。其实从教育的角度讲，姐姐说出来的那些话并不科学。如果我们从更深的层次想，我们会猜疑6岁的孩子到底能不能说出那些颇有水平的话来。一个小女孩因为弟弟打了她25下，她连续还击了7下，把弟弟给打哭了，之后就是姐姐的一段精彩讲说，妈妈录下了整个过程。姐姐到底说了什么呢？第一段话："你打姐姐，姐姐疼吗？疼！姐姐打你，你疼吗？是不是都疼？那你为什么还要打人呢？"第二段话："你要是打别人，别人就会打你，你要是打姐姐，姐姐会打你，你要是掐妈妈，妈妈也会掐你。"第三段话："刚才你打了我25下，我都没哭，我就打你7下，你就哭啦？"第四段话："我刚才跟你说啥了，我说你如果打人我就会打你，你要是不打人，我就不打你，你要是亲姐姐，姐姐就亲你。"第五段话："你对别人怎么样，别人就会对你怎么样，你帮助别人，别人也会帮助你；你打别人，别人也会打你；你掐别人，别人更不会原谅你。"听到这五段话出自一个6岁的小女孩的口中，不少人可能觉得不可思议。一个6岁的小女孩能够说出这么多大道理来，一定是平时就受到了良好的教育，说明家长教得好。

看到《中国教育报》微信公众号上面的评论，我却觉得也许可能真的是这个孩子曾经遭遇过某种刻骨铭心的教训，或许因为她小时候打了别的孩子，父母曾经当着很多人的面打过她，然后又不断地和她讲道理，拼命想让她明白这个道理。这个6岁的孩子并不理解这段话的深刻内涵，她能说出这些话来，或许正是当初的惨痛教训让她能够一字不差地背出她所接收到的话。和我前面碰到的妈妈一样，和一个不具备抽象思维和逻辑思维的年仅2岁的小孩子讲道理，他能听懂吗？答案自然是不能。所以姐姐和弟弟说的那些话自然也是没有任何作用的，因为弟弟根本听不懂。儿童的发展是要遵循他的身心发展规律的，无论是2岁还是4岁，这个年龄段的孩子是不具备听得进去这种话的能力的，甚至包括6岁的姐姐，也不一定能够完全理解整段话的意思。姐姐说的话自然没错，但她也许只是鹦鹉学舌一样把大人曾经说给她的话重复地表演了一遍，更何况这样一段话还是说给她年仅2岁的弟弟听。当大家纷纷称赞孩子懂事的时候，我们也要想一想我们的教育是否遵循了孩子的身心发展规律。

我以前也觉得给孩子讲道理是不是能更有效地解决问题，让孩子明白道理是不是就能让孩子懂事起来，但显然这一点对于年龄较小的孩子是不适合的。父母们常常觉得辛辛苦苦地和孩子讲了半天的道理，孩子还是犯一样的错误，于是很想发火，其实问题的根源不在孩子，而在于大人。大人们用自己的思维方式去解决问题，孩子却根本不明白，而他们不明白的原因不是因为他们不愿听，而是受到年龄限制听不懂大人的大道理。于是大人进一步觉得孩子实在不懂事，马上开始教训孩子，却不知道这种教训将会给孩子带来多大的伤害。就像有的孩子小时候看着插座的插孔总是很好奇，有不少孩子还喜欢拿手指钻进去，我们大家都知道那很危险，但你和还小的孩子说这件事，不断地给他讲危险，也许他下次还是会这样做，因为他们根本不懂得危险到底是什么，有的家长只能暂时把家里的插孔全部封闭起来，才能避免孩子出现危险。什么年龄的孩子就应该做什么样的事情，我们不能过高地估计孩子的理解能力，进而因为孩子的不理解反而更加责怪孩子。在不断学习的过程中，我印象最深刻的一句话就是无论什么样的教育必须以遵循孩子的身心发展规律为基本条件，孩子的身心发展规律是最重要的。的确是这样，任何不以孩子的身心发展规律为前提的教育都不是一种好教育。

那么怎样找到适合孩子的方法呢？下面这个故事也许可以给我们一点启示。3岁的孩子总喜欢咬手指甲，每次无论在干什么，总是会看到她的手是放在嘴巴里的，不断地啃着自己的手指甲。有一天妈妈检查孩子的手，发现孩子的手指甲都快被她啃完了，只剩下光秃秃的手指缩在衣袖里面。这个妈妈非常聪明，她没有直接对着孩子骂一顿，也没有苦口婆心地给孩子讲道理。妈妈在网上搜了一个小动漫，孩子自然感兴趣，里面讲的就是一只小兔子也喜欢啃指甲，慢慢地把自己的指甲啃得一点儿都不剩了，后来小兔子没有了指甲，手开始流血，疼得在地上打滚，连自己心爱的胡萝卜也吃不成了，饿得皮包骨头，可是又能怎么办呢？后来还是在兔妈妈的帮助下，小兔子终于长出了指甲，她对自己说再也不要啃指甲了。3岁的孩子一看完这个动漫，再看看自己的手指甲，她对着妈妈摇了摇头，说："小白兔不啃指甲，我也不要啃指甲了。"果然这个孩子再也没有啃过手指甲。一则动漫走进了孩子的世界，让孩子看到了事情发展的后果，而不是单纯地去讲一些硬邦邦的道理，这样做是不是能够让孩子改正自己的坏习惯且更加有效呢？

在日常教育中还有一种现象也属于不遵循孩子的身心发展规律，导致遏制了孩子的正常发展。大家都知道，一般五六岁的孩子就像是十万个为什么一样总喜欢拉着大人问东问西，可能有耐心的家长会很友好地回答孩子提出的种种问题，但没有耐心的家长就会采取极端的方法了。比如，当孩子对妈妈提出一个又一个问题时，妈妈实在不想再理睬孩子，因为觉得孩子提出的问题太过于可笑。于是为了让孩子明白妈妈的感受，也为了给孩子讲道理阻止其继续提问，说教道理模式开始了："你知道妈妈每天回答你的问题有多累吗？你是不是也应该理解一下妈妈，每天不要那么多问题问来问去，烦死了。你每次问妈妈问题的时候是不是也应该考虑一下妈妈的感受，如果天天有个人这样问你，你是不是也受不了？"经过一番呵斥之后，孩子似懂非懂地点点头，不再问妈妈任何问题。也许妈妈会觉得自己的做法很聪明，看我用换位思考的方式一下子就让我的孩子明白了我的感受，再也不用为孩子的一些幼稚问题所烦恼了。但这种做法的直接后果恰恰是把孩子仅有的思维能力给剥夺了，孩子再也想不出任何有趣的问题了，他也觉得不用再想了，并且再也不想探究了，创新的能力就这样被摧毁掉。我们应该知道，这个阶段的孩子是最有想象力的，我们应该尽一切可能去拓展他们的思维，而不是无情地把这一切当作负担，继而让孩子无所想、无所做。给孩子一点空间，陪他们讨论他们感兴趣的问题，这就是在帮助孩子不断地建立思维。

请父母们一定记住，暴力不是问题的最终解决方案，孩子的成长需要遵循孩子的身心发展规律，对于孩子而言，需要我们更加耐心一点。耐心一点，你就会发现原来孩子们有这么可爱的一面。父母要用自身的行为去影响孩子，而不是把一切都弄得复杂，因为身教大于言传。

有的家长可能始终认为别人家的孩子永远最好，自己的孩子总是有问题，每天就算过得很好，也总要想办法从孩子身上挑刺，然后找机会说孩子一顿。其实家长会发现在无形中一些负面的东西已经被这样传输给了孩子，他们很可能认为他们就是你们口中所说的那个样子。比如，家长说，我为了你的学习饭也吃不进，觉也睡不着，我怎么生了一个你这么差的孩子？也许这句话是不经意的，但处于一定年龄段的孩子或许就记住了这件事。表面上父母会觉得孩子听了这样的话之后会体谅自己，从而更加努力地学习，并且说他差正好也能激励他。但真正的情况不是这样的，在孩子的内心可能这样想：妈妈说为了我的学习，她吃不下睡不着，我是不是真的有这么差呀，为什么别的孩子的爸爸妈妈就不这样说呢？我真的很差吗？孩子会对自己的学习产生怀疑，从而不自信。

父母潜意识地表达自己从孩子身上发现的问题，并且一直抱怨这些问题，又把问题继续转嫁到孩子身上，孩子极容易受到影响。父母没有帮孩子建立学习的信心，反而感觉一直在压迫孩子。我们要让孩子体验到学习的乐趣，需要给他们足够的时间。在孩子取得成就的时候，奖励要多采取精神奖励，如赞美孩子要发自内心真诚地赞美，你以一颗真诚的心对待孩子，孩子以后便会什么话都和你说，可以说亲子之间不会有秘密。我在一定程度上不提倡物质奖励，因为这样不仅会一不小心让孩子有了功利思想，而且对于孩子以后的发展也是不利的。物质奖励是一时的，因为它只能满足孩子一时的愿望，却不能让他们长久地自信，如有的父母会许诺孩子期末考试取得多少分然后给他买想要的东西，却不知道孩子内心真正需要的是什么。

父母可以在孩子取得好成绩之后陪他一起玩，陪他一起阅读或者旅游，当然也包括及时地给予他鼓励，而不是单纯地用金钱去填充空白的陪伴，对于孩子而言，陪伴是很重要的。精神上的奖励比物质上的奖励重要得多，哪怕你只是小小地夸赞一下孩子的进步，我相信他们都会无比高兴，同时能帮助孩子建立自信心。

我相信只要教师和家长掌握了对待孩子的正确方法，孩子收获的东西一定不止一点点。在孩子失败之后，应该鼓励孩子想办法把问题解决，那么他下次就会成功，而且在这个过程中会渐渐地发现自己的进步。

对于一件事情的成功与失败，孩子们自己也在进行归因。别人说他不行，他很可能就觉得自己失败的原因在于自己能力不行。如果孩子从内心觉得自己天生就是笨的，他从哪里去寻找信心呢？他又怎么能达到理想的水平呢？

一旦认定无论怎么用功都不管用，孩子就会自暴自弃。韦纳的归因理论发现人们倾向于将活动成败的原因归结为六个因素：能力高低、努力程度、任务难易、运气好坏、身心状态、外界环境等。他把这六个因素归为三个维度，即内部归因和外部归因，稳定归因和非稳定归因，可控制归因和不可控制归因。激发孩子的学习动机需要正确引导孩子对自己的成败进行归因，针对学习上存在困难的孩子的消极归因，家长和教师应该引导孩子做努力归因，因为努力因素不但可以变化，而且受人的主观意志控制。我们可以帮助孩子认识到学业的成败与他们的努力程度密切联系，并引导孩子对学业的失败多做努力不够的归因，以此来激发孩子的学习动机。也就是告诉他们现在学习虽然困难一点，但他是完全可以做好的，只要他努力。孩子心里有了意识，就会朝着一个方向努力去做，当他看到一点成果之后，心里的自信会越来越强，学习自然越来越好。

努力程度是孩子们可以人为改变的，如果家长和教师对待这件事情的方法正确一些，多问问孩子对这件事情感不感兴趣，喜不喜欢，而不是你会不会做，你能不能做，效果就大大不同。孩子们的自我归因是很重要的，完成这一步，孩子们就会把自己成绩不理想的原因归结为自己的努力不足，而不是能力不足，他们就会想，原来只要我再努力一点就可以做得更好的，那我就再努力一点，相信我一定能够做得更优秀。帮助孩子把归因方向找对，他们才能够更加成功地应对人生当中出现的大大小小的困难。

二、迷茫的教育，路在何方？

很多家长都和我述说过自己在教育孩子上的迷茫，他们因为不了解自己的孩子，而在孩子的叛逆期和孩子产生了矛盾，并且一时之间不知道如何去解决，现在连和孩子说一句话都小心翼翼。记得我最初见过的一对双胞胎兄弟，弟弟的个性很叛逆，每天不玩网络游戏，似乎浑身都不自在，但爸爸妈妈对这一方面限制得很严格，有一次弟弟因为偷偷玩游戏被爸爸撞见，被爸爸用鞭子狠狠地抽了一顿，抽得身上伤痕累累。

后来妈妈和孩子交流，孩子说自己已经恨上了爸爸，自此以后隔三岔五地和爸爸吵架，甚至以离家出走作为威胁。他妈妈很无奈，于是就想让我去给他做做思想工作，看能不能转变一点，他妈妈说孩子对我还是比较信任的。我和他妈妈是好朋友，以前我们也经常在一起玩，我和弟弟相处得还比较融洽。他爸爸在我去家里之前给我打了很多电话，一方面，跟我说说孩子现在的情况；另一方面，询问我该如何解决。当我来到他家的时候，弟弟对我是怀着抗拒心理的，虽然问候了一句，但立马走进自己的房间，倒是没把房间的门关上，因此我看得出这个孩子还是很想解决这件事情的，可能我来之前妈妈也和他稍微谈了一下。看到这一点，我觉得接下来的事情就比较简单了。我敲了敲他房间的门，询问我能否进去，他"嗯"了一声。我就推开门走进去了，我并不着急，而是先用开玩笑的语气问孩子："不认识我了吗？还是比较讨厌我，不欢迎啊？"这个小男孩坐在椅子上关电脑，立马回应："没有啊！""哦，那我明白了，你肯定不出半个小时就打算赶我走。"我依旧是开玩笑似的对他说。孩子听到我说这句话顿时就放松下来了，他笑了笑，然后给我拿了一把椅子。我先跟他谈了谈心，这一步叫作走近孩子，了解他内心的想法。一开始我并没有和他聊学习上的事情，只是观察他，观察他对父母的态度，观察他内心的世界。

我记得那一天我和他聊了很多，一直从晚上 6 点聊到 9 点，后来我渐渐发现，这个孩子并没有我们大人想象中的那么叛逆。走进了孩子的心里才会发现孩子的渴望到底是什么，原来他只是希望爸爸妈妈能给他一点儿空间，他会慢慢改正坏习惯的。后来和他爸爸妈妈坐在一起，我把孩子也拉到他们身旁，让他们一起交流彼此内心的想法，孩子最初很不情愿，但事情说开了也就好了。终于发现原来爸爸妈妈和孩子的观点是一致的，只是因为不了解对方而导致了摩擦，我慢慢地给他们疏导，帮助孩子了解父母，帮助父母了解孩子，他们只是缺少一架沟通的桥梁。孩子最后哭了，他哭着对爸爸妈妈说出了压在自己心底已久的话语，看到他如释重负，我瞬间觉得所有的矛盾烟消云散了。

看到孩子变得越来越好，我的心里也很开心，他现在什么都会和爸爸说，并且他爸爸也向我承诺以后对待孩子一定要掌握方法。的确，对待孩子要掌握方法，亲爱的父母们，你们了解自己的孩子吗？你们是否真正聆听过他们的心声？每个孩子都是一个健全的人，特别是初中和高中的孩子，他们已经有了自己独特的思想，并且逐渐走向成熟，他们也希望自己能被尊重，而不是把其他人的想法强加在他们的身上，他们渴望说出自己的想法，但他们不敢，因为你们是他们的父母，他们想走近你们，可是或许出于害怕，他们更需要你们的走近。

过程和结果是紧密相连的，我们不能只问结果而不要过程，特别是对待孩子的学习。父母们应该常常问问自己：孩子的成长过程，我都全程参与了吗？家长不能把所有的教育责任都放在老师的身上，到头来只问老师要结果，这个学期孩子的成绩不理想就是老师没教好，还要找老师理论一番。家长平时要多注重和老师的沟通交流，老师如果主动打电话，更应该关心孩子的情况，千万不要爱答不理，显出一副很不耐烦的样子。家长工作忙不是理由，教师的工作也很忙碌，一点儿也不轻松。只有参与教育，才能收获一个健康快乐的孩子。

孩子成长的每一个瞬间都需要父母的陪伴，哪怕父母回家和他聊一聊学校里发生的趣事，哪怕抽出一点儿时间陪他参加一次学校里的课外活动，哪怕给孩子一次展示自我的机会，哪怕给他们一丁点鼓励。也许孩子只是这一次没考好，他平时的成绩还是可以的，只不过父母没有看到，只看到了这一次。这一次也许是因为他粗心了一点，也许他在考试的时候身体不舒服，也许他因为仔细检查前面的题目而耽误了后面，这些都有可能。在平时的学习中，孩子渴望和父母交流，但也许因为父母忙连话都不敢说，考得不好更是连试卷都不敢拿出来。如果孩子失落的时候能够得到父母的安慰，将是一件多么幸福的事情啊！千万不要以分数来论孩子的进步与退步，只要考了 90 分以上就是进步，甚至有的家长认为没考到 100 分，孩子就是没有用，根本没有用心在学习上。

要看到孩子在每一个学习过程中得到的那些东西，通过这些来鼓励孩子，这样他才会有自信地面对一切。如果父母因为一次考试成绩不好就给孩子打击，那么后果是不堪设想的，孩子可能永远为分数而活，并且掉进这个深渊里爬不出来，因为他已心生恐惧。学习是一个慢慢积累的过中，不能一蹴而就，在逐渐行走的过程中，孩子终会看到沿途的风景。倘若家长急于求成，只会让孩子讨厌学习，多给孩子一些时间，给老师一些时间，孩子一定会学好的。当然，家长自己也要重视这一点，对于孩子的学习也要有一定的监管，不能自己去打麻将却口口声声说让孩子写作业，这样也会给孩子带来一定的影响。家长的重视程度直接决定着孩子的重视程度，如果家长不重视孩子学习的过程，孩子的学习成效势必大打折扣。学习是一个长期坚持的过程，让孩子在平时多积累，跟着老师的脚步走，那么他最后一定收获满满。

我用教育心理学的某个效应成功地促使一年级的孩子完成了他本不情愿完成的小作业。他一开始并不想做这件事情，甚至很抵触，因为他正在看电视，而且是看他最喜爱的《熊出没》，我和他说完这件事情，他明确表示不做就是不做。我究竟用了什么方法使他成功地转变观念而愿意行动起来呢？就是采用心理学上著名的效应——增减效应。

一开始我告诉孩子让他写完本子上的小作业，他就是不肯，一直闹着要看电视。我和孩子说："我们今天只做 6 道题好不好？就这前面的 6 道题。"我指了指本子上已经出好的 22 道题，孩子一听马上来了兴趣，因为我之前是希望他全部做完的，他也以为我是要他全部完成的。我和他商量好做完 6 道题之后给他加上几颗星（家里贴有一张纸专门记录他平时的行为，慢慢积累起来也是一个大成就）。

他在哪方面做得好，就可以加几颗星，孩子通过这个措施的确改善了不少，加上我又拿家里人来和他做比较，这有效地刺激了他更加上进。他马上拿着本子开始认真地算起来，只听到他边说边写，"12 加 13，把 12 放在心里，13、14、15、16……"很快地写完 6 道题，他马上跑过来拿给我改，我边改边夸奖他真棒，竟然能够全部做对，给他加星之后，他的兴趣似乎更浓了。我尝试着问他要不要再做几道，他说："我还要再做 6 道，你给我再加 3 颗星，可以吗？"我点了点头，他就马上跑去做开了，后来又是同样的方法，4 道、5 道、6 道，直到所有的题目做完，孩子似乎还不过瘾，还要求我再出 22 道题目又跑去慢慢做了。

后来的结果也令我很满意，除了一道 100 以上的题目因为数量太大他没算对之外，其他的全部都对，当然其他题目也具有一定的难度。在这个案例中我成功地运用了增减效应，即在一开始对孩子提出较高的要求，可能孩子不会答应。下一次我把要求降低，那么他答应的可能性就大大增加，然后再通过后续的办法去实现全部的目的，实现较高的要求。就如在这个例子中，在我一步步的引导下，孩子的兴趣越来越浓，最后的结果也是喜人的。我并不是强迫孩子做题，只是希望他不要总是沉迷在电视中，因此各种各样的活动都让他参与一下。

以前和家长讨论过在英语课堂上给孩子们采取全英文授课的方式，家长大多觉得全英文授课可以为孩子创造更全面的英语环境，因此他们非常赞同。而且很多家长表示给孩子补课的地方也会用全英文的形式，所以应该在多方面再强化一下。

但作为老师，我却不得不考虑得更多，首先，是所有的孩子都可以完全接受吗？其次，孩子们是否喜欢这种方式？每次做事情之前我总喜欢问问孩子们的意见，毕竟课堂是属于他们的，当我问过孩子们的想法之后，我改变了最初对于全英文授课的印象。无论什么样的课堂都给孩子实行全英文授课，不管孩子的基础如何，也不管孩子是否能够听得懂，这样给孩子带来的弊端其实是比较大的。孩子们和我说每次听老师说英文，听不懂的时候干脆不听，就在下面干自己的事情，课后完成作业就 OK 了，整个课堂完全成了老师的自导自演，至于知识到底掌握了多少也不得而知。

当然并不是说全英文授课的方式存在问题，而是要根据孩子们的实际情况而定，相对于高年级基础较好接受能力还可以的学生来说，采取全英文授课的方式对他们是有一定的好处的，但对于低年级刚刚起步的学生来说，辅以适当的英文是可以的，但是必要的时候还是要用中文解释，要给孩子一个缓冲期，不能太盲目地追求全英文授课的方式和效果，否则可能适得其反。孩子对于英语课堂的期待是很重要的，如果一节课让孩子们毫无兴趣，听都听不懂，想必不能带来多大的效果。英语课堂更多地强调趣味性，但是如何将英语趣味性转化为孩子们的趣味性是需要不断探究的，课堂也是要遵循孩子的身心发展规律的。可能有的家长会说："谁说我家的孩子听不懂全英文授课，现在上课好着呢，全英文授课也是为了给他一个更好的英文环境。"这话说得也不无道理，但有时候我们还是应该多问问孩子们的感受，看看他们比较适合哪种形式的授课方式，毕竟孩子才是学习的主体，适合他们的才是最重要的。我不希望在全英文授课之后孩子们抱怨如何如何听不懂，如何如何做不会，这个时候我们就应该反思并且做出改变了。

为孩子打造更好的环境是教师和家长共同期望的，但前提是这个环境要适合我们的孩子。当然教师也可以采取多种多样的教学方式（如身体语言、动作等），让孩子们完全地融入英文这个环境中，对孩子听力和口语的提高作用是显而易见的。在这里我不是要批驳全英文授课，只是提倡更多的教师用更加能够让孩子理解的方式去引导我们的课堂，这样才能真正让我们的孩子学到东西，而这些东西是让他们终身受益的。所以授课方式要根据对象和教学方法而定，而不是口头追求环境。

我记得曾经有一个妈妈这样对我说过："老师，我们为了生活要工作，但孩子总是比较贪玩，我想还是在他身上花的时间不够，可是没文化都不能科学地引导孩子。"这个妈妈能关注到孩子成长的各方面是很不错的，妈妈几次和我交流，而且每次都是主动提出孩子的问题，然后我们一起去解决。从这点上我看出了这个妈妈关爱孩子的那颗心，父母为孩子所做的不在于为孩子创造了多大的物质生活，重要的是给孩子带来精神上的鼓励。父母的文化程度高低并不决定孩子是否优秀，重要的在于父母用什么样的方法引导孩子，父母在家庭教育中最重要的就是陪伴和引导，而这一切并不是由父母的文化水平决定的。在当下这个时代，父母们越来越忙，对孩子的关心也越来越少，这是值得关注的。

有一次在和一个家长闲聊时，家长说她亲戚的一个儿子基本上处于没有人管的状态，每天都是啃火腿肠、吃薯片，整个人都是瘦瘦的，每次吃饭总是不吃菜，而是抱着一根火腿肠拌着饭吃。这让我联想到孩子和父母长期处于一个隔离的状态，即便生活在一起，也无法进行适当的交流和沟通。这样对孩子的成长很不利，如果孩子长期处于这样一种状态，不仅会给他的身体带来很大影响，孩子的心灵缺失更是无法弥补。父母真的应该负起责任，给孩子一个健康的成长环境，教他多吃健康的食品，孩子在学习的同时必须保证有一个棒棒的身体。

三、孩子的成功需要你们作为榜样

曾经邻居家有一个女生特意来找我说想聊聊她烦心的事情，因为我平常也把她当妹妹看待，我很奇怪这个女孩平时很活泼开朗，有什么样的困难把她给困扰了呢？我问了她许久，她依旧有点害羞，想说又不敢说的样子。我更加奇怪了，刚刚还和我说要吐露烦恼的事情，怎么转眼间又不说了呢？我明白这件事情一定让她很难开口，于是我问她怎么了，她还是不说话。后来我征求她的意见，问她可不可以把烦恼写出来，没想到她很乐意，最后不知道是不是还是不好意思，她写给我的信竟然是英文版的，虽然语句有一些小错误，有一点中式英文的味道，我还是可以看出她内心的焦虑。当时的那封信按照原文来翻译是这样的：亲爱的姐姐，我很高兴能够给你写一封信来诉说我的烦恼，我最近很不开心，是关于我妈妈的事情，我妈妈天天唠叨着说让我好好努力学习，但是我真心地希望她能为我树立一个好榜样。当我 4 岁的时候，我想让妈妈讲故事给我听，但她只是说让我自己去读故事书。我知道妈妈文化有限，我只是希望她能多抽点时间也学习学习，我们可以向好朋友一样互相探讨，哪怕让我教她也可以。现在我学习的时候，她总是拿着手机坐在我旁边或者边吃饭边看电视。我认为这不公平，父母们也应该尽他们所能去给孩子做好榜样。当孩子还小的时候，他们应该为孩子创造一种读书的氛围。我真的很羡慕有些人。前段时间，我看了一个电视节目，那里面的妈妈才是真正地关心自己的孩子，她把很多书放在孩子身边，陪伴他一起阅读，我羡慕那些能够在读书这方面得到父母帮助的人，希望自己也有这样的爸爸妈妈。我之所以不敢说，是因为我怕妈妈听到，妈妈一方面对我很严格，她最近甚至说要在我身上装一个摄像头来监控我的一切，我怕她真的装了；另一方面，我又觉得她不是很负责任，她总是要我考高分，自己却可以悠闲地看电视。每次我也忍不住想看，她要是可以学习一点点，我也会努力学习的。好了，不说了，你可千万别告诉她这封信的事情。

这个孩子吐露了她的心声，却正好反映出一些问题，有的父母可能小的时候没有受到很好的教育，于是他们会找出种种理由来推脱孩子的教育，把孩子的教育全权交给老师，却不知道父母才是孩子这一生的领路人。我相信任何一个人只要敢于学习，那么他就可以做到，读书这件事情实在是比打麻将有意义得多。当然，我们也不能强迫父母天天坐在家里看书，但是至少要让孩子感觉到父母带给他的都是满满的正能量，至少做到在孩子面前不失去原有的姿态。很多条件不怎么好的农民家庭反而能培养出优秀的孩子，原因就在于这些父母懂得品格的重要性以及给孩子做出了好的榜样。如果孩子心生不满，深感不公平，就会让教育更加失败，毕竟父母和孩子在一起的时间是最多的。

不久前，我收到一个孩子私下交给我的一篇作文，虽然语言仍显稚嫩，却使得我的心里五味杂陈，有点心疼孩子，心疼孩子小小的年纪心里却要承担这么多负担。这虽然只是一篇作文，却为我们道出了一个孩子的心酸。本来不打算公开，但为了让更多家长借鉴，希望孩子的这封名为《成长的烦恼》，并且以"我"作为主要讲述对象的作文能触动更多的心灵。虽然作文并不长，我却觉得写出了真情实感。

以下是作文的内容：

成 长 的 烦 恼

我成长的烦恼，是一件最不可能忘记的事情，那就是我妈妈天天打麻将，我闷闷不乐。

有一次，我在家里玩电脑，玩得正开心的时候，妈妈回来了，她一回家什么也不说就做饭给我吃。吃完了饭，妈妈说："手机给你玩儿一会儿，我出去一下。"说完，转身就走了，过了半个小时，妈妈还没回来，我就觉得有点儿不对劲，于是下了楼，跑到打麻将的那里，看到她正在打麻将，我看到她输掉很多钱，我很生气，跑过去对妈妈愤怒地说："不要再打麻将了，你知道赚钱有多辛苦吗？而且爸爸出差了。"妈妈大声地说："不要吵……"我生气地跑掉了，妈妈开始还自责了一下，然后又继续打，我回到家一直等妈妈回来。到了凌晨1点，妈妈终于回来了，她的钱包里面空荡荡的，我就问她："你的钱是不是全输光了？"妈妈毫无力气地倒在沙发上说："是的，全输光了，大人的事小孩子不要多管，快去睡觉！"我怀着惴惴不安的心情去了房间，在梦里，我仿佛看见我们家变穷了，所有的东西都没有了，连房子也成了别人的，说实话，我真的很害怕这一天的到来。

第二天，我去上课，放学回来后，写作业写到9点15分，我打电话给妈妈，她说她在打麻将，我很愤怒，可是她说话的时候根本没有悲伤的心情，甚至连昨天的自责都消失得无影无踪。我很惊奇，跑到打麻将的地方，看见妈妈还在和别人打麻将打得很起劲，但是这一次不一样的是我看到妈妈面前的钱一层一层地往上涨，我有一点儿惧怕，又有一点儿开心，惧怕是因为她现在每天都打麻将，开心的是因为这次妈妈的钱多了。妈妈看见我，说："我今天下午打麻将赢了2 000块钱，打麻将赢了2 000块钱呢。"她说她很快乐，可我一点儿也不快乐。

妈妈，我多么希望你能改掉打麻将的行为，如果改掉了，那我就很开心。

这个孩子用作文陈述了自己成长的烦恼，也有很多孩子和我说过妈妈天天打麻将，不仅现实中打，躺在沙发上都用手机打麻将。更有甚者，说玩手机为什么是大人的专属权利，大人不干正事，手机是不是也应该被我们小孩子缴掉。我深深地叹了一口气，可能只有父母真正体会到了，这种状况才能有所改变吧！孩子一定是有切身的体会，才会说出最真实的感受，亲爱的父母们，你们感受到了吗？

当然，孩子的烦恼还不止这些，在成长的过程中，无论遇到什么问题，他们都渴望被爱，而不是挨打。在家庭教育中，父母需要冷静地处理好一切，当孩子出现哭闹情绪时，也许孩子只是为了引起你的注意。记得有一次，我家小侄子和我妹妹一起玩游戏，后来他输了，开始耍赖皮（要知道小孩子总是争强好胜的，只想着玩游戏一定要赢），甚至很大声地哭了起来，妹妹也不依他，一再坚持说他不讲理、耍赖皮。于是孩子越哭越大声，直到我实在忍不了了，出去看了一下他的状态，只见他一边大声地哭，一边朝四面八方扔着积木玩具，他不是普通的扔，而是每一块都扔得重重的，砸在地上的声音很刺耳。他妈妈听见声音也跑出来了，正打算拿起衣架惩罚他的行为，被我及时地劝阻了。我观察了一会儿，他似乎异常生气，我本想走近他，去问问他到底是怎么回事，可我忍住了。等他的心情稍微平复一点儿之后，我才走到他的身边，轻轻地拍了拍他的背，表示安慰，然后温和地问他怎么了，孩子显得很委屈，泪水仿佛又要流下来。

谈了好一会儿，我最后问他这件事情是谁的错，孩子指指自己，没有说任何话，我明白他其实还不知道自己到底错在哪里。我尽可能用通俗易懂的话语给他解释这个问题，我告诉他耍赖皮是一件不对的事情，要是这样的话，以后就没有小朋友愿意和他一起玩了，输了也不要紧，只要下回努力就可以了。要输得起、放得下，才是真正的男子汉。

孩子用真诚的眼神看着我，继而点点头，我知道他明白了，以后应该不会这么无理取闹。当然，对待年龄过小的孩子可能需要进一步的解决办法，因为他们只是想让我们多关注他。所以，孩子情绪激动时，千万不要一味地打骂孩子或总是顺从孩子，那样他就会更加情绪激动或者更加依赖你。孩子哭闹也许真的是想引起你的注意，这个时候，我们就花一点时间去关注他，等孩子恢复到平常状态，再和他对话。

其实对于家长打孩子这件事情，有些时候我真的表示不能理解。比如，妈妈今天让孩子背一背学过的英语单词，结果孩子连读都读不顺畅，于是妈妈一巴掌打过去，还用很难听的话骂孩子没有认真听讲。还有的家庭夫妻双方一言不合便开始打架，孩子成了旁观者。孩子在旁边哭起来，家长也不管不顾。或者是爸爸打妈妈，要不然就是妈妈打爸爸，还同时把气撒在孩子身上，家庭暴力似乎成了孩子心中永远磨灭不了的阴影。

要知道孩子是家庭的未来，我们不得不说儿童对成人的确会产生无意识的模仿。我记得曾经看过一个故事，故事内容还大概记得，有这样一家人，爷爷很早就去世了，妈妈对年迈的奶奶不管不顾，甚至不想让她住在自己的房子里。有一天，她当着孩子的面把瘦弱的奶奶装在筐子里，想运到山的那一头，让她找不到回来的路，从而将奶奶丢弃。孩子悄悄地跟在妈妈后面，等妈妈把筐子里的奶奶丢下之后，孩子扶起奶奶，把筐拾起来对妈妈说："妈妈，这筐就别扔了，怪可惜的，等你老了，还能用呢！"

这个妈妈顿时羞红了脸，她向孩子承认了错误，把奶奶扶回了家。现实生活中真的存在这样的例子，这应该就是孩子对大人的模仿。如果一家人能够和和睦睦地生活在一起，大人做个榜样，对自己的父母孝顺，那么孩子也会和你一样孝顺父母。所以，家长不仅要疼爱自己的孩子，与此同时，更要关爱自己的父母，为他们带来贴心的照顾。

父母作为孩子的榜样，千万不要让家庭暴力毁了孩子的一生。

偶然间看到孩子的一篇作文，虽然文笔稚嫩，我却从中看到了孩子对于爱的渴望。我觉得身为父母的我们应该反思自己，我们在生活中更多的是给了孩子爱，还是让他们对爸爸妈妈感到害怕，有时候害怕可以让孩子听话，但是不是无形当中又让孩子失去了他们原本应该拥有的爱呢？孩子总在想自己的爸爸妈妈非常爱他，可是他们为什么还是要打自己呢？

我的"暴力妈妈"

时光正在一天一天慢慢地驶去，但是我的妈妈依旧改不掉自己的坏毛病——暴力。无论我做了什么事情，她总是喜欢先打我。

有一次，我的妈妈还像平常那样准备送我去上学，只不过这次我发低烧了，于是磨蹭了一会儿，可是妈妈并不知道此事，我看着妈妈那凶恶的双眼，我就知道要被打骂了。果然，妈妈首先大声训斥，然后用手拿起衣架，开始抽我瘦弱的背。那时我眼泪汪汪，开始对妈妈有了一点儿恨意，我不知道妈妈为什么要这样对我。

当我由低烧发展到高烧时，妈妈终于发现了，这可把她吓坏了，她的眼神比生气的眼神温暖多了，那时我又认识了一个不一样的妈妈——一位慈祥的妈妈。妈妈，我终于知道原来你是爱我的。

我爱我的妈妈，不过请妈妈你一定要改掉打人的坏毛病，让我感受到你的温柔，这样我就知道原来你是非常爱我的。

看完这篇文章，我有一点儿意外，长期以来这个孩子哭过无数次，因为妈妈每次都用暴力解决问题，让她现在很害怕妈妈，妈妈说一，她绝对不敢说二。但每次看到这样的文章我也很痛心，我多么想让更多的爸爸妈妈知道暴力是无法解决问题的，哪怕现在解决了，以后也会留下非常大的隐患，孩子的心里从此就有了非常大的阴影。曾经有一个孩子做梦都梦见爸爸在揍自己，吓得她晚上都不敢睡觉了。

我想过告诉家长们孩子的小小心愿，但我也要顾虑许多，其中有孩子自己的原因，也有一些我自己的犹豫。我不知道爸爸妈妈会不会接受我的建议。有的家长直接说脾气一旦上来了，自己也控制不住自己，但在一些细微之处，我还是能够感受到一点点的变化。比如，上次和一个妈妈深谈了一次之后，孩子就变得异常敬佩我，她说现在只有我能够改变她妈妈，孩子对我的信任却让我觉得压力倍增，并不是所有的家长都会觉得家庭教育很重要。有的家长就是要按照自己的方式去处理和孩子之间的问题，因为他们自身觉得那是能最快收到效果的。现在的我只能尽自己的力量去改变，当我把一些教育理念传递给家长的时候，虽然不能一下子让他们转变过来，但我依旧相信自己可以做得更好，每天改变一点点，也会在家长的心里播下种子，让他们选择换一种方式来对待自己的孩子。

记得很久以前有一个小女孩把自己的背部悄悄地露出来给我看，那一刻真让我触目惊心，女孩背部一条条的伤痕显得那么刺眼，女孩告诉我是妈妈拿藤条抽的，一条条的伤痕同样刺进我的心里，我无法忍受孩子遭遇的家庭暴力。前不久听新闻也听到家庭里出现暴力行为是可以提出诉讼的，但我还是先去和小女孩的妈妈谈了谈，我想毕竟是妈妈的女儿，妈妈不会这样狠心。女孩的妈妈哭着对我说自己不是故意的，但一生气就忍不住要打她，自己小时候也挨过打，所以长大之后才会这样听话。我先表示理解她，但是也指出了她这样做是非常不对的，后来我教了她一个平复心情的办法，也对她说了事情的严重性，女孩妈妈表示以后会好好改正。我从这个事件中感受到的是，可能爸爸妈妈不是有意要打孩子，或许是小时候受到潜移默化的影响，又或者是没有控制好自己的情绪，无论怎样，都请不要用暴力对待自己的孩子，尽管你现在能够掌控孩子，但你无法保证将来不会培养出一个暴力的孩子。

四、对待孩子有方法

也许我们的爸爸妈妈在日常生活中会遇到很多教育方面无法解决的棘手问题，当碰到这些问题时，家长们可能一下子束手无策，找不到办法就用最强硬的办法。比如，放学回家，孩子气呼呼地跑回来，对着妈妈大吼："我再也不想上学了！"我想问家长们如果是你们看到孩子这样的表现会怎么做，我见过有的家长马上掏出来一根棍子，边打边说："你大叫什么？不读书你能干什么？去讨饭吗？"还有的是这样的："又干什么啊？又想故伎重施是吗？天天到晚嚷着不读书，那你想干嘛？想一天到晚在家里打游戏吗？"

有一个家长和我说过类似的情况，当时妈妈看到孩子进来说完这句话之后，马上停下手中的活，蹲下来和孩子说："为什么呀？今天发生什么事情了吗？"妈妈的话带给孩子的感觉很不一样。这时候家长的聆听非常重要，只要你蹲下来耐心地说出这番话，没有哪个孩子不愿意告诉你事情的经过。孩子说："今天小明在学校打了我，我去告诉老师，老师反而冤枉我，说我先动的手。""那是不是你先动的手呢？"孩子害怕了，犹豫了半天不说话，妈妈继续说："如果是老师冤枉你，你可以和老师说一说事情的经过；如果你害怕老师，不敢说，要不你今天告诉妈妈，妈妈明天去和老师说清楚这件事，如果不是你的错，妈妈是一定会站在你这边的！"孩子看到妈妈真诚的眼神，顿时被打动了，他小声地告诉妈妈："妈妈，对不起，我撒谎了，这次是我的错，小明不小心踩到了我的橡皮，我让他帮我捡起来，他偏偏不捡，我一下子气急了，就拿手打了一下他的肩膀，于是我们就打起来了。""原来是这样啊，那你觉得这件事情你要怎么处理呢？"孩子仰起头想了一会儿，说："我明天去和小明说对不起，给他道个歉，我不该动手打他，然后再和老师认个错。""嗯嗯。你处理得很好，看来这件事情就不用妈妈出面了，你自己就可以解决了，真棒！"孩子听了，所有的怨气都没有了。

妈妈处理的方式很巧妙，深入地了解原因之后，她让孩子自己意识到了错误，并且让他自己去解决这件事，给了孩子充分的自主权。民主平等的方式，孩子自然很容易接受。

我突然发现有的孩子会随着身边事物的变化而情绪上发生变化。最近有一个孩子特别容易情绪化，他以前根本不是这个样子的。我不知道在他身上到底发生了什么事情，导致他现在变成一个张口就可以来一大段脏话的人。只要不小心触碰到他，他就会发一顿脾气，开始不断地骂人和找人打架。我不希望他的情绪再受波动，我想改变他，或者说是帮助他改变。

以往他都很听话，唯独这次我叫了他的名字，可半天都没有反应，可能是谁又刺激到他了。紧接着他去上厕所，没过两分钟，我就听到学生过来和我说他又和别的同学打架了，因为那个同学把他的玩具踩碎了，两个人就打了起来。让我更加没有想到的事情发生在后面，当我拉住他阻止他打架的时候，他拼命地挣开我的手，嘴里不断地对那个同学念着："给我等着，我一定回家叫我哥来打死你，一定要拿刀杀死你！"我怕他做出什么极端的事情来，只能让他先冷静一会儿。

我开始思考究竟怎样解决这件事情，他还是一个孩子，却已经有一些极端的想法了，我判断"杀人"这样的想法并不是出自于孩子自身，或是他看了电视里的剧情学会的，抑或是有其他因素影响。我决定找到根源所在。后来趁着教室里没有人，我把这个孩子悄悄地拉到一旁，仔细地和他谈心。

我问他："是不是家里有什么事情影响了你？怎么觉得最近你的脾气火爆了许多呢？是不是有谁惹你不开心了？可以告诉老师看看，老师或许可以帮到你，不要总是发脾气，说出来就会好多了。"孩子不说话，我也知道他暂时是不会说的，在这个时期，一方面，孩子因为不信任不会轻易表达出来；另一方面，他也不知道该不该说，他害怕说了之后产生的后果。而我只有尽力取得他的信任，并且缓解他的压力。我去倒了一杯水，放在他的桌子上，先让他的情绪放轻松，后来又拉着他说了好一会儿的题外话，渐渐地，他的脸上有了笑容……

最后我表达了我的苦恼，我不想看到他不开心，希望他能做回原来的那个懂事的他。于是，他开始主动吐露是他不好，因为总是想着星期天可以和哥哥去玩，就不断盼望着星期天赶快来，对于学习就显得不耐烦了。我问他："你要和哥哥去哪里玩呢？"他迟疑了一会儿，还是告诉我说："因为哥哥经常让我帮他撒谎骗爸爸，他说只要我能在写作业的时候帮他望风，让他玩一会儿手机并且瞒过爸爸，他星期天就会带我去玩用刀砍死人的游戏。"我继续问道："那你就这样帮哥哥撒谎骗爸爸了？"他犹豫了一会儿又点了点头。我用一种真诚的眼神以使他的心灵能够得到平复，我继续问："那有没有被爸爸发现过呢？"他摇摇头又点点头，我大概明白了他的意思。"那你觉得哥哥对你好不好呢？""他一开始叫我去玩游戏，我都不愿意去，但后来他给了我 1 元钱，又让我玩那么好玩的游戏，我就想帮他了。""那你觉得这样做对吗？""又对又不对。""那是怎么回事呢？""老师你和我们说过，撒谎是不对的，所以我们骗了爸爸，我觉得不对；但是用刀砍人真的很刺激的，每次玩都觉得好好玩，要是不撒谎，我就再也玩不了了。"

这个孩子也曾经悄悄和别人出去玩，没有告知任何人，结果没来上学。

在大雨的天气下，我没撑伞，找了他整整一个小时，浑身都湿透了，最后的结果是他回来撒谎说他没有出去。当时他爸爸和我们都很着急，没想到他是和一个比他更小的孩子一起到附近的超市玩了很久才回家。他还让先回来的孩子帮他撒谎，说没和他在一起玩，让我们空欢喜一场，因为当时以为已经找到了他。如果不是我迫于形势逼问了那个孩子，把结果逼问出来，我想我们还要不断地着急寻找他。

我继续问他："哥哥这样带你出去玩，你是不是觉得很好玩？"他说："有时候我也想告诉爸爸，但是我答应了哥哥，要替他保密，如果被爸爸知道了，我们两个都会被打，而且我觉得砍人游戏真的很好玩，只要看一个人不顺眼，就可以立马举起刀一刀杀了他，很刺激。"

我终于明白这个孩子情绪如此多变的原因了，难怪他妈妈之前也说现在只要他一回家遇到不顺心的事情，就开始砸东西，这中间一定有游戏带给他的深远影响。

孩子每一个年级都在经历一个阶段，不同的阶段，他的思想是不一样的。现在的游戏也是让人欲罢不能，孩子小小年纪就学会了打打杀杀，听到他们天天嘴巴里念叨着什么枪战什么杀人，这也让我对他们长大后的情况甚是担忧。也许没有经历这些，孩子会是另外一个样子，不会这么情绪多变，他会更加善解人意，站在别人的角度想问题。

孩子很容易受环境影响，在学校和家里都会受到一定的影响。比如，哥哥让他撒谎，他就真的这样做了；也许是同学影响他，同学说什么他就跟着说什么。面对这些影响，一定要学会转化，把它们尽量变成正面的积极的影响。当孩子在某些方面不对劲的时候，我们就应该及时去了解具体情况，看看他到底发生了什么事情，千万不能忽略身边的小细节，一个小细节可能就决定了孩子的一生，其虽小但影响却是不可磨灭的。

联想到网络上的"娃娃贴公开信控诉家长：别把我们当比较的傀儡"，让我更是深深地觉得有些爸爸妈妈的做法欠妥。比如，有一天带着孩子出去碰到以前的同事，闲聊了几句之后，问起孩子的学习情况，听到别人的孩子那么优异，便忍不住当着自家孩子的面感叹："你家孩子学习就是好啊，哪像我们家的，天天就知道玩和吃，学习从来不用心。"然后又回过头来对孩子说："看看你阿姨的儿子，从来不需要操心，我要是生这样一个儿子就好了。"这时候你看看孩子的反应，你觉得会在孩子心里产生怎样的影响呢？

"家长们，你好，你们无法拘束我们的自由，虽然你们是我们的监护人，但我们还是自由的……我们不是你们拿来比较的傀儡。"这是一个小区几个孩子合写的控诉信，在一定程度上也表达了孩子们的愿望，孩子有时候真的很在乎父母给出的评价，希望家长们对孩子做出正确的引导性的评价。爸爸妈妈应该避免拿自己的孩子与别人的孩子对比的做法，没有哪个孩子是完美的，世界上也没有一个人是完美的，每个人都或多或少有自己的优点和缺点，也许别人的孩子在某方面比你的孩子更加优异，但说不定你的孩子在哪方面就超越了别人的孩子，每个人的优点都不一样，世界上也没有完全一样的两个人，双胞胎虽然长得一样，但他们以后的行为肯定不会一样。不是说学习数学比不上别人，就一直埋怨自己的孩子不用功，或许孩子在学习英语方面更有天赋呢？别人家的孩子英语就一定厉害吗？要懂得扩大孩子的优点，看到他们的长处，对他们的缺点要尽量淡化，淡化到让孩子看不见，也许他这个缺点就改正过来了。

就像有些家长说孩子粗心一样，我们不能因为孩子粗心而打骂孩子，一遍又一遍地说他粗心，要求他以后不许粗心。这样做是不是在强化孩子的粗心呢？一遍又一遍唠叨孩子粗心的毛病，整天让孩子接收他是个粗心的孩子的信息，刚好会让他认为自己就是这个样子，永远都改变不了了。我们要在他粗心的时候不理睬他，淡化他的粗心，然后在他偶尔细心的时候马上鼓励他、表扬他，强化他的细心。这样他以后肯定会沿着细心的方向走下去。

强化想让孩子改变的东西，弱化那些不好的东西，孩子会更加往正面发展。不要用挑剔的眼光去看待自己的孩子，不要总在表扬孩子的同时在后面加上但是。

"他的确很聪明，但是太懒；他成绩还算比较好，但是还不够好，没有达到我要求的那个标准；他学习方面语文进步一些，但是英语还是让我不省心，一点儿都不主动。""他是个很爱动脑筋的孩子，但是太内向不喜欢说话。"我们总是喜欢在孩子的优点后面加上"但是"两个字，这也在一定程度上挫伤了孩子的积极性。我们的孩子是敏感的，父母的一言一行，甚至一个眼神，他们都能读懂，加上我们不注意，当着孩子的面和别人这样说，孩子就会认为自己确实不行，自己确实不优秀。久而久之，孩子就成为一个自卑的孩子，甚至他们会放弃自己的学习和生活。所以我认为，爸爸妈妈要表扬、鼓励、强化孩子的优点，用现有的优点去改变那些"但是"的缺点。

有时候其实家长的一句鼓励对于孩子来说可能就是成功的动力。我记得我听说过一句话是"说我不行我就不行，行也是不行；说我行我就行，不行也得行"。回头想想挺有道理的，一个人在比赛当中，要是有人不断地为他加油打气，他自己也会更加动力满满地面对比赛，并且后面可能就取得了胜利。孩子也是这样，你在背后鼓励他，让他有信心，他就会勇于面对，而再加上外在的影响，说不定就成功了。

我读过李镇西老师的《做最好的家长》，里面讲述了李老师和女儿晴雁之间点点滴滴的故事，说实话，我正是在镇西茶馆的一篇文章中看到李老师是怎么面对女儿升学的失败，才真正捧起这本《做最好的家长》的，因为这里发生的故事深深地打动了我。从李老师安慰失落的晴雁到通过帮助女儿编书找回孩子的自信，再到最后阳光的晴雁又回来了，我不得不佩服李老师的家庭教育方法。这点点滴滴的内容，我相信晴雁回忆起来一定很美好。

李镇西老师真是一个很特别的家长，他用自己的方式教育出一个不一样的女儿，当别的父母都在责怪孩子考得不好的时候，或者大肆地奖励孩子的成绩时，李老师反其道而行之，在孩子考得好的时候说祝贺，并且允许孩子下次考试失败。在孩子考得不好的时候和孩子说："祝贺你！因为你通过这次考试暴露出了问题，这正是进步的开始，考试嘛，还有下次呢，不过下次也失败了仍然不要紧，关键是认真反思总结。"① 李老师对孩子考试成绩的态度是值得我们所有家长反思的，相比较考试成绩而言，心态真的是最为重要的。成绩是一时的，心态却是长远的，考差了，家长要鼓励孩子不断总结出现错误的原因，这的确是孩子进步的开始。而考好了，孩子会更加紧张，他们会怀疑自己下次是否能够考好，如果下次没考好，是不是会被责骂，这又是一重非常沉重的压力，如果家长这时候给孩子一剂镇静剂，孩子下次是不是就可以更好地发挥了呢？在我们的生活中，家长都是要求孩子一定要取得好成绩，这种唯成绩论往往会让孩子发挥失常。我认为李老师提炼出了正确的方法，如果我们家长可以多知道一些这样的方法，也许每个孩子都能优秀健康地成长，也不至于出现一些孩子因为承受不了压力或者父母逼迫而自杀的事件。每个孩子可能都不是天才，天才只是极少数的群体，我们看过伤仲永的故事应该知道，天才也不可能百分之百成功。鼓励孩子做最好的自己，这是李镇西老师提出的最好的观点，每个人都有自己的不足和长处，我们要做的是尽可能地发挥自己的长处，改正自己的缺点。我们也许永远无法学会别人的一个优点，那就争取做最好的自己，做最好的自己就是进步。家长不能用打骂来要求孩子取得好成绩，因为好成绩并不是由此而来，如果一味责骂，反而会适得其反。把好成绩寄托在拳头上是不可取的，让我们学会更多地鼓励和期待吧，让孩子沿着那条他所希望的道路走下去，说不定他就会带给我们一个惊喜。

---

① 李镇西. 做最好的家长 [M]. 桂林：漓江出版社，2006：128.

五、千万避免唯分数论

不为成绩而活，考得好不骄傲，考得差也不气馁。当孩子考得差的时候，家长往往会一个劲儿地生气，一个劲儿地责骂孩子；当考得好的时候，就各种物质奖励，想要什么就给什么。

如果家长这样做，孩子不能明白你的真实目的，就很容易走偏。学习不是为自己而学，学习是为父母而学，只要考得好，就可以为所欲为；考得不好，就选择逃避，这好像是大多数孩子在考试之后呈现的状态。对待偶尔成绩不理想的孩子，家长不能只知道打骂他们，要懂得鼓励他们，帮他们分析试卷中出现的错误以及原因，帮他们找到适合他们的学习方法，告诉他们："学习成绩是用来检验你们的，但结果是次要的，只要学习一直在进步，就说明你是可以的，一次的失败不算什么，我相信你以后一定会更棒的！"试想一下，孩子听到这样的信息会有什么样的感想？对比一味地打骂，孩子在哪种情况下会表现得更好？家长要给孩子的信息点是他们不是为分数而活，考试的分数是次要的，他们更加需要证明的是他们在这个过程中一共收获了多少东西。有时候分数也不一定就能代表你得到了多少，它只是一种检测的方式，让孩子更好地看到自己的不足，从而做出改进，以后得到更好的结果。这样做不是让家长不关注分数，而是采用一种更好的方法去关注进步，别把孩子推进考试分数的深渊当中，应该让孩子能够取得更大的进步。

有的孩子畏惧父母，如果考得不好，往往会采用各种方式来逃避。有的孩子说回家早点睡觉，在爸爸妈妈回来之前就睡着，这样就不用挨打了。有的孩子直接把试卷撕掉，这样谁都看不到他考了多少分，也不用被骂了。还有的孩子在爸爸妈妈的影响下也过分看重分数，考得好就大肆宣扬，似乎要把这个好消息告诉所有人，贬低别人，来显示自己的了不起；考得不好可能就备受打击，直到接受不了学习的压力。我们的现实生活中有多少孩子为了分数而走向极端呢？其实分数只是一时的，收获才是一生的，把收获看得比分数更重要，这是需要我们认真考量的。

孩子的生活不是由别人掌控，给他们一点儿喘气的机会，那么孩子会更加懂事。

分数在我们的心里是一个法宝，考得好爸爸妈妈什么都可以给，考得不好给的可能就是藤条了。我们的教育中就颇有"考考考，老师的法宝，分分分，学生的命根"的味道。分数对于学生来说的确很重要，也是家长最为重视的。这一点我是绝对同意的，但我想告诉父母们的是千万避免唯分数论。

尽管在你的心里分数很重要，但不能在孩子面前一直纠缠这个问题，你们可以在心里默默地想这个问题——如何帮助孩子提高成绩。在分数面前，千万避免和孩子正面交锋，指责孩子不争气，和孩子发生争吵。可以在他考试失利的时候和他交谈一次，分析原因，找到问题所在，也许孩子下一次就进步了。

孩子心里其实明白分数很重要，不需要我们一遍又一遍提醒，提醒得多了，我们也许就犯了唯分数论的错误，孩子也烦了，结果起到反作用。当孩子某一次考试考得不错，一方面，家长觉得不满足，为什么97分都能考得到，就考不到100分呢；另一方面，家长又觉得孩子太嘚瑟，以为考了97分就很了不起，似乎把全天下的人都比在了脚下。当孩子考得比较差的时候，又开始抱怨这种题目他都不会做，以前还做过的，这到底是怎么回事呢？这样的家长从来没有在乎过孩子的想法，只会把自己的想法强加在孩子的身上，让孩子被迫地认同他的看法。

记得某一年的高考题是两组图片：第一组图中，一个孩子考了100分，家长马上亲了一口；一个孩子考了59分，家长给的是一巴掌。第二组图中，原本考了100分的孩子考了98分，家长马上扇了一巴掌；而59分的孩子提高到了61分，家长给了一个吻。这道题折射出一个问题，好像分数成了奖励或者惩罚的依据，由此可见分数在家长心目中的重要性。当然，分数也是一个让孩子感到既兴奋又害怕的东西，而这仅仅取决于考试到底考得好不好。

家长在孩子考得好或不好的时候都没有正确地引导孩子，只是抱怨孩子不好，考得好抱怨孩子不能再好，考得不好抱怨孩子上课没有认真听讲，老师没有用，从来没有想过其实是自己的观念影响了孩子。有时候一些做法在孩子看来甚至是变相的惩罚，虽然没动用暴力，却远比暴力的伤害大得多。孩子为什么在考了98分之后开始嘚瑟，就是因为在家长的观念里98分是一个高分，孩子是会模仿的。家长们，你们有没有试过在孩子考得好的时候给他极大的物质奖励，孩子由此养成了狂妄自大的毛病。孩子嘚瑟是因为找不到情绪的发泄口，他一定要在爸爸妈妈面前显摆一番才能找到满足感。

就像家长迫切希望孩子的成绩提高一样，但一时之间真的很难做到。而且在这个世界上没有谁是不会犯错的，这次的题目难，他一时之间就会忘记怎么去找思路，这是正常的。难道家长们小时候门门功课都是100分，并且从来没有低过90分吗？那是不可能的，不犯错的都是天才级的人物。而且人不犯错怎么进步，人们永远是在犯错中不断进步的。比如，你今天不小心打掉一只碗，下次是不是会牢记拿碗的时候一定要小心，这样就可以避免下次犯同样的错误了。难道我们能够指望孩子一辈子考100分？暂且不谈做不做得到，就算做到了又怎么样，孩子永远不知道自己的缺点在哪里，没有问题往往就是最大的问题。

我曾经做过这样一个实验：在一张数学试卷中，甲同学考了100分，乙同学考了90分，老师发下试卷讲解订正，甲同学认为自己全部做对了，无须再听老师的讲解。本来也是这样，一般的家长肯定这样认为，人家都做对了，还要听什么。乙同学被扣10分，于是他每道题都听得仔仔细细，订正之后拿给老师修改。一个月之后，同样的试卷拿给甲和乙同学再考一遍。结果出乎人的意料，乙同学因为吸取了上次的教训，结果全部做对；而甲同学甚至忘记了其中一道题的解题步骤，结果虽然考了93分，却是涂涂改改和乱七八糟的一张试卷了。

孩子们都是在错误中成长起来的，请允许孩子犯一点点错，让他们也有发挥的空间，让他们也能记住教训。重要的不是分数，而是收获，保证下次不再犯错就是最大的收获。科学实验证明，印象深刻的往往是自己的错误。比如我今天在路上摔了一个跟头，我知道那条路有一个坑，那么身上的伤会时时刻刻提醒我下次不要再走那条路或者注意那个坑。因为你在这上面吃了极大的亏，下次一定不会再犯同样的错误，其实这也是一种收获，一种特殊的收获，让自己永远都忘不了的收获。

分数不是唯一的，孩子的命运不是分数可以决定的。分数只能代表过去，分数只是一种检测的方式，分数不是所有，但孩子只有一个，分数需要被看淡，家长看中的应该是孩子在这个过程中收获了什么。可是有些家长抱着分数不放，把一次的考试成绩当作孩子一生的考试成绩，甚至重视分数到了一个扭曲的程度，撇开孩子的成长过程，不理孩子的成长之路，只看分数，分数决定一切。

人生起起伏伏是正常的，没有谁的人生一帆风顺，那样反而对孩子的成长不利，让孩子乘风破浪会有时，才能做到直挂云帆济沧海。分数虽然重要，但千万避免唯分数论，不要在孩子面前以分数定成败，一次的分数决定不了什么，重要的是他一生的分数，需要他自己完成，而这些分数正是由他在人生道路上一个又一个的收获筑成。

我在等一个孩子，因为和他约好要陪他聊一会儿，他说自己最近问题比较多。等了好一会儿，他终于拖着沉重的步伐出现在了我的面前，这时候的他似乎脸又消瘦了一些，看起来比前段时间憔悴了许多。为了缓解那种紧张的情绪，我试着开玩笑地和他说："今天是不是又刚刚睡醒啊？"他终于露出了一丝笑脸，笑着对我说："嗯嗯，老师，这几天太累了，中午午休一下也是合适的嘛。对了，还有一个问题想请教您呢。"我看他很感兴趣的样子，于是随口问道："什么问题？我很乐意为你解答。""这个问题我昨天和我爸也讨论过，但没什么结果，还是想来问问您。"我喜欢和孩子们很诚恳地交谈，喜欢他们把烦心的事情告诉我，喜欢他们把我当成朋友。这个男生很有自己的思想，他总是能想到一些别人很难去想到的问题，如他今天提出的这个问题。他直截了当地问我："老师，我们将来可能从事的工作或者到大学里面学的专业和历史无关，那么我们为什么现在要学历史，还要把历史学得非常精通。我受不了这样的感觉，学历史对于我来说非常痛苦。"

　　这个问题倒一时把我难住了，因为现实的确如此。我们的孩子平时要学的科目的确很多，而且这些在月考或者期末考试中必须得到检测，那就要求你一定要学到一定的水平才能过关。这时我想起了前段时间自己一直在思考的问题：怎样才能在给孩子减负的同时使得他们保证一定的成绩？因为有人也曾经试图在中小学进行减负，但是却一度拉下了学生整体的学习水平，轻松一点儿是不是就意味着一定学不好？我们所学的每一门科目是不是都要达到一定程度的精通？我想了一会儿，用三个小点给出了一个简单的答复，虽然不一定准确，仅代表我个人的观点。我对学生说学习一门科目，第一，不要把它看作一种负担（一方面是为了不给他增加心理上的压力）。第二，其实没有所谓的精通与不精通，难道在考试中这门科目取得了好的成绩就叫作精通吗？其实不然，精通与否是看你的付出和收获，你到底得到了什么。第三，这门科目也许在你现在看来觉得毫无用处，但以后也许会发现它的惊人之处，如当别人谈到某个历史事件的时候，你不至于听了半天一句话都听不懂，更无法与别人深入地探讨这个问题。又如，以后你走上教师这个岗位，当要求你是一名全能型的教师的时候，你不会害羞着说对于历史什么都不懂。任何一门科目没有完全的精通或者不精通，你能有效地运用在生活的每个角落，你能发挥出这门科目的优势，你能对它有信心，满足以上任何一个条件，都算是精通了，不必给自己太大的压力，我们要懂得慢慢地挑起来，再慢慢地放下来。很多人在初中阶段把历史、地理、生物这样的课程叫作副科，觉得是不重要的，也许是我们的学校体制把它们和语文、数学、英语做了分类，因为以前初中的学校是不会把历史、地理、生物这样在中考中几乎不占什么分的科目用来排名的，但是随着历史、地理、生物也被纳入考评系统，学校开始把学生所有科目的成绩，包括史、地、生在内在初一阶段就排名。我见过大部分学生语文、数学、英语成绩都不错，唯独他们眼里的"副科"严重地拖了后腿，于是懊恼不已：为什么史地生也要排名，把自己甩到了后面？在初一阶段，我觉得我们重在打好基础，认真对待每一门功课，给自己架好框架，不必追求所谓的精通，学好自己认为必须学好的知识就可以了。这样压力不至于太大，学习也能更加拥有动力。学习不是只看到分数高就是精通了，在这一点上也要避免唯分数论。

关注教育类的新闻，有一句很流行的话，叫作"不写作业母慈子孝，一写作业就鸡飞狗跳"，孩子的家庭作业辅导也成为家长们的一块心病。不是孩子的动作太慢，就是大量的题目容易做错或者干脆不会做，父母辅导作业也成了大难题。有调查结果显示，近七成的家长在陪写作业时情绪暴躁。关于家庭作业的亲子矛盾已经成为影响家庭幸福感最主要的因素之一。而且也有家长表示为了孩子的作业几乎什么病都要气出来了，这也使我对教育工作陷入了深思当中，我觉得我们在教育孩子方面的确要多做关于"家庭教育"的功课。如何陪写作业才能不生气？其实只要我们每次都在孩子做作业的时候更多地鼓励他们，他们就会更加认真地进入写作业的状态。给他们小小的一句表扬也花不了多少时间，但会给孩子的心灵播下希望的种子，他们会更加有自信地面对作业。

在孩子完成作业的过程中，我们不能不停地去打击他，说怎么还没写完啊，这都几点了，你一定是在玩儿，根本没写作业，或者说这么简单的题目都不会写。这时候其实我们已经在否定孩子的成就感，可能今天作业的确比较多，可能孩子今天肚子有点疼，可能孩子遇到了难题需要解决。我们这时候应该耐心地教导和理解孩子，而不能毫无耐心且不分青红皂白地指责孩子。

家长们应该看到平时孩子也有高效率完成作业的情况。不能一概否定孩子的付出，他明明已经用心付出，得到的却是一句责骂，那么他心里一定是委屈的。孩子一定会想：我今天明明很认真，却被骂成不认真，那我以后再也不认真地完成作业了，反正最后都是要被骂的，还不如省事一点儿。这样做其实会让孩子更加没有心思写作业。千万不要对孩子东催一句、西催一句，作业是一个循序渐进的过程，不可能在一时之间就完成，要想真正有所收获，还是要让孩子慢慢地思考。现在知识点越来越难，作业越来越多，请对孩子们有耐心一点儿，做作业不能着急。家长着急，孩子就会把作业当作完成任务一样完成了事，也就没花太多心思在学习上面。长此以往，必然对孩子产生影响。孩子心里其实很渴望得到爸爸妈妈的认可，这也是他们会把试卷拿给爸爸妈妈看的原因。想得到一句赞扬怎么就那么难呢？家长为什么不能放下自己的架子给孩子一点儿安慰呢？

今天我学了新的数学知识，老师夸奖我画的条形统计图很好看，于是我高兴地拿给爸爸看。我问爸爸觉得怎么样，爸爸一直不说话，但课堂上老师的确告诉我："我觉得真的很棒，画得很好！"爸爸在家里对我说因为是他教我用尺子画的，所以我才画得这么好看，要是没有他，我才画不出好看的图呢！我是不是对爸爸失望了呢？为什么他都不肯表扬我一下，虽然我之前的确没用尺子画，画得很不平整，但是我现在改过来了呀，那我还是有进步的，对吗？第二天我这样问老师，老师说我的确进步了很多，为什么爸爸就看不到呢？我想问爸爸这个问题，又不敢问，也不好意思问。爸爸总是很在意我的成绩，他就是个只要分数的爸爸！

　　我希望给孩子信心，让他们看到自己的进步，所以我每次都会和家长说在家一定要看到孩子进步的地方，不要仅仅在乎分数，应该给孩子十足的信心去面对一切困难。当家长羞于给孩子表扬的时候，我一定会站出来，让孩子体会到他的进步，因为他的确有所进步。哪怕是一个很小很小的地方，我也争取找到，鼓励孩子在这一方面带给自己更大的收获。孩子是需要关爱的，不要等到他们来向我们索取赞扬，那样赞扬就失去了意义。家长不应该吝啬自己的掌声与赞扬，该鼓掌时就鼓掌，该赞扬时就赞扬。家长不能在批评孩子过后，孩子伤心难过时再让孩子雪上加霜，对孩子说："你不要再哭了！再哭信不信我一巴掌扇过去！"孩子是脆弱的，他们受不了强大的打击，我们要适当地给孩子制定目标，让他一步一步去实现。

　　孩子犯错是不可避免的，我们小时候也会犯错，这时候还是需要父母的宽容与理解，为孩子打造一个良好的环境。父母不要把分数看得过重，要关注孩子的点点滴滴，让鼓励代替分数，父母如果能替孩子着想，孩子下次的表现一定会更好。

第二章　怎样解决孩子的问题最合适

一、暴力或溺爱都非良方

最近发现一个严重的问题，有些家长在面对孩子的学习问题时，常常不能理智地看待问题，往往会觉得自己做的都是对的，都是为了孩子好，都是想给孩子带来益处。但他们往往忽略了一点，孩子更加需要的是不是这个。

比如，孩子在学习过程中遇到了问题，弄不懂，教了一遍又一遍还是不懂，父母们通常的做法是什么呢？我看到有几种：A. 指着孩子的鼻子责骂孩子笨得可以，这么简单的题目教了这么久还不会。B. 一下子火冒三丈控制不住自己，对着孩子就是一巴掌。C. 一直骂人，骂孩子，骂老师，骂自己，怪自己生了一个这么蠢的孩子。D. 继续耐心地教导，不断鼓励孩子，给孩子带来信心。恐怕很少有父母能真正做到最后一种，因为这个时候我们很生气，情绪不受控制，特别是如果还有外人在场，为了顾及面子，这种情绪会释放得更加猛烈。这也是有些孩子一不小心犯了错，始终不敢提出问题的原因。

有个孩子突然发脾气，始终不肯抬起头，只是不断地用手捶着桌子，我很疑惑之前积极认真的孩子到底怎么了。于是趁着休息的时候，我把他拉到我身边。孩子起初什么也不肯说，只是抠着手。我摸摸他的头，对他说："有什么问题记得和老师说，老师一定会帮助你的。"过了大概两三分钟，他还是不想开口，我看着他继续说："到底怎么了？和老师说说看。"我慢慢地让他抬起头，却不想孩子悄悄流下了眼泪。

他轻轻地开口："我爸爸昨天打了我，因为我数学考试成绩不好，但我努力过了。不知道爸爸为什么每天都出去打麻将，打完麻将就打我，也不管我。""那爸爸对你说了什么？""没有，没说什么，他只知道打人。"孩子露出有点仇恨的眼神。"那你现在能不能认真听讲，老师稍后和你爸爸聊一聊。"孩子似乎还有一点儿迟疑地点点头，我安慰了他一番，他总算好了一些。后来我拨通了孩子爸爸的电话，打算和他聊一聊这个给孩子带来恐惧的话题，但电话接通后还没等我说到这个问题，电话那头的爸爸已经不耐烦了，他一直说自己没有空，没时间接电话，可是我清清楚楚地听到"八筒，和了"这样的声音在电话里传来。我觉得没有必要再谈下去了，继续下去可能也没有结果，我说了一声"再见"之后匆忙挂断了电话，因为我不知道这样的父母给孩子带来的是什么，我也没有办法想象孩子在这样的环境下如何生存。

在教育中，我看到的一切都是问题，一个又一个没有解决的问题，一个又一个甚至也不想解决的问题。我想这些问题每个都可以成为研究的主题，要是好好研究一番，说不定都能找到解决的办法。对于孩子来说，他们需要的是什么？我明白每个父母都希望自己的孩子好，他们一直希望孩子可以健康快乐地长大。这是我们共同的愿望，但有些父母总觉得孩子还小，却不知道孩子一眨眼可以长得比我们还高大，懂得的比我们还多。做有责任心的父母应该多关心一下自己的孩子，让他们感受到爱，在一个良好的环境下成长，对他们以后必然会产生重大的影响，尤其是在心理方面。

之前在网上看到一个故事让我印象深刻，到现在都忘不了。讲的是一个孩子很聪明，几乎可以被称作"神童"，她的爸爸妈妈都是小学老师，对她早期的启蒙教育很关心，在各方面都严格要求，所以女孩一直以来成绩名列前茅，而且她提前接触一些比较难的知识，所以在别人看来她有很大的学习优势。

但是在她5岁那年父母犯了一个影响她一生的错误。在她5岁那年的一天，可能是因为做梦，她尿床了。父母很惊讶，说你从1岁起就不尿床了，为什么现在5岁了反而尿床了，是不是越来越不像话了，于是责备孩子一通，直接说得孩子抬不起头来。父母的话让孩子十分害怕，所以那天晚上睡觉的时候，心里很焦虑，好长时间都没睡着，一直在想着这个问题。可能是因为孩子的情绪比较紧张，而且一直没睡着，后面又睡得比较沉，第二天早上起床后一看，发现又一次尿床了。父母特别不高兴，对孩子又是一通严厉责备。当时他们住的是一个大院子，很多人都住在一起，她妈妈一边抱着尿湿的被子往外走，一边数落她，觉得她太丢人了。她爸爸则非常严肃地教训她，让她记住以后不能再尿床，已经尿了两次，事不过三，再尿床的话就要对她不客气了，女孩心里更加害怕了。

爸爸妈妈的警告让年龄还小的她陷入了非常恐惧的状态，她自己也觉得自从妈妈把被子抱出去之后，也没有脸去面对别人了。后面虽然不敢睡觉，却还是坚持不住，结果第三天还是尿床了，她接连的尿床让父母非常生气。爸爸妈妈不但把她责备了一番，而且罚她不许吃晚饭和喝水，虽然没有喝水，但是不知道为什么，她还是忍不住想着自己尿床的问题。问题开始变得越来越严重，不管怎么样，她都会隔两天就尿床一次，父母接二连三的打骂也让她有点承受不了，并且父母越是打骂她，她内心就变得越紧张。

随着时间的流逝，父母最后可能也知道打骂对于她来说无效，于是不再骂她。她的情况越来越严重，陷入恶性循环的状态，她的自卑感越发强烈。

父母于是开始带着她四处找医生，吃了很多药都没什么效果，直到最后孩子成年，依然是害怕，害怕就尿床。而尿床这件事也给她带来了很大的影响，每天湿漉漉的被子成了她生命中不可磨灭的耻辱，她原本精彩的人生也变得不再灿烂。报考大学的时候，因为这件事，她放弃了重点大学的录取，而只能选择家里的学校，因为这样可以走读，不用忍受同学的嘲笑。而且大学期间她没有谈过男朋友，因为这个原因，她的心里有了非常大的阴影。后来谈了两次恋爱，也因为这个原因，最终以分手收场。女孩一直觉得自己可能是得了某种泌尿系统的慢性疾病，才会接连不断地尿床。后来她渐渐明白是父母的责骂让她一度陷入了痛苦之中，当初父母要是能够理性地看待她的第一次尿床，也许事情就不会这样发展了，她实在忍受不了别人异样的目光，于是割腕自杀。经过治疗后，她回到家里把这十几年来的委屈当着父母的面通通发泄出来，并且要求父母向她道歉，父母最终没有道歉，但是依旧很心疼她，最后她还是活了下来。

在她对着父母宣泄完自己心中的情绪之后，可能是因为父母悔恨的样子让她有了特殊的感觉，而且她知道父母已经知道了自己的过错，所以她的状况好了很多，尿床的毛病也慢慢好转。但她已经被打上了烙印，大家好像都知道她这么大了还会尿床，她觉得自己要是继续在这里生活，可能一辈子也摆脱不掉这样的感觉，于是她去了北京，希望在一个没有人认识她的地方重新开始生活。

虽然环境发生了改变，但是长时间以来压抑的自卑感却一时之间无法消除，她觉得自己永远都会是这个样子。平时在北京的工作压力也比较大，所以她很敏感，也很胆小，经不住打击，只要遇到一点点小事，就可以让她感觉到非常大的失败。她也没有信心去面对新的爱情。她自知这辈子可能都没办法走进婚姻的殿堂，因为她很害怕，她始终是那个从小就有不好毛病的人，每天晚上也睡不着觉，只能靠吃安眠药度日，生活得非常痛苦。在我们的教育中，这样的事例似乎非常多，很多爸爸妈妈不懂得如何实施对孩子的教育，只会用严厉的手段来责备孩子，本来只是一件小事，家长要是用轻松一点的方式去处理，或者不去处理，可能都不会留下严重的后果。我理想中的情形是在孩子尿床之后，爸爸妈妈根本不当一回事，甚至和孩子开玩笑，觉得这是孩子给被子留下了几个小脚印，对孩子说没事，被子晒一晒就干了，孩子也不会形成这么大的心理困扰。严格的暴力手段不仅让孩子无法接受，还可能毁掉孩子的一生，一次严厉的呵斥可能就是孩子一生痛苦的源泉，也是父母终生后悔的选择，这个例子就是最好的证明。

说实话，我也见过这样的例子，父母非常严格，从不允许孩子犯半点错误。一旦有错误，就会让孩子跪下来承认错误，并且用衣架狠狠地抽打孩子，孩子的背部经常被打得青一块紫一块的，而且父母还不让他告诉任何人，只能说是自己不小心撞到的。我当初也不了解这个孩子的情况，直到有一次他和同学站在学校的走廊上聊天，我无意中听到他说要是能够直接从这上面跳下去就好了，一切痛苦就都解除了。我开始观察这个孩子，并且和他聊了很久，后来孩子说我不想再被他们打了，所以想跳楼，跳楼的话只痛苦一下，而他现在每天挨打非常痛苦。孩子的这句话让我不禁开始思考，虽然后面和他父母进行了沟通，并且情况有所改善，但是每次看着这个孩子，我都觉得他不是特别开心，也许被打的痛苦就这样留在他的心里了吧，父母对孩子的教育可能影响孩子一生。我觉得有一句话说得特别好：我们相信教育是件"桃李不言，下自成蹊"的事，需要"随风潜入夜，润物细无声"地解决。

一件大事，也可以"大事化小"；一件小事，也可能"小事化了"，如果不把孩子的错误放大，那么教育是不是就会更美好呢？

不过家庭教育中切不可过分娇惯孩子，这也是另一个极端。因为前面都说到要对孩子有爱心，于是有些家长就开始做了，孩子要什么就给买什么，最终就成了爱心泛滥，可能家长就进入另一个误区。我见过因为娇惯长大的孩子所带来的种种麻烦。

记得几个月前在街上碰到一个妈妈带着一个大概四五岁的小男孩，妈妈在前面走，孩子就在后面一路哭，我以为发生了什么事情，大概那个妈妈也被别人看得不好意思了，她回过头来冲着孩子大喊："家里已经有那么多玩具了，堆都堆不下了，你还要买，妈妈没有钱了。走，乖，我们回家。"说完就回身去牵小男孩的手，孩子还是没有停下哭泣，一直拖着妈妈说："我要买，我要买，我就要买嘛！"说完还在地上打起了滚。妈妈这下无奈了，她看看孩子，接着说："走走走，我们去买。"以上的场景恐怕我们很多爸爸妈妈都经历过，或许我们就给孩子买了玩具了事，那么你会发现孩子下次要玩具的欲望更加强烈。

还有的溺爱是这样的，有些父母总会说我为了孩子的心灵成长，不允许任何伤害他的事情发生，其实你们有没有发现自己才是伤害孩子的人。比如，我之前碰到一个孩子打同学，老师让他给同学道歉，他始终不肯道歉，等到妈妈来接他，妈妈也让他道歉，他一直不说话，最后哭了。于是妈妈向同学道歉，把他带回家，孩子和妈妈说他再也不要上学了，老师逼他道歉，就算是他的错，他也永远不会道歉。妈妈心疼孩子，第二天跑到学校说要告老师严重危害她孩子的心灵健康。也许看到这里大家都要笑了，道歉本来就是应该的，老师是查清楚了整件事情经过之后让孩子养成一个好习惯，懂得错了就要承担责任。但是妈妈不理解，闹到校长那里，校长也哭笑不得。在这件事情上，孩子还小，还不懂得什么，那么家长就应该教孩子分清楚是非，我们也常常教孩子错了就要勇于承认，不能逃避。有些家长说我一定要尊重孩子的意愿，我是为了他好，不使他心理产生负担，孩子的心灵成长最重要。

没错，孩子的心灵成长最重要。但是这样的尊重会带来什么呢？孩子还不具备分清是非黑白的能力，他们的一些决定往往会带来意想不到的后果。要在教育好孩子的基础上让孩子具有判断能力，要告诉孩子这个世界也不是他想怎么样就可以怎么样的。不可能孩子说一句不读书，家长就真的让孩子不读书。尊重孩子是要在一些前提下进行的，孩子的问题也需要家长配合解决，而不是只听孩子说，任由错误继续下去。尊重孩子是一定要的，但是要建立在平等民主的基础上，才能让孩子体会到尊重。否则孩子可能会因为对妈妈撒了一个小谎就把错误全部推到别人身上而扬扬得意，这不是真正的尊重，甚至有可能纵容孩子犯错，纵容他以后都犯错，让他不会尊重别人，别人更不可能尊重他。

说实话，这样的家长真的不了解孩子的心灵成长到底是什么，只是一味地顺着孩子的意思走，孩子说什么就是什么，家长只不过在外人面前美其名曰"心灵教育"，试问这样的心灵教育能给孩子带来什么？让他知道妈妈可以让他实现一切想实现的愿望，无论如何妈妈都会给他争取到他想要的东西，这样孩子最终会被"心灵教育"所害，成为一个永远狂妄自大却没本事的人。

还有的妈妈是这样的，当别人提出善意的建议劝诫她不要过分地宠爱自己的孩子，这样对孩子有百害而无一利时，妈妈根本不当回事儿，还反问道："我哪里宠爱自己的孩子了？"结果孩子变得越来越无法无天，"熊孩子"就这样创造出来了。爱孩子是一件让天底下所有的孩子都幸福的事情，是我们应该鼓励的事情，但是过分地溺爱是不值得提倡的。教育不是孩子想要什么就给什么，而是让孩子懂得自己该要什么。

还有的孩子从小可能被爷爷奶奶宠着，爸爸妈妈也很少管他，其实这样的孩子最危险，等到孩子大了之后，爸爸妈妈就会发现想管也管不了了。这样的孩子长期生活在"要风得风，要雨得雨"的状态下，他们一旦脱离那种状态便不能适应，而且只要谁不能顺他的意，他便会做出过激的行为来。

我之前见过这样一个例子，有一户人家，他们家生了两个孩子，大的是姐姐，小的是弟弟。因为父母工作忙，两个人都由爷爷奶奶带着，奶奶特别喜欢弟弟，每次有好吃的总是留给弟弟，每次弟弟犯了错误，总是一句"算了"就了结了这件事情。奶奶哪怕每次要走好远的路，也要坚持到学校接弟弟，路上弟弟想买什么玩具，必定会如他所愿。小时候有一次去公园玩，爷爷爷奶奶围着他坐滑梯，结果一不小心弟弟摔了一跤，开始哭，边哭还边打爷爷奶奶。爷爷奶奶心里也很自责，给孙子买了很多玩具才把他哄好。等到孩子长到12岁，开始有了自己的主见，爸爸妈妈把孩子接回自己身边，才发现问题很严重。孩子犯了错误，怎么也不会承认是自己的错误，在学校和别人打架，爸爸一句呵斥过去，孩子竟然在老师办公室当场把老师的椅子砸坏了，而且砸完之后他立马不承认是自己砸的，回到家里开始不断地破坏家里的东西，爸爸把他打了一顿之后，他就离家出走。爸爸妈妈说什么也不听，后来进入社会也和别人打架，只能被送进少管所进行教化，姐姐则没有出现这样的情况。

在一些家庭里，爷爷奶奶如果只有唯一的孙子或孙女，难免会做出十分宠溺的行为。对孩子没有原则地爱会让孩子更加迷失自我，让他们分不清楚到底什么是好、什么是坏，更会让他们以后犯更大的错误。勿以善小而不为，勿以恶小而为之，孩子犯错之后，家长一定要分清楚是非黑白，及时地告诉孩子这样做是不对的，必要时还要给点惩罚，让他们认识到错误的严重性，并且勇于承担错误，让他们明确好与坏的界限。

父母有时候不一定要顺着孩子的意思去做，当然这一切是建立在孩子理解的基础上，要和孩子讲清楚不能这样做的原因。当父母知道权衡利弊，分清楚哪件事情更重要的时候，更应该和孩子分享自己的经验，用事实告诉孩子他更应该去做哪件事情。因为孩子分不清楚，他只会跟随自己的主观意识，他心里觉得玩很好，便想方设法要以玩为先。爱玩是每个孩子的天性，但是家长又希望孩子学习好，那么就要和孩子沟通好，教孩子安排好什么时间玩和什么时间学习。不能因为一件事情而影响另一件事情。我们不能在关键时刻不管孩子，而在最后关头又逼迫孩子，那样孩子是会受不了的。

对于孩子来说，父母的言传身教会带给他们不可磨灭的影响。记得在几年前，我在公交车上遇到一对母女，妈妈带着小女儿，她们上车前问了司机到不到坛子路口，司机毫不客气地说了一句："到的。"于是母女俩上了车，可是后来妈妈发现不对劲，车好像越走越远了，于是她们再去问司机，司机这时才反应过来，连忙说："哪里到坛子路口，这个车不去坛子路口。"妈妈再次看了看车辆行驶图发觉自己的确是坐错了车。我以为她会去找司机理论，因为她上车之前是问了司机的，没想到她对孩子说："宝宝，我们坐错车了，这真是一场奇妙的旅行啊！"孩子看着妈妈说："妈妈，那我们怎么办？可是你上车前问了司机叔叔的呀。""没关系，司机叔叔可能开始听错妈妈说的话了，我们下一站就下车去看看有没有车可以转的，实在不行，我们就打个车过去，好不好？""嗯，好。"孩子回答。我不知道那个司机听到这番话会不会惭愧，但妈妈至少让孩子在一瞬间学到了终身都应该学习的内容。孩子以后一定也会宽容待人，遇到困难的时候，一定会自己想出解决的办法。

作为父母，不能过分偏袒孩子的错误，也不能戴着有色眼镜看孩子。我之前也犯过这样的错误，有一个学生一直以来在我心目中都很听话，有一次上课的时候，我听到一个特别调皮的学生告状说那个特别乖的孩子用凳子角不停地摇动他的桌子，可能出于我的第一反应，我觉得调皮的孩子还受得了批评，其他的孩子就说不准了。而且我也觉得那个孩子如此听话，不可能做出那样的事情。于是我反过来责怪那个调皮的孩子，没有去批评另外的孩子。结果这个比较调皮的孩子哭了，他说自己很委屈，觉得老师冤枉了他。后来这个孩子不止一次在我面前提起这件事，我才慢慢醒悟过来，原来调皮的孩子并不是永远很调皮，听话的孩子也可能犯一些小错误。

也许我们家长在处理孩子的一些事情的时候，也会犯和我一样的错误。比如，在一个家里尽管妹妹做得不对，但因为妹妹平时乖巧而且年龄小，于是爸爸妈妈会偏袒妹妹，忽视哥哥，甚至认为哥哥很多方面都应该做得更好。爸爸妈妈一直在哥哥面前说妹妹的好，哥哥会觉得自己毫无存在感。之前看节目的时候，也看到这样一对兄妹，两个人似乎水火不容，虽然相差三岁，但面对只有一个物品时，还是要不断争抢。当主持人说出哥哥和妹妹抢玩具，他不是在抢玩具，他什么也没有抢，他抢的是自己的妈妈，他希望妈妈看到自己。是啊，孩子需要爸爸妈妈平等的爱，哥哥其实知道自己应该保护妹妹，他也愿意爱护自己的妹妹，只是爸爸妈妈应该给孩子一个表现的机会，让哥哥有机会成为妹妹的榜样，为妹妹起带头作用，而不是一味地指责哥哥不懂事，让妹妹越发骄纵。

后来我才慢慢地改变了自己的观念，给每个孩子提供平等的机会。事实上，如果我过分地偏袒一个孩子，时间久了，他就会认为他欺负别人是应该的，因为连老师都不批评他。这样容易让孩子养成唯我独尊、放任自流的霸道，最终可能将孩子推向犯罪的深渊。

当然我只是打个比方，也许问题没有那么严重，但我们必须防患于未然。要让孩子对自己的行为负责，告诫孩子凡事都要遵守规矩，向他们解释这样做的原因，让他们真正意识到问题的严重性。这是最根本的解决办法，我们应该给孩子解释的机会，弄清楚事实的真相之后再看待整件事情，而不是在一开始就否定其他孩子，他们都有为自己辩解的权利。每一次的事件都不同，我不能因为主观感受而去非理性地判断这一切，应该给孩子们提供一个公平的处理方案，让他们知道是非黑白的重要性，而不是去颠倒是非黑白。

有些孩子心理承受力相比于一般的孩子，可能比较差，也许他们受不了我们大人通常说出来的某些话，所以我们在和孩子沟通的时候也要注意方式方法，要争取说到孩子的心里去。以鼓励为主、教育为辅，心理承受能力差的孩子通常对一般的结果难以接受，所以要着重看到他们的优点以及他们自己收获的东西。哪怕他们自己看不到，我们也要帮助他们看到，帮助他们建立信心。

心理接受能力差的孩子更需要我们对他们的肯定，让他们逐渐地走向坚强。面对一切，他们会慢慢地有所改变。之前就有这样一个孩子，他很自卑，尤其是怕别人关注他，他不能让别人讨论他一点点事情，如果老师在课堂上批评他，他一定会受不了，所以我对待他一直小心翼翼。但是我也想在无形之中使他做出些改变，于是我有时间会找他谈谈心，和他沟通一下，告诉他其实大家都很喜欢他，就算被别人批评，也是一种正常的现象，只要我们去改正就可以了，当然我还是尽量关注他的优点，用他的优点来对比他的缺点，这样他更容易接受。

慢慢地，他能够接受自己的缺点了，能够接受别人对他的评价了，能够更自信地面对以后的学习了。他的转变让我看到了一个孩子成长的过程，孩子其实真的很纯洁，他们可能不知道自己应该怎么去面对，那我们就要找到合适的方法去教他，让他成功地转型。

家长的教育方法一直是我考虑的一个问题，怎么帮助家长转变教育方式也是我努力的方向。当孩子的作业完成到一定程度的时候，家长冷不丁冒出一句："怎么回事？作业花了两三个小时还没写完，真是拖拉！"或者是一进孩子的房间就对孩子大吼大叫："怎么还没写完，都已经八九点了，是不是一直在玩？待会儿看我怎么修理你。"曾经有一个孩子，因为承担值日的任务比较晚才能回家，后来想到爸爸说过的吓唬他的话，吓得不敢回家，一直躲在教室里。后来我去察看教室，才知道他是因为今天作业比较多，而爸爸一回家就要检查作业，但他因为值日还没动手写，要是回家一定会被爸爸误解为在玩，所以不想回家。我说我可以打电话给他爸爸解释这件事情，他连忙把我的手机拿在手里，就是不让我打电话，我问他为什么，他说："这样的话，我爸爸回家非打死我不可，爸爸会说我不写作业还找理由。"对于这样的例子，我想如果不是孩子有亲身体验，他们不会这么害怕。为什么父母不能对孩子宽容一些呢？我想如果他们处在孩子这个位置就会明白，其实孩子也很渴望自己的成果被人认可，家长们要真正站在孩子的立场去想一下整件事情，换位思考，那么最后就会理解孩子的内心世界。

另外，对待内向的孩子，家长切不可操之过急，要很平稳地帮他们度过这个时期？内向、不爱说话不是一种负面的东西，其实它是正面的、有能量的东西。我们会发现内向的孩子比其他孩子拥有更强的思考能力，他们在处理问题时，会更积极地探测到问题的深层部分。这是他们以后最大的优点，也会使他们有更强大的思维能力。之后不论是在学习、生活方面，还是在工作中，都有支撑他们的东西可以帮助他们走到最后。

二、习惯是个大问题

见证一个孩子的成长才能看到很多细节，见证多个孩子的成长就能发现更多的不同，而这些不同多半是后天因素造成的。习惯可以影响人的一生，习惯必须从小做起。

在习惯的培养方面，我亲眼见证了很多例子。有一个孩子从小就被妈妈教导自己的事情要自己干，不能依赖别人，于是他一些小事都尽量自己做，从不依靠爸爸妈妈。每一天写完作业，自己都主动收拾书包，准备好第二天要用的文具和书，他慢慢成为一个做事井井有条并且丝毫不马虎的人。还有一个孩子在小的时候所有事情都被父母包办，每次问他带好了本子吗，他总是说又不是他收拾的，不关他的事。后来这个孩子经常丢三落四，十几天的时间丢了七八个水杯，每次书包里的文具不是少了这个就是少了那个，铅笔盒里没有一支笔，总是要向别人借，哪怕考试亦是如此。最后所有的东西都找不到了，甚至有一次连书包也掉了，还责怪妈妈没有帮他收拾好。由此可见，习惯的力量很强大。

我有一个朋友的孩子在很小的时候就很抗拒拍照，是特别不喜欢的那种，每次拍照她总要站得远远的。他们家里历年以来的照片上都没有她的身影。小时候去公园，去动物园，去各种各样的游乐场，留下的纪念照里面也很少有她。而爸爸妈妈似乎也没有关心过这方面的问题，一直都忽略了孩子的感受，也从来没有问过她为什么不喜欢拍照。直到现在长大成人，她都一直不喜欢拍照。她也没有养成习惯去拍照，每次要拍全家福总是因为她的这个问题而纠结很久，甚至结婚拍婚纱照的时候，她依旧不肯露脸。还有一个孩子，从小也是不爱拍照，特别惧怕照相机，以前是一见到照相机就躲，后来从他两岁开始，妈妈有意识地培养他对镜头的熟悉感，让他敢于走上舞台。孩子渐渐地摆脱了不爱拍照的习惯，他现在喜欢摄影，他说感谢妈妈没有让他一直恐惧下去，他也不知道为什么恐惧，可现在更多的是喜爱。所以，我认为一个人的习惯是可以从小培养的，并且是可以被改变的，无论这样的改变有多困难，但只要从小做起，就可以做到。如果不从小重视，长大以后就很难有所改变，甚至情况会一度恶化下去，最后导致出现无法收拾的局面。

有一天我在商场的大楼里听到一个家长和另外一个家长讨论孩子的学习问题，正好旁边有一个孩子即将高考的家长在场，她一开始说自己的女儿今年高考，从语文谈到数学。从数学谈到英语。她一直强调要让孩子从小养成好习惯，语文和英语要给他养成自主阅读的习惯，数学要不断地去培养思维能力，习惯是个很重要的东西，如果能够利用好，孩子的一生都会受益无穷。

曾经有一个孩子，他的习惯这方面真的很差，每次上课总是找别人讲话，要不就是搞小动作，而且养成了说谎的习惯，每次总是用说谎来逃避惩罚。我也了解到他家里的情况，他爸爸经常在家打他，他常常被打得鼻青脸肿，他妈妈也拿他没办法，所以每次只能干着急。妈妈觉得他的这些坏习惯如果不改掉，以后也是一个很大的问题。他妈妈说每次也会和他说让他不要上课说话，他就会狡辩说现在又没和别人说话，没和别人玩，又没说谎，而且真的说起来，连他妈妈也说不赢他。每天早上送他去上学的时候，妈妈也会叮嘱他上课好好听讲，上课时间只有45分钟，要认真听老师讲课，他总是答应得好好的，但到了学校又是另一种情况。他妈妈甚至萌生了要坐到学校里面去，跟着他一起上课来纠正他的坏习惯的想法，但这毕竟不是一个好办法。

后来有机会我们相互交流了一下，我首先给她分析了父母打骂孩子的危害——不仅让孩子养成说谎的坏习惯，严重的话甚至会使孩子具有暴力倾向，以后成长为一个觉得用暴力解决一切的成年人。我告诉她在平时的教育中，尽量不使用暴力，多一些耐心，也许就能得到不一样的结果。用爱来培养好习惯，用爱来浇灌一切习惯的花朵，孩子会在爱中养成好习惯，学会辨别什么是正确的，什么又是错误的。孩子说谎往往就是因为被打骂，因为他知道如果不撒谎，他就无法避免挨打，所以撒谎的源头也许就在于父母打骂孩子。在《正面管教》一书中也提到，"父母和老师们坚持使用惩罚手段的首要原因之一是，惩罚有效——短期有效"①。惩罚的长期效果应该体现在哪里？虽然制止了一时的行为，又能否真正让孩子感到服气呢？要改变孩子的状态，得从大人的一些行为开始改变，只有这样孩子才会渐渐改善。另外，就是要培养孩子自身良好的习惯。

我原来见过有的妈妈精神紧张兮兮地担心别人又学了什么东西，怕自己的孩子跟不上，着急地想给孩子再报一个课外班。过几天可能又是其他的孩子是外教全英文授课的方式，正疑虑着要不要也给孩子报一个。还有的是多给孩子加点作业，以为这样就能让孩子不输在起跑线上。另外，还把小学的孩子和初高中孩子的思维能力相比，我个人觉得这是不理智的，孩子也会因

---

① ［美］简·尼尔森. 正面管教［M］. 玉冰，译. 北京：北京联合出版公司，2016：19.

为压力过大而逐渐养成厌学的习惯。

有的孩子就是有这样的问题，课外负担过重，课内作业都不愿意去做，懒得动手。我相信每个妈妈都是怀着让孩子以后有更大的发展这个目标去为孩子东奔西跑，想让孩子在学业上有更快的进步而默默地努力着。孩子是我们最亲的宝贝，我们都想孩子更好，每个孩子的妈妈一定也是怀着美好的憧憬送孩子去各式各样的补习班。有个孩子从小学一年级开始，不但语文、数学、英语全部补课，还有额外的围棋、书法以及跆拳道的课程等。一个星期下来，孩子似乎连喘气的时间都没有。长此以往，父母很累，孩子更累。孩子的厌学情况已经非常严重，每次的作业总是说老师没有布置，找各种各样的借口不写作业，遇到事情从不开口，上课却一直和别人说话，老师说他，他也没有任何反应，他爸爸打也打了、骂也骂了，可是一点儿效果都没有。但他妈妈说的话却让我觉得应该好好地想一想这个问题了，他妈妈说现在觉得让他学了那么久，花了那么多钱，真是学没学到，玩也没玩到，而且他已经习惯了不认真。

从小学一年级开始，妈妈已经帮孩子种下了习惯的种子。有的父母会随着种子的生长，静待花开；有的父母却急不可耐，揠苗助长。而这个孩子的习惯已经根深蒂固，自一年级以来妈妈始终认为已经报了补习班，作业让孩子马马虎虎做一下就过去了，导致现在孩子一点儿作业也不想做了，甚至出现谁让他做作业，他就和谁对着干的状态，有时甚至浪费时间，宁愿不玩也不要写作业。

孩子的天性就是爱玩的，这一点毋庸置疑，但是到底是什么让一个孩子宁愿不玩也不想写作业，父母从小不注重习惯的培养，那么孩子后面可能会越来越不想学习。因为根深蒂固的习惯的确是很难改正的，哪怕要改，也要花至少比培养习惯多上两倍的时间来纠正，可想而知这个过程是艰难的。突然想起小学语文特级教师、清华附小校长窦桂梅曾经在《教师月刊》的文章中写道："我从来没有管过孩子的学习，一般都是我下班回去坐在桌子旁边开始工作，女儿就坐在我身边开始写作业，她不会的问题有时会问问我，但大多数时候她都会自己去询问老师，我从小就注重培养她的习惯，她在这方面做得比较好。"习惯是影响孩子一生的事情，所以我强烈地建议父母们从现在开始就重视这个问题，一旦习惯根深蒂固，好的习惯可以继续保持下去，如果养成了坏的习惯，那么后悔就来不及了。

三、论习惯养成的重要性

偶然间想起前不久一位妈妈和我之间的对话，她一直在向我诉说她的孩子习惯非常不好以及怎样可以让孩子养成一个好习惯的问题，她说现在她的孩子一件事情通常坚持一两天就不愿意做了，所以没办法养成一个很好的习惯，她总想着培养他的好习惯，但最后总是以失败而告终，因为没有办法坚持超过一个星期。我就想着能不能讲另外一个孩子的故事来告诉她怎样培养孩子的好习惯，因为很早之前也有家长有过这样的困惑，不过当时还是一个比较小的孩子。好习惯要从小培养，这句话终究是没有说错，于是我决定告诉她这个孩子的故事，但愿现在还不晚。

记得在好几年前，我偶然和一个朋友聊天，她说她家宝宝总是晚上不爱刷牙，早上刷牙宝宝认为是正常的，一般都会认真刷牙，但是晚上就不行了，可能是因为他从一开始就没养成晚上刷牙的习惯，所以每当晚上刷牙的时候，她家宝宝就会想尽办法赖掉，但是为了保持口腔卫生，朋友还是希望宝宝晚上也能正常地刷牙。因为宝宝不愿意刷，感觉每天晚上刷牙都要和宝宝打一场硬仗。后来我给她提了一点建议，我说好习惯的养成需要坚持，而坚持必须要有动力，你只要找到宝宝坚持的动力就好了，如带他看一些不刷牙的后果，告诉他晚上刷牙也很重要，逐步让他知道刷牙的重要性。虽然他还比较小，但孩子对比较形象的事物还是具有辨别力的。或者在他坚持一段时间之后给他一点小奖励，如妈妈的一个拥抱或者一个吻，把妈妈的爱传递给他，精神上的奖励会让他更有信心地坚持下去。

若干年后我们再在一起聊天，我突然又想起这件事，于是，我问她宝宝的刷牙问题解决了没有，她说早就解决了。现在她家孩子9岁，只要一天晚上不刷牙就觉得难受，仿佛不刷牙就不正常。我问她是怎么办到的，她说回家想了想我说的话，于是给孩子写了一封信，等孩子从幼儿园回家，很郑重地把那封信交给他，孩子不明白是怎么回事，也不认识字，于是妈妈邀请爸爸给他念了那封信。她说从那天起，他们一家三口约定晚上同一时间刷牙，她把刷牙弄成了一场竞赛，只要谁在这场比赛中输了，就必须接受惩罚，而惩罚由胜利者制定，当然她也带着孩子看了一些牙齿不健康会造成什么后果的图片，孩子欣然应允参赛，并且在这个比赛中很有激情。就这样，这个习惯坚持了两个月之久，后来有一次他爸爸回家比较晚，所以没有一同刷牙，没想到孩子第二天一大早就吵着要惩罚爸爸，爸爸当然应和着孩子的要求，心甘情愿地接受了孩子制定的惩罚。后来这个习惯坚持了半年的时间，这半年孩子没有一天忘记刷牙，有时候爸爸妈妈忘记了，他也会立马提醒，睡觉前一定要刷牙，他已经把这个习惯记在了心里。一年过去了，这个习惯依旧保留着，只是孩子刷牙不再需要爸爸妈妈一起陪着了，他知道自己每天要认真地刷牙，并且早晚要刷两次，他认为不刷牙整个人就不健康了，所以把刷牙当成很重要的事情在做。两年过去了，三年过去了……刷牙已经不再是一个难题，而是习惯之中的事情了，不刷牙是不正常的，孩子再也没有不刷牙的习惯。孩子妈妈说有一次旅行，因为在火车上睡觉，所以没带牙刷，孩子晚上不刷牙就觉得不舒服，用水漱了好几次口，后来才敢睡觉。第二天一大早，一下火车跑到酒店第一件事情就是刷牙。由此可见，这个习惯在孩子的心里已经根深蒂固了，妈妈要想改掉这个好习惯反倒成了一件难事。

这仅仅是简简单单的一件小事，但是也可以从中看出习惯培养的重要性。想必听完这个故事，爸爸妈妈们一定能从中得出一些方法来帮助孩子养成习惯。有时候我们的一个小点子可能就是孩子习惯养成的助推器，我们不妨多让孩子用有趣的方式接受好习惯的养成，这样做对于他们的将来一定有很大帮助。

现实生活中的很多例子都值得我们去思考习惯问题。比如，很多爸爸妈妈抱怨孩子晚上始终不肯睡觉，一直玩，但第二天还要上学，又无法起床。于是爸爸或者妈妈自己也不睡觉，就坐在孩子身边监督他，直到孩子闭上眼睛睡觉为止。殊不知孩子也许只是骗一骗你，等你走后，他立马睁开眼睛继续玩，因为他根本不想睡觉。为什么会出现这种情况呢？原因在于孩子很早就养成了不好的习惯，以前每次都很晚才睡觉，结果抓紧几天的时间想培养出好的睡眠习惯当然是不可能的，习惯是要慢慢养成的。坏习惯很容易养成，却不容易改掉，好习惯的培养需要日积月累的时间方能成功。我记得有一位老师曾经说过给孩子建立一个好习惯，要不断地强化做一百遍以上才可能成功；而要改正一个坏习惯，需要花费更多的时间，甚至做了三百遍都不一定改正过来。

我多么想对那些因为孩子睡觉问题而困扰的父母说，不在平时给孩子培养早睡早起的好习惯，你又怎么能要求孩子一时之间就改掉晚上不想睡觉的坏习惯呢？我一个朋友的儿子就是这样，每次和爸爸妈妈出去玩，总是玩疯的一种状态，很晚才睡觉，然后早上起不来，每次总要叫好几遍，而且稍不顺心，就开始发脾气。他妈妈后来发现问题的严重性，决定一定要强制他睡觉，可他怎么也不睡。他都已经很长时间没睡过这么早了，怎么肯早睡呢？

我认为，要让孩子养成早睡的习惯，就要让孩子明白早睡早起的重要性，并且和他约定好今天几点睡觉，如果做到了，可以给他一点小小的奖励。不过这一切都是要在以后不让他玩那么晚的前提下进行，习惯培养好了，还用担心其他的问题吗？

而且针对孩子的问题，父母也可以选择让孩子自己承担后果的方法。例如，孩子不能按时睡觉的话，第二天出现的问题由他自己承担。有一个父亲也向我说过每次孩子总是让父母让他早上叫他起床，但他自己因为晚睡总要磨蹭半个小时以上才能慢吞吞地从床上爬起来，后来有几次上学迟到，还反过来责怪父母没有按时叫他起床。面对这样的情况，父母完全可以和孩子协商好，早上自己负责起床的问题，可以设置闹钟，但不能依赖父母，自己的责任自己承担。相信这样对于孩子责任感的培养和好习惯的建立都是有帮助的。

习惯也源于父母的重视。有一天一个孩子上课的时候，精神状态和以前相比有很大的不同，之前他是精神饱满很有兴趣地回答问题，但是这一天却一反常态，他耷拉着脑袋，头垂在桌子上，快要睡着了。我问他是不是昨天晚上熬夜了，他点点头。我问他几点睡觉的，他用手撑着头慵懒地告诉我12点半才睡。我很奇怪这个孩子到底干什么去了，导致半夜12点半才睡觉，平常孩子应该是10点左右就进入睡眠。

还没等我问，他先主动交代了，原来昨天晚上他和爸爸妈妈以及他们的朋友一起去吃夜宵吃到很晚才回来，结果今天一上课就想睡觉，都没办法控制自己，而且他已经睡了一个上午了。听着孩子说这一切，我觉得大人的娱乐活动真的不应该让孩子参与其中，如吃夜宵、K 歌这些不应该在这个年龄段让孩子参与的事情却让孩子过早地参与其中，也许会让孩子过于早熟。如果是完全放松性质的倒还可以理解，可是孩子第二天还要上课，这样放纵孩子晚睡，会让他养成很不好的习惯，而且第二天根本没精神投入到学习中去。这样会使得孩子分不清楚娱乐和学习的界限，让他们学习没有学习的状态，娱乐也不能达到完全的放松效果。

正如李艾书老师在《艾妈妈宝典：好习惯是这样养成的》一书中所言，如果好习惯不能"坚持"，很快就会滑向反面。坏习惯之所以容易养成，是因为坏习惯都是很"舒适"的习惯。[①]

孩子的习惯是要从小开始培养的，并且要从他出生的那一刻就要开始重视这一点。比如，你有没有发现你的孩子每天早上起来的第一件事情是干什么，令我吃惊的是有的孩子早上起床之后第一件事是把电视的遥控器抢过来，然后一直看电视，刷牙的时候边看边刷，洗脸的时候边看边洗，哪怕上学也要看电视，直到上学的前一刻，他的眼睛都是一直盯着电视的。可能这也与孩子的一些习惯密切相关，如果家里有人喜欢在早上打开电视，然后坐在那里一动不动地看，孩子看到了必然会去模仿的，甚至会引发一场争夺遥控器的大战。对此我强烈建议给孩子买上几本他喜爱的书或者带上孩子让他自己

---

① 李艾书. 艾妈妈宝典：好习惯是这样养成的 ［M］. 上海：华东师范大学出版社，2017：26.

去书店选上几本书，在早上的时候如果有空余的时间，可以给孩子适当的机会去看书读书，陪着他一起读、一起看，相信孩子会乐于参与其中。当然，这个时间点不仅限于早上，在课余时间也可以多看看书，培养阅读的习惯，把有限的时间投入到更有效的事情中去，让孩子渐渐地爱上这个好习惯，教育就应该这样。

四、孩子厌学怎么办

最近一些爸爸妈妈都表示孩子现在很讨厌学习，不想学习，询问我怎么办。其实一直以来我也看到了这个问题，尤其是高年级段的孩子，这个问题尤其严重。我觉得面对这个问题，家长们一定要重视学习，如果孩子出现厌学情绪，然后你觉得没办法了，继而也不重视，就抱着任由孩子不学习的想法，表面上说着顺其自然，让孩子自由发展，其实最后害了孩子。孩子会越来越厌学，最后只能走上辍学这条道路，最终还是埋怨父母。他们会觉得父母当初没有及时劝阻，让他们重新爱上学习，导致发展到现在这个地步，一切都是父母的不重视间接导致的。

孩子出现厌学情绪，第一点在于要正确教导孩子学习的重要性以及理解孩子。教育是很重要的一件事情，其实有些孩子不知道学习的重要性，只能靠父母教导。这让我不由得想起中学时老师给我们讲过的一个故事，故事是这样的：从前，有个小孩因为父亲早逝，和母亲相依为命地生活着。有一天，小孩慌慌张张地从学校跑回家。妈妈看到他慌张的样子，就问他出了什么事。

孩子吞吞吐吐地说："妈妈，今天我看到同学的写字板很漂亮，就……趁他不注意的时候，把写字板拿了回来。我知道这样做不好，可是……"母亲皱了皱眉头，打断了他的话，说："谁说这样做不好？反正他又没看见，现在这写字板就是你的了，这又有什么不好呢？"

"真的吗？妈妈，您不怪我？"孩子抬起头问。

"当然是真的，我怎么会责怪你呢？走吧，吃饭去！以后你就可以用那个写字板了。"听妈妈这么一说，孩子才放心地把写字板藏进了自己的书桌里。

过了几天，孩子又从外面带回来一件非常漂亮的外衣，他把衣服递给妈妈，他妈妈拿起来一试，不大不小正好合适。她问孩子："这件外衣是从哪里来的？"

"我经过一户人家门口的时候，看到晒的衣服掉在了地上，我看这件衣服不错，妈妈穿上一定很好看，就趁着他们不注意顺手拿回来了。"孩子满不在乎地说。

"好，你真能干，下次有机会的话，再多拿几件回来。"妈妈抱起儿子，亲了他一下。

时间过得真快，孩子渐渐长大了。在妈妈的怂恿下，他养成了偷盗的习惯，到处作案，看到什么就偷什么，最后成了惯偷。小偷的胆子越来越大，这次，他竟钻进金库，在作案时被当场抓住。他的罪行太恶劣了，法官判他死刑，小偷被押到刑场。他的妈妈知道了，跟在后面捶胸痛哭。临死之前，小偷要求让他和妈妈说几句悄悄话。妈妈走上前把耳朵凑过去，想听听他有什么话说，小偷张开嘴，一口把她的耳朵咬了下来。

妈妈疼得叫了起来，很不解地骂他不孝，犯了罪，临死前还要咬掉她的耳朵，使妈妈致残。

小偷愤恨地说："我小的时候，在我偷第一个写字板时，你如果能教导我这是不对的，并且让我改正错误的话，我会到今天这地步吗?"

这就是教育的缺失。如果家长能在孩子出现问题的时候好好教导他，那么孩子会成长得很好；反之，如果听之任之，甚至还去维护孩子的过错，鼓励孩子犯错，则会带来很严重的后果。

学习也是如此，孩子是不懂得学习的重要性的，也许会产生厌学的情绪，而父母一味地袒护会让孩子最终走向失败，孩子需要父母的引导。很多家长就是害怕孩子长大之后抱怨自己，所以无论怎样也要让孩子努力读书，但面对孩子厌学时究竟该怎么做却茫然不知所措。

孩子出现厌学情绪这种情况是正常的，但我们作为父母一定要理智地对待这个问题。其实在他们小的时候，父母就应该注意给他们培养好的意识，让他们可以理解学习对于他们来说是人生路上比较重要的一步。孩子自我意识的形成和思维能力是不断发展的，父母应该在一定的时期告诉孩子他在为谁以及为什么而学习，也许孩子在某个阶段开始讨厌学习，甚至对父母常常说的"要好好学习，不努力，你将来就考不上好大学"等话语表现出强烈的反感。

尽管父母是为了他们好，但孩子更多地觉得父母一直在唠叨，这种唠叨让他们受不了。他们有自己独立的人格，他们明白自己应该做什么事情，父母应该用正确的方法去引导他们，他们就会朝着正确的方向前进。

比如之前有一个孩子，他也是很讨厌学习，每次听到他妈妈说学习，就嚷嚷着头痛，然后就开始反抗。我对他的情况还是比较了解的，因为平时也经常和他妈妈沟通。上次我无意中听到他和妈妈打电话，他直接开骂，说他妈妈怎么怎么不要脸，一天到晚就会和老师告状。我听到这些话，顿时惊呆了，立即阻止他，先狠狠地批评了他一顿："妈妈是生你养你的人，怎么能说妈妈不要脸，从小到大，哪怕再差的妈妈也是怀胎十月忍着痛苦把你生下来的，光是这一点，我们就无以为报。"然后开始用一种平和的心态和他谈心，这个孩子平时还是挺愿意和我聊天的，所以在我面前他还挺懂事的，这点让我很欣慰。我结合自己的例子说服他，他也告诉我主要是妈妈平时太烦了，每次一见到他，就是学习学习，让他没有一点儿自由呼吸的空间。我也和他说好了，关于这个问题我会和他妈妈沟通好，以后更多的是在精神上关心他，尽量不唠叨那么多，但是妈妈也是在为他付出，他不能这样对待自己的妈妈。

他点点头对我说："老师，对不起，我这就回家向我妈道歉去。"其实他是个很聪明的孩子，尤其是在学习上，他要是能认真地学起来，保证会掌握得很快，而且他的记忆力很好，就是厌学情绪过于严重。对于厌学这个问题，家长其实也不能操之过急，慢慢地疏导孩子，在正确的时候用正确的方法，为孩子做一点点的改变也是可以的。

第二点在于孩子厌学情绪的引发点是各种各样的。随着年龄的递增，孩子的思维能力是迅速发展的，他们有了自己的独立思维，开始思考：我为什么要学习？学习不好又能怎么样呢？孩子会在厌学情绪爆发的这个阶段固执地认为自己可以解决所有的问题，父母不必操心，他们讨厌父母整天唠叨他们学习，只知道让他们学习。但父母可以真的不操心他们的学习吗，好像很难实现。

这时父母可能会唠叨和命令孩子做哪些事情，不应该做哪些事情。这在一定程度上会使孩子越来越厌烦，而且带给他们一个错误的信息：学习是一件很困难的事情，需要付出很多很多东西，不能看电视，不能玩手机，为什么大人就有这些权利，而小孩子就没有，学习不是为了自己，完全是为了爸爸妈妈。于是在这个错误信息的感染下，孩子的厌学情绪越发严重。如果父母在这个时候能够了解孩子思维发展的特点，采取措施让孩子明白他在为自己学习，并引导他找到学习的乐趣，孩子就会动力十足地学习。

比如，之前有一个孩子的妈妈也是经常和我说每次命令孩子去读书，孩子总是心不在焉地拿着书，眼睛还盯着电视，问我怎么办。我想起以前看过的一篇文章，悄悄地告诉她其实解决这个问题很简单，每天晚上不用管孩子，不用对他说任何关于学习的事情，让他自己安排，大家都不看电视，所有人都处于读书的一种环境当中，给孩子先树立榜样。要是父母在看电视，而命令孩子去写作业，他当然心里很不舒服，会想办法偷偷地瞄几眼电视，看书就更不用说了，根本不会放在心上。从现在开始冷淡他，不唠叨命令他去学习。先提供一个环境给他，然后让他自主学习，爸爸妈妈也学习，那么孩子一定会去学习。

孩子和父母的观念并不是长久地对立，只是孩子需要更多的时间去缓解自己的情绪，试着给他一点儿自由，孩子或许就会洒脱许多，也完全没有了厌学的状态。

很多父母都不懂这一点，在孩子的教育问题上进入一个很严重的误区。他们觉得上了一天班自己看电视是理所当然的，对孩子也没什么影响，孩子就应该去学习。但孩子也会学你，他们会想凭什么这么不公平。如果孩子处于学习冲刺阶段，父母要给孩子提供一个好的环境，当然也要培养孩子好的习惯。等孩子养成习惯了，父母怎么看电视也是打扰不到他的。通常情况下，这个孩子的妈妈回家看到孩子边看电视边读书是很生气的，要是换做以前，她绝对会打孩子一顿，或者强制性地把孩子赶进房间看书，听了我的话之后，她换了一种方法。其实我也是看了一篇文章之后得到的启示，所以多学习也是在不断地找新方法。

孩子妈妈回家之后干完家务就钻进自己的书房看书，也不管孩子正在干什么，一反常态，孩子觉得很奇怪，他悄悄地来到妈妈的房间观察妈妈正在干什么。过了一会儿，妈妈的房门被敲开了。孩子对妈妈说："妈妈，我们明天要数学测试。"孩子的妈妈说当时她按照我说的只是简单地答应了孩子一声，没有过多地说什么。妈妈说她看得出孩子还是想继续试探她，当时孩子就沉不住气了，对妈妈说："我不知道怎么复习，刚刚一直看电视，我都忘记复习了。"妈妈微笑了一下，孩子纳闷了，继续说："妈妈，今天你怎么了？平常你都是要说我一顿地，今天怎么不理我了，你是不是不关心我的学习了？"这位妈妈说她差点就忍不住了，但她按照我说的方法放下手中的书本认真地对孩子说："你好像希望我逼你去看书，妈妈当然希望你可以考出好成绩，但学习是你自己的事情，如何去复习是你自己应该决定的事情，妈妈自己也要学习，才能不断地进步，才能竞争过别人，否则妈妈也要落后于别人了。"

有些孩子因为长期以来养成了事事依赖父母的习惯，所以父母在这个问题上该放手时还是要放手。如果当孩子不自觉时，父母依旧迁就孩子或者说出威胁孩子不好好学习就会受到惩罚之类的话，孩子的依赖心理会更加严重，并且陷入厌学叛逆的状态。这位妈妈后来对我说："老师，真的很感谢你，自从那次以后，孩子真的自觉了很多，我去看书，他也要和我一起看书，还和我时不时地讨论几个他解决不了的问题。要是没有你的建议，我还真不知道拿他怎么办呢？"我说："其实我也是平常很喜欢看教育孩子这方面的书，平时你也可以多关注这方面，对于孩子的问题尽可能地找到解决的办法，有一些书我可以推荐给你，以后有什么问题我们也可以共同探讨。"这位妈妈很快地解决了一个孩子厌学的问题，帮助孩子回到学习的正轨上，关键在于她肯为孩子做出改变，牺牲自己娱乐的时间，和孩子共同进步，一起成长。

第三点是孩子厌学情绪的产生还可能与他们一时之间难以接受学习的难度有关。可能父母对这一方面知之甚少，于是形成一个双向冲突。孩子很难接受学习的重担，父母不知道孩子所承受的压力，一边压迫孩子学习，一边也在接受着考验。

随着年级的增长，知识点难度越来越大，并且呈阶梯性发展，跳跃性极大，即随着年级的不断升高，学习的难度对于孩子们来说越来越难以把握，家长们也会感觉到孩子的学习内容自己都看不懂了。孩子的成绩越来越不稳定，总是忽上忽下，甚至上下学期的内容也有明显分别。特别体现在语文、数学、英语这三门主科上，随着知识点的深入，孩子们一时难以接受是正常的，由此也会导致他们产生厌学情绪。父母应该及时了解情况，减少对孩子的责骂。

之前我也见过一个孩子的爸爸，他每次看孩子学习总觉得不顺眼，每次都没了解孩子正在做什么，就会先说一通："你又在干什么？让你好好学习，你在干什么呀？"或者大吼一句："看你连坐姿都不正确，还说你在学习，你还有什么可以辩解的？"在这个时候面对这位爸爸我也不知道说什么，孩子在小学阶段自然是调皮的，不可能要求他什么都做得十全十美。家长应该指出孩子做得不好的地方，鼓励他去改正，并且帮他分析原因，这样才能更多地理解孩子。

每个阶段的知识点都不同，要让孩子们彻底掌握需要时间，要给他们时间去体验弄懂的过程，这个过程需要家长和教师耐心地教导。特别是如今孩子的作业越来越多，请家长多给孩子一些空间，不要对作业表现出烦躁的心情，不要因为孩子在短时间内无法完成作业而去呵斥甚至责怪孩子上课不认真，否则孩子会更加烦躁，觉得完成作业就像完成任务一样，完成了就可以了。

要让孩子明白"学习是自己的事情"，孩子才会真正地去为自己的学习负责；否则孩子会感觉到对学习力不从心。如果父母还总是不理解孩子，甚至斥责、打骂孩子，那孩子只能是厌恶学习，从而产生很强烈的厌学情绪。

了解孩子的心理是教育好他们的前提，通晓孩子的心理状态，就会换位思考，站在孩子的角度想问题。做父母的应该告诉孩子学习是他自己的事情，让孩子知道自己的事情自己认真完成，至少可以省心不少。对于孩子来说，这将会促使他们的成绩稳步提升，而不是厌学；让他们健康发展，而不是只会抱怨。父母要对孩子多些目标性鼓励，少些针对性批评。

讲到这一点，我想起了周总理的"为中华之崛起而读书"！

每一个孩子去学习，内心总是抱着一个目的，我为什么要学习，这是他们常常会询问自己的问题。当孩子问你这个问题时，家长应该怎么回答呢？

告诉孩子，你要为理想而学习。我记得看过一篇文章，里面写到现在有很多家长都这样劝孩子："如果你不好好学习，将来就要去捡垃圾！""如果你不好好学习，将来就娶不到好媳妇（找不到好老公）！""如果你不好好学习，将来就会成为社会最底层的人，就要过很艰苦的生活！"……

也许父母是想用一系列例子来说服孩子好好学习，却忽略了孩子也在长大，他们逐渐有了自己的思维，他们不一定会选择听从父母的建议。作为父母，我们应该告诉孩子，他们要为自己的理想而学习。是呀，孩子们从小确立的目标应该是为了自己而学习，不是为了某些物质利益，也不是什么工作，他是在为了自己的理想而努力。强调"自己"这个概念，孩子就会意识到自己有了自主能力。

在帮助孩子树立理想时，家长要特别注意一点，一定不要把自己的思想强加于孩子身上，如强迫孩子把某个不喜欢的职业当作自己的理想。而是要根据孩子的特长和爱好，帮助孩子树立理想。例如，之前在几所大学里都听到有的大学生说："其实我一点儿也不喜欢现在学的这个专业，都是爸爸逼我填志愿的时候填了这个，将来我也不想从事和这个专业相关的工作，我该怎么办？"我以前有一个同学也是这样，她想当护士，爸爸觉得老师工作稳定，一定要让她报考师范类专业，最后她成为老师之后又选择了转行，因为过得不开心。

或许孩子更乐于在将来成为一名老师，那么请不要把他们的理想破坏掉，尽可能地帮助他们实现自己的梦想。如果父母硬要把孩子逼成一名医生，那么孩子以后可能也不会是一个合格的医生，也许将来还会有比较多的麻烦。父母一定要清楚自己孩子想要的是什么样的生活，不要帮孩子指定他们的生活模式，让他们接受自己感兴趣的东西，才会让他们有兴趣学习和生活；让孩子过自己想要的生活，他们才能收获属于自己的幸福家园，拥有属于自己的美丽与快乐。

把学习变成一种乐趣，吸引孩子的高度注意。父母逼孩子去学习，虽然有时可以起到一定的作用，但这种方法不能产生长效，而且孩子不会心甘情愿地去学习，尤其是到了高年级段，如果父母再逼着孩子去学习，孩子就要产生逆反心理了。明智的父母不是逼着孩子去学习，而是想办法激发孩子的学习兴趣——变"要他学"为"他要学"。父母的言传身教、创造一些学习的神秘感、保持孩子的好奇心等都是很好的激发孩子学习兴趣的办法。

曾经有一个学生很自卑，觉得自己什么都不如别人，写作业或者完成学习任务等都很慢，并且不爱学习。后来我找到她的问题所在，常常会当着全班同学的面表扬她、鼓励她，并且在她做得好的时候给她小小的奖励。她的字慢慢写得漂亮了，我在和她妈妈沟通的时候就告诉她妈妈这个孩子值得表扬。她在上课的时候积极回答问题，而且一个很长的句子教了几遍她就可以自己说出来了。我为她的进步感到高兴，她妈妈也说原来孩子上课根本不爱发言，现在胆子也大了，爱举手发言了，她妈妈说感谢我对她的鼓励和肯定，让孩子找到了自信去面对一切的困难，而且爱上了学习。我觉得孩子的父母对孩子也很负责任，每次总是能耐心地听我述说孩子的点点滴滴，在孩子表现好的时候听从我的建议多多鼓励她，在孩子失意的时候更加关心她，帮助她、鼓励她。

我也很感谢他们一直以来对我工作的配合，正是因为我们双向配合，才给孩子打造了一个很好的环境，让她成功地克服困难，面对以后成长的每一步。后来这个孩子变得很听话，而且在任何事情上都有了解决问题的自信，她妈妈也常常在微信上和我聊天说孩子这段时间进步很大，学习已经成为乐趣，学习成绩也有了明显的提高，老师辛苦了。听到这些话，我的心里很欣慰，自己对孩子心理的研究能给孩子带来帮助是一种幸福的感觉。孩子好，我们就很开心，能让他们有所收获，是最大的快乐。

我曾经接触过很多孩子，他们都有点不太自信。后来我通过观察他们以及和他们沟通交流发现，他们都有一个共同的特点，那就是家长会打击孩子。后来我便研读了一些关于建立孩子自信心的书籍和文章，有一些话也对我产生了深深的影响。现在我想把自己收获的这些话转述给爸爸妈妈们，提升孩子的自信心，要从我们自身做起。

从孩子的心理层面出发，要经常给予孩子积极的暗示，孩子的自信不仅需要他们的自我激励，老师和父母的赏识教育也很重要。每个孩子受到的暗示不一样，也就分成了不一样种类的人。孩子就是这样，父母鼓励他聪明，他就聪明；父母责骂他笨，他真的会变笨，这就是心理学上所讲的"暗示"作用。

其中消极的暗示包括："哪里呀，我家孩子不行，天天好吃懒做的。""我家孩子的功课不是很好，因为总是不认真。""我家孩子学习还可以，就是态度不太好。"……

这些消极暗示即便是父母在外人面前更谦虚的说法，孩子听到的话，也会觉得这就是爸爸妈妈给自己的评价。在这种消极暗示的作用下，孩子也就真的变笨和变差了。即使孩子真的各方面都有缺陷，在学习方面真的有缺点，家长也千万不可轻易批评孩子，而应该和孩子委婉地提出，鼓励他去改正。

积极的暗示包括："你很厉害，加油！""你在爸爸妈妈心目中是最棒的！""你将来一定了不起，一定可以实现你的梦想。"……

这些积极的暗示在给孩子带来无限快乐的同时，帮助他们更有自信地学习，更好地成长。陈鹤琴老师在《家庭教育》一书中曾说："小孩子是喜欢奖励，不喜欢抑制的。愈奖励他，他愈喜欢学习；愈抑制他，他愈不喜欢学习"① 说的大概也是这个道理。

至关重要的一点在于这些事件的实施必须从孩子小时候就开始，千万不能等到孩子大了，埋怨孩子不受管束的时候才意识到问题的严重性。从小给孩子培养好习惯，孩子最后会成为一个真正的好孩子。

也许有的孩子并不是天生厌学，而是现有的学习状况让他们不得不产生这样的情绪。我们总是额外地要求他们去补课，去做另外的课外作业，去承担他们这个年龄段不应该承担的压力。有时候我在想：要是我们现有的教育制度竞争没有这么激烈，孩子们的童年生活是不是可以过得更加幸福快乐一点？我们总是对孩子说你必须考多少多少分，却没有想到其实孩子在轻松的氛围下是不是能够学得更好呢？对于孩子们的厌学问题，我想有机会我会一直探索下去，终有一天，能克服孩子的此类问题，会看到一个个热爱学习并且开心快乐的孩子们。

现在的孩子让我看到了重重问题，许多孩子不约而同地出现厌学的情绪，有的甚至非常严重，因为厌学撒谎成性，因为厌学学习成绩上不去而被家长责骂，因为厌学巴不得退学坐在家里。针对问题，分析出原因是很有必要的，只有找到问题的症结所在，才能更好地解决问题。

小为是我一个朋友的孩子，他妈妈和我说上学期间在小为看来每天都是没有作业的，所以他不会主动去写作业，因此每次未完成作业的名单上都有他，他自己也不在乎，但妈妈却羞愧得很。他妈妈说从小学三年级开始，小为撒谎说没有作业，平常管得紧，就会偶尔把布置的作业抄回家；管得不紧，就是三天两头没有作业。有一次矛盾终于爆发了，因为小为不写作业被班主任通报批评，他妈妈觉得难为情，于是把矛头指向了孩子，把他重重地打了一顿。后来写作业的整个过程小为一直是被动的，好像是妈妈一直在逼着他写作业，而且作业的质量很差，无论写多少遍都是马马虎虎，尤其是字体，很难让人看懂，让他重新再写一遍要么是不情愿，要么就是假装服从地重写，结果还是一样，字体更加耐人寻味，不知道这是不是出于对家长和老师的

① 陈鹤琴. 家庭教育 [M]. 上海：华东师范大学出版社，2018：26.

反抗。

因为这个问题我也和小为谈过多次，每一次他都是一副满不在乎的样子，看到他的样子让我觉得这些话他妈妈在家里一定没少对他说，只是一点儿作用都没有，他往往是左耳朵进右耳朵出了。他说他不想学习，玩电脑游戏多有趣，在大姨家玩游戏是他最开心的事情。这个孩子还用更加直白的话语表达了他对于学习的不满，他说自己就是这样的人，让妈妈不用管他，他要一辈子待在家里玩，什么也不干。他心里知道这不可能，但是现阶段他也不想改变什么，只想着走一步算一步，能享受一刻是一刻。

我后来才知道原来他妈妈给他报了六个课外补习班，除了平常的语文、英语、奥数（注：奥数还有两个补习班，一个是基础的，一个是提高的），还有额外的围棋以及绘画。可是小为的学习状况让我根本想不到他是参加了如此之多的补习班的人，按理说，参加了应该有一定的效果，但是对于他来说，还不如不参加。他参加的课外补习班占据了小为周末一大半的时间，小为几乎整个周末就是在爸爸妈妈的接送中度过的，送完这里去那里，有时爸爸妈妈没有时间还得拜托年近七旬的爷爷帮忙接送。小为的特殊性还在于他以前并没有成长在他现在的这个家庭当中，因为以前爸爸妈妈工作忙，根本没有时间管他，他从出生开始一直到上小学一年级都是在大姨家长大的。大姨从小带到大，自然很难对小为实行严格的要求和管教，而且大姨很宠爱小为，他的什么要求都会尽量满足，所以导致他出现一到大姨家就玩疯的状态。他妈妈说去年国庆节他在大姨家玩了五天五夜的电脑，当时他们不知情，后来玩得眼睛不行了进医院才知道他的状况。

小为的妈妈一直在强调小为的成绩，只要一抓就上去，不抓就下来。这么多年，接近四年的时间，她一直说她在小为的身上花了多少心血，每天陪读，陪着写作业，每次检查他的作业，劳心劳力。但在我看来，恰恰是这些导致小为现在的厌学和不上进，我不明白他妈妈为什么任何事情都要帮他做好，而且让孩子承受那么大的压力，我甚至可以推测照这样的状况发展下去，在十年之后，小为依旧是那个厌学不求上进的孩子。他妈妈过分地以成绩来看待小为的整体，却看不到事实，不去找原因，不去从根源上解决问题，而是只想到成绩，成绩上去了就是成功，不然就是失败。不问过程，只看结果，这是我们现在很多家长的通病。试想如果孩子学习的习惯没有及时得到纠正，那么他优异的成绩可以保持多久？一个本质不爱学习的孩子被逼着学了这么多年，最后的确考上了好大学，但于他而言，他还是那个在大学的校园里什么都不会做的人，而且从小到大的压抑也让他活得不开心。

看到孩子们身上的现象，我一时之间竟然不知道如何来定义"厌学情绪"

这四个字。难道因为孩子们不愿意写我们额外给他们布置的课外作业，我们就说他厌学吗？难道因为剥夺孩子的课外阅读时间，用来完成其他的大量的习题，孩子们抱怨几句就说他厌学吗？我觉得不应该是这样的，怎样才是真正的厌学，恐怕连我自己也陷入了深深的沉思当中……

女生在我看来应该是不太会产生厌学情绪的人群，但其实是女生厌学的情绪隐藏得很好，极少让人发现，一旦爆发，则是不堪设想的后果。

小思是一个小女生，平时还是比较收敛低调的孩子，但我发现有一段时间她渐渐显得有些异常。比如，她上自习课写作业的时候总是趴在桌子上，一副没有精神的样子，有时下巴顶在桌面上看着其他同学写作业，发呆现象严重，要不就是干脆趴在桌子上睡觉。有一天我实在忍不住了，把她叫到外面，问她最近怎么了，我原以为她会如实地告诉我情况，没想到的是她瞥了我一眼，然后低下头什么话也不说，怎么都不说话，好不容易挨到最后，她终于吐露了一句："老师，我厌学了，学习好累，世界那么大，我想去看看！"听到她说出这句颇有文艺范儿的话，我竟然莫名的还有些欣喜，我问她为什么，她又开始不说话了。没办法，我只好让她先回去，稍后再来处理这个问题。我决定先观察她两三天，在接下来的日子里，我总是看着小思，我终于发现了她的秘密，每一次她总是喜欢从书包里偷偷地拿出一本书，放在桌面上悄悄地看。后来坐在她身边的女生也围着她，她的那本书总是放在很隐秘的地方，我一般很难发现，我不知道那是什么书。有一次又是自习课，她又把那本书拿出来了，我悄悄地走到她的身后看了一眼，不小心叹了一口气，小思立马用惊讶的表情看着我，怕我抢走她的书。我无意中瞟到了书名，应该是一本网络爱情小说。小思为了那本书大有和我拼命地感觉，她死死地护住那本书，立马放进书包里。为了缓和她的情绪，我走开了，但心头已经意识到这个孩子恐怕是迷上看网络小说了，小说中一些虚幻的东西很容易让孩子分不清现实和虚幻。以至于到了后来，小思每次上课总是容易走神，作业质量也不佳，每次让她写作业就是一场暴风雨，她渐渐开始逃避，甚至有时候不来上课，每次总能找到一大堆理由来逃避。

也许我们的教育的确存在一些问题，但是我们也不能轻易地断定孩子处于"厌学情绪"当中，我们要多给孩子一点儿正能量信息，保持好习惯，说不定孩子会彻底摆脱我们想当然的负面厌学情绪，能够成长得更好，给孩子一个更好的环境，让我们一起静待花开。

五、孩子的情绪是个控制点

有一个孩子的性格很内向，每次和他交流都要费很大的力气，因为他不说话，总是沉默不语，问他什么，他也只会简单地说几句。但他还是比较听话，每次学习都挺自觉，我不断地鼓励他，他的性格相对来说好了一些。

很早以前他妈妈打电话给我，说他和家里的小伙伴打了一架，把牙齿都打下来了。我开始都不相信，因为我不觉得他会和别人打架，在我的印象中，他一直很乖。我想了解一下到底是怎么回事，于是趁着放学的空隙，悄悄地把他拉到我的身边，让他告诉我和小伙伴打架的原因，问他伤口疼不疼，他似乎不想说，摇摇头当作对我的回答。孩子不想说，我也不好去逼迫他，但因为他妈妈很生气，要求他写一份检讨书，否则不能回家，我只能继续和他交流。面对打架这个问题，他一直不想开口。因为他写检讨书也一直不动笔，写了很久只写出两段，所以也不敢回家。后来比较晚了，他外婆来接他，我让他外婆在外面等一会儿。接着和他说让他把事实写下来就可以，孩子似乎不觉得是自己的错，一直不想写。我也深深地对他产生了同情，这么小的孩子就要被强迫写一封长达 600 字的检讨书，这对他来说的确是一种煎熬。我没有弄清楚事情的原委，只好给孩子的妈妈打了一个电话，沟通过后同意让他自己总结下一段检讨书的内容，妈妈说她的目的是想让孩子意识到自己的错误，也想通过检讨书了解一下原因，好和另外一个孩子的父母进行沟通。

我不知道这次打架到底是谁的错，考虑到孩子的心理，我决定让他回去和妈妈沟通好。从我主观来说，我觉得应该不是这个孩子的错误，因为在我眼里，他从来不会主动去惹别人，虽然沉默，但每次还是比较懂礼节的。

后来孩子的妈妈告诉我这件事情的确是孩子的过错，他和小伙伴打羽毛球的时候起了冲突，另外一个孩子不小心踩了他的脚，不仅没道歉，还装作没踩到。这彻底地激怒了孩子，于是他伸出拳头给了那个孩子一拳，两个人就打了起来，后来孩子一颗快掉落的牙齿被打下来了，孩子更加生气，要不是旁人把他们分开，后果不堪设想。我无法想象平时安静乖巧的孩子会如此激烈地去参与打架，不过在这当中也深深地折射出一个问题。可能孩子平时的习惯是一种压抑，他一直压抑着自己的情绪，把自己的情绪压抑了太久，所以他一直不说话，而和小伙伴打架就成了一个爆发点。特别是内向的孩子，也许他无法用言语表达自己的愤怒，就会转化为行动，如打人这样的行为。

在这件事情上，孩子可能从小就不善于与人沟通，那么我们就要培养他的这种能力，父母在家里要及时关注孩子，应该想一想自己从前是不是忽略了孩子的这一方面。或者只记得关注自己的另外一个孩子，而忽视了更大孩子的成长。但孩子毕竟还在成长，他们需要父母的正确引导。在孩子五六岁刚刚开始记事的时期，父母应该多关注孩子的心灵成长，为他们以后的健康成长奠定良好的基础。后来我也常常和孩子的妈妈沟通，提醒她要随时关注孩子的一点一滴。

我还发现另外一些问题，一些父母一旦有了两个孩子，就会把重心渐渐地偏向于其中的一个孩子。尽管在父母看来对他们一视同仁，从来没有半点偏心，但在孩子的眼里却不是这样，孩子的心很敏感，他们会察觉到很多不同。哪怕一个小小的细节，也会让孩子感觉不公平，大部分孩子会直接说出自己的不满，而有的孩子会把这种不公平留在自己的心里。

在一次亲子的义卖活动中，我看到有一个家庭一家五口齐上阵，带着爷爷奶奶，而孩子本身胆小，当孩子行动了半天，依旧踏不出一步的时候，妈妈责骂孩子。一大一小两个孩子，妈妈护着小儿子，一直不停地在旁边进行指导，而大儿子只能在一边用呆滞的眼神看着，他并不说什么。面对妈妈的责骂，我看得出他心里是有一丝不悦的，但他又不敢吭声，一直低头不语，我仿佛看到他委屈的泪水掉下来了。两个孩子往前走着，拿着他们手里准备义卖的物品，到了人流量大的地方，妈妈就牵着小儿子的手，然后告诉他应该怎么去卖，大儿子沿着路边的建筑物慢慢地观察着。不久之后，妈妈连同爷爷奶奶一起说他只知道往前走，根本一份都卖不出去，这些话在无形当中挫伤了孩子的积极性，孩子甚至有点想放弃了。他拿起自己的背包想扔在地上，我见到此情此景也不好说什么，只好代替妈妈做出行动。我拉起孩子的手，带着他一起去卖，一边和他谈话，一边逗他开心，孩子很快又恢复了之前的欢声笑语。

孩子就是这样，很简单，很纯真，但这些的背后更需要家长的支持。孩子可能平时受冷落惯了，于是养成了孤僻内向的性格，他不想和别人交流，不想说话，不该说话的时候绝对不说话，他常常用无言来代替这些。于是父母更加不能理解，也就对孩子这种不说话更加厌恶，孩子想要找到一个理解他的人更难了，就算有人想走进他的内心世界，也会被他抵制出来，特别是大人，因为孩子已经认为大人的世界里根本没有他的存在。

后来孩子真的做到了，虽然战果比不上别人，但是他总算踏出了这一步，能够面对陌生人了，而且一次比一次更加有自信。每次孩子出现情绪低落的时候，总希望有个人去安慰他，虽然一开始是抵制的，但只要家长多和孩子沟通一会儿，他终究会放开自己。

孩子的情绪爆发可能就在一瞬间。"咚"的一声响让我吓了一大跳，回过头来发现原来是对面班级的一个孩子重重地捶了一下桌子，然后飞快地收拾起书包，准备离开教室。老师就站在他身边，正和他说着什么，他要出去的时候，老师先一步挡在了前面，孩子看到出不去，马上发起脾气，直接把书包往地上一扔，人也直接坐在地上开始拼命地跺脚，整个教室只听见沉重的跺脚声。究竟发生了什么事情让这个学生这样发脾气？我走到那个老师身边询问，原来只是一件小事，这个孩子的铅笔掉到地上一直没捡起来，后来被另外一个同学看到了，就直接捡过去自己用了，这个孩子发现了就想拿回来，但是那个同学说是自己前两天刚买的，两个人争论不休。当时老师正在监督上自习，一边批改作业，一边回答学生的问题。这个孩子二话不说就跑去告诉老师，希望通过老师把铅笔讨要回来，但是因为老师正在给另一个同学讲解题目，可能没听到，就发生了后来这一幕。

老师对我说："我都不知道发生了什么事情，还是刚刚其他同学和我说了，我才了解，哪里知道他这么生气，一下子就要离开教室，我怕他气冲冲地出去会有事，所以才拦住他的。"我拍了拍老师的肩膀，看着坐在地上的这个孩子，对着老师的耳朵说了一句话："先让他冷静一下，只要他不跑出去，你就先看着他。"

后来处理完自己班级里的事情，我再次来到对面，这时候那个老师已经在和这个孩子的家长进行当面沟通了。我站在旁边，听着孩子妈妈说的话，原来这个孩子在家里脾气就不怎么好，要别人哄着才能安静下来，妈妈正在和老师说应该怎么应对他的方法。老师可能比较好说话，一直点着头，妈妈更多表达的是想顺着他。但如果采用这样的方法，恐怕对于孩子以后发展是不利的，我对那个妈妈说："这样的方法治标不治本，孩子一时是安静下来了，但是他知道我们会怎么处理这种情况，下次他一定会再次出现这样的情况。不如深入地看一看孩子出现这种情况的原因是什么，再去寻找解决的办法。"通过聊天，我从孩子妈妈那里得到很多有效的信息，如在家里孩子的一些习惯以及孩子的爷爷奶奶平常都很宠着孩子，什么都会依着他，而妈妈又和爷爷奶奶不和，所以根本没有办法控制爷爷奶奶的宠溺。孩子妈妈还告诉我孩子在家里随便玩手机，爷爷奶奶受不住孙子的撒娇就会给手机，她也管不了，一管马上全家人都针对她。看来孩子妈妈在家里也处于弱势地位，我提出和孩子的爸爸谈一谈，孩子妈妈直接摇头说不可能，孩子的爸爸根本不管孩子，自己是家庭主妇，没有工作，孩子爷爷奶奶虽然有退休工资，但也和他们住在一起，全家都靠孩子爸爸在外面赚钱，而孩子爸爸也很少回来，连自己都很少看到他。

孩子的暴脾气最终还是没有解决，因为实在有太多困难，但是我认为暴躁的孩子其实是可以改变的，只要找对方法。孩子爸爸对于孩子教育的参与也是很重要的，失去任何一方的支持，对于孩子的教育都可能造成威胁。

还有一个孩子更加让我不知所措，这个孩子不发脾气，也不做任何冲动的行为，但他遇到事情就谁也不理，只生活在自己的世界里。第二天看起来好像没事了，其实已经有了深深的隐患。那一次我让大家写一篇英语作文，并且规定好了时间，在写的时候，这个学生的桌子上没有任何东西，他一直在那里发呆，我问他为什么不写，他只是紧皱着眉头，什么也不说。后来我收作文的时候他也一直没有反应。我有点生气，孩子一句话也不说，我无法了解到底发生了什么，问其他同学也都说不知道。于是我拨通了他妈妈的电话，在电话里面，他妈妈说家里也没发生任何让他生气的事情，我就很纳闷，直到他离开，我也没有从他嘴里问出一句有价值的话来，于是我干脆放弃了，决定第二天再说。

第二天，他却好像忘记了昨天的事情，照旧正常学习，还能和我说一两句话，当我又提到昨天的作文只有他一个人没有交时，他就开始沉默，一句话也不说。我猜想是不是因为他不会写作文，所以不愿意写。于是我拿着英语书开始给他讲作文的结构，让他先列个提纲，看看自己要写什么，但他好像一直不想听。后来我问了一个他最好的朋友，才了解到原来他很讨厌写作文，他原来写过老师布置的作文，被老师批得体无完肤，从此遇到写作文就感觉抬不起头来。原来这背后还有这样一个故事，我要是能早点了解，说不定就能更早地帮助到他。于是我不再强迫他写作文，而是让他从句子开始练起，每当他造出一个还不错的句子时，总是及时地鼓励他，在班上表扬他，后来才尝试让他一步一步写作文。果然，他后来对写作不再排斥了，自己也有了比较好的想法去写。

虽然有些问题出于种种原因我不能及时去解决，但是我会思考解决的办法。通过种种途径可以看到，我们对孩子缺乏了解是很难走进他们的世界的，所以我会尽量地选择待在他们身边，给自己一个了解他们的空间。阿基米德曾经说过："给我一根杠杆和一个支点，我可以撬动整个地球。"如今我受到这句话的启发，也想对我自己说："给我一个班级，我一定尽力把它打造成最好。"我发现目前遇到的孩子大部分如果情绪不对，就会表现为暴脾气或者沉默不语两种。暴躁的孩子可能需要让他先平静下来，先采取冷处理的方式。比如，前两天一个孩子在学习的过程中就出现了这种情况，一道题目解不出来，也不想问老师，就一直在那里发脾气，把桌子上的本子全都撕掉了，他的行为让我忍不住批评了他。但我后来选择了走开，先让他冷静下来，慢慢地，他的情绪平稳了，开始的号啕大哭变成了小声啜泣，我再找他谈心，他终于笑了。我想无论是暴躁还是沉默的孩子，只要靠近他们，总能打开他们的心灵之门，只要我们不放弃，孩子也会发生转变。

六、有些事情毁掉孩子

我在一篇介绍家庭教育的文章里看到了毁掉孩子的一些情况，仔细看来，好像蛮符合我们现在的教育，有些情况的确毁掉了孩子，而且给孩子留下了创伤，只不过我们都没有真正发现。整体来说，可以总结如下：

第一，有的父母总是批评孩子，让孩子觉得自己什么都不行，没人喜欢他，没人欣赏他，如学习成绩不行，和朋友相处不行，帮妈妈干家务也不行，做作业马虎、粗心大意，总之没有值得称赞的地方，不但不表扬，还全部是责怪孩子的话，什么都不行的一个孩子就这样在父母的嘴里诞生了。

比如，之前我碰到一个家长，孩子无论做什么，他都不满意，天天和老师抱怨，希望老师帮他拯救孩子。我真的很好奇，他的儿子究竟存在什么问题需要用到"拯救"这么严重的词，后来发现孩子没有任何问题，大多数时候家长一直杞人忧天，如孩子今天作业比较多，写作业写到了比较晚的时间，爸爸就开始说动作这么慢，反应迟钝，干脆不要读书了。再比如，孩子今天作业比较少，很快就完成了作业，结果爸爸的话却是作业写得这么快，肯定没有认真写，恐怕是敷衍了事。于是我在想孩子怎样做才能让爸爸满意呢，在做作业的快与慢之间孩子恐怕也很纠结。

第二，经常拿自己的孩子与别人的孩子做比较，以此来刺激孩子。比如，经常对孩子说："看其他人怎么怎么样，从来都不用父母操心，自己就会规划好自己，你呢？"这种话容易破坏孩子的自尊，他们会觉得别人家的孩子好像才是爸爸妈妈的孩子，自己一定不是亲生的。其实我们要是可以的话，不妨不要告诉孩子谁比你更强，只需要和孩子说，我相信你会做得比他们更好！

第三，这是比较讨厌的一种情况，父母把自己塑造成家庭的牺牲者，以为这样可以让孩子产生罪恶感，其实不然，这样会让孩子越来越自暴自弃。千万不要对孩子说自从把他生下来，就没过好一天日子，为了他，累出了病，如果不是为了照顾他，自己可以有很好的发展等话。孩子在这个时候只会觉得你完全可以不用为他做出牺牲。父母设立牺牲者的角色是为了什么？是为了让年幼的孩子产生同情，还是为了给孩子施加压力？孩子的同情有必要吗？让他同情父母继而去努力学习，这是一份多么廉价的孝顺啊。

第四，迁怒于孩子。每次不论在哪里遇到了烦心事，总喜欢把气撒在孩子身上，把所有事情归结在孩子的过错上。还不让孩子哭，打击孩子的自尊心，让孩子变得越来越自卑，把所有的怒气都撒到孩子的身上，孩子成了最无辜的那个人。

对于我本人而言，就有这样的经历。记得小时候爸爸也是这样的，每次都会因为外面的事情回来和妈妈吵架，说出来的话特别难听，所以我们家总是鸡犬不宁。而且我和妹妹准没有好日子过，每一次爸爸不顺心，总会先打一顿我或者我妹妹。我依旧清晰地记得，有一次爸爸回家之后很生气，妹妹又不听他的话，结果爸爸直接抓起手中修管道的管子向妹妹飞过去，管子重重地打在妹妹身上，后来发现腿都被打肿了，肿起了好大一块。

后来我终于想出一个办法，在我家门口贴张字条，"不把烦恼带回家，家和万事兴""进门之前请消气"等。这招一开始也没什么用，后来我和爸爸解释了一番，并且要求全家总动员，每个人都必须做到，之后还是起到了比较大的作用。爸爸说看到那两句话以后，在进家门之前会先调整自己一番，似乎真的把所有的烦恼都忘掉了。后来爸爸很少发脾气了，大概我们也慢慢地长大了吧！

第五，当众让孩子难堪。我们大人有面子，孩子这么小，其实也有面子，他也不希望我们损害他的面子。就像我们也害怕别人不给我们面子一样，当你当着孩子的同学或者亲戚朋友的面损他、贬他，让他无地自容的时候，他便开始惧怕这个社会，对自己再也没有一丝信心。很小的时候我就有这样的感觉，有一次我不小心打碎了外婆家的一个玻璃杯，妈妈就开始不停地说，当时是过年，很多亲戚朋友都要来拜年，她还是不停地说。人家都劝她说小孩子贪玩是正常的，碎碎平安（岁岁平安）嘛，但她还是不依不饶，我不知道她是为了维护自己在家人面前的面子，还是觉得说我真的是一件让她很痛快的事情。反正后来很多人都知道我是个贪玩的孩子，原因是我不小心打碎了一个玻璃杯。妈妈这样的态度真的让我很反感，我真的是不小心的，她有必要一直骂我吗？她还当着外公外婆和那么多人说："骂你这算是轻的，我还没打你呢？没打你算是给你面子了。"由于这件事情，我觉得自己真的很没面子，本来那时候就有点自卑，后来整个年都没有过好，我一直在想我是不是真的有那么差。

第六，不给孩子回旋的余地。孩子犯了错误，不但不及时地帮助孩子解决，反而给事件雪上加霜，让事件愈演愈烈，最终受伤害的还是孩子。这样的情况我曾经见到过，不过我觉得那位爸爸的做法是适当的，他没有伤害孩子，无形之中给予孩子帮助。

可能是因为家庭因素，孩子爸爸平时过于严格要求孩子，几乎不给孩子零花钱，但孩子又特别希望自己可以有钱买一些零食吃。有一次，他带着另一名同学偷拿了同桌的 20 元钱，那是同桌用来交伙食费的，两个人买了 10 元钱的吃的，很快吃光了，还有 10 元钱平分了。后来回到家里，这个孩子的钱被爸爸发现了，在百般询问之下，他终于承认跟着同学偷偷拿了别人的钱，爸爸发现儿子从来没有这样过，一定是看见别人吃东西，心里忍不住。于是爸爸把这件事情的利害关系给孩子做了分析，告诉他偷盗的严重性，孩子顿时就害怕了，很快承认了错误。

爸爸后来拿出 20 元钱交给孩子，让他第二天把钱交给老师。爸爸也事先给老师打了一个电话，和老师做了详细的解释，并且请求老师撒一个小小的善意谎言，和全班同学说这个钱是孩子不小心捡到的。爸爸不想让孩子过于难堪，如果这件事情被大家知道，孩子以后可能就没办法面对同学了，一定会被别人嘲笑并且看不起。

爸爸很好地保护了孩子的自尊心，保护了孩子的面子，孩子也认识到了自己的错误。老师在课堂上公开表扬了孩子拾金不昧的精神，这让孩子以后更加乐于助人。爸爸给孩子留了回旋的余地，让孩子有一个知错就改的机会，孩子也就慢慢地走向了更好的一面。

第七，没有做好孩子的榜样。有的父母整天捧着手机，没有放下的意思。在食堂吃饭的时候看到一对夫妻陪孩子一起吃饭，他们应该是食堂的工作人员。吃完饭，大儿子拿着作业在旁边写，小女儿还慢吞吞地吃着，爸爸妈妈则一人手里拿着一个手机开始玩，还时不时用很难听的话来呵斥小女儿几句，让她快点吃，接着又教训儿子让他快点把东西收拾好，准备送他们去上学。在儿子收好东西，女儿也擦了擦嘴巴后，他们却丝毫没有放下手机的意思，还一边呵呵地笑着，惹得儿子也在一边围着手机津津有味地看了起来，就这样半个小时过去了。直到儿子迫不得已说上课要迟到了，爸爸才回过神来想起要送孩子去上学，于是又是一场混战。爸爸怪儿子不及时叫他，妈妈自己手里也拿着手机开始说爸爸的不是，儿子说爸爸只顾着看电视。

看着这一切，我萌生了要把家庭教育真正带到家庭的想法，只有这样，才能让父母意识到他们的言传身教会带给孩子多大的影响。

我又突然想起很久以前的一个孩子，他们家是两兄弟，他们俩总要拿着手机才舒服，不是看电视就是玩游戏，而且每次和他们说话都听不见，叫上几句都不见得会回应一句，我知道是妈妈的行为导致了这一切。他们的妈妈也是每天机不离手，因为总是不停地刷微信或者打麻将，要不就是看电视剧。他们家的手机至少有五六部，而且全是名牌，有的已经坏了，有的是嫌弃手机款式比较老而没有继续使用，有的是孩子自己的手机。有些事情毁掉孩子，而毁掉孩子的究竟是什么呢？我想值得我们深思。

第八，不当的惩罚教育也会毁掉孩子的兴趣。曾经有一个孩子对我说："我们语文老师真的是太会折磨我们了，我们这次期中考试必须要考到 90 分以上，不然老师说要罚我们抄写试卷 100 遍，可是谁能保证一定能考到 90 以上呢？"这样的惩罚教育在学生当中已经习以为常，学生们认为老师是不再体罚学生了，但却改为了在精神上进行折磨，这样的惩罚明显是不想让学生睡觉。

有亲戚也曾给我看过他的孩子班级里的微信群消息，在一个三年级的班级微信群里我也看到如此对话。某家长：王老师，今天的期中试卷是错误的题目抄写 1 000 遍吗？王老师：是的，孩子这次考得特别不理想，希望他接受教训。接下来是老师对所有家长说的话：各位家长，为了让孩子深刻地认识到错误，请把错误的题目抄写 1 000 遍，于明天上午交给我。另一个某家长：我们家那个抄了 700 多遍，看了老师发出来的信息，立马就哭了。王老师：估计下次再也不敢错了。老师为了帮助学生更加深入地认识问题，用抄写 1 000 遍作为惩罚，这对于小学三年级的学生而言真的能起到作用吗？他们心里更多地想到的是不是怨恨老师？

其实深入教师职业也发现了很多属于教师的无奈，家长不理解教师是常有的事情，教师又有什么办法呢？不采取这样的措施，家长又要说教师不重视孩子的订正，没有让孩子吸取教训，教师只有把一些压力嫁接到家长身上，才能让他们明白孩子是需要共同配合进行教育的，孩子是家长自己的，教育孩子不是单纯的教师的事情。我更多思考的是这样的惩罚教育会给孩子带来怎样的影响，是利还是弊？有的孩子为了迅速完成任务，会想尽办法来对抗老师的惩罚。比如，我之前看过张乐群老师在《一半的教育在家庭》一书中提到孩子绑着两支笔来应付老师的家庭作业，孩子出于害怕，对于张老师提出给他的校长写信减少家庭作业的建议始终不敢接受，这说明孩子还是不得已要完成这份作业。

还见过这样一个事例：有一位语文老师面对孩子不完成作业的情况，和家长在的微信群里花 3 分钟的时间录制了一段孩子们很不情愿的视频，原因是该批学生没有有效地完成语文科目昨天布置的作业。在视频中，没有完成作业的孩子们纷纷露脸了，但他们一个个面无表情，仿佛拒绝面对镜头，又不得不面对。这些孩子可能觉得自己的自尊心被严重地伤害了，可能在众多看到这段视频的家长里面不仅有自己的爸爸妈妈，还有曾经见过面的同学的爸爸妈妈，孩子们会不会想着这次丢脸丢大了我不得而知，但从他们的脸上我似乎看见了对于老师的鄙夷。

后面有家长跟着留言：这个拍视频的方法好，孩子说表现不好，老师会拍照给家长看，这样对孩子有警示的作用，他也会有所畏惧。我却觉得孩子的确是一时畏惧了，但是这样的方法的有效性以及它到底能够运用多久都是值得我们考量的问题。孩子们真的乐于接受吗？孩子们真的会接受教训吗？还有家长留言：这样拍照的方式好，孩子就会长记性了。老师对孩子的用心，大家都感受到了，再次说声："老师，您辛苦了!"我理解老师的无奈，我也理解从事教育工作的不易，但是或许我们应该找到更加合适的处理这种情况的方法，不仅要让家长体会到老师工作的不容易，也让孩子真正体会到老师确实是为了他们好。不要让学生带着怨恨的心理去上老师的每一堂课，这样才能实实在在地做好学生教育。不侵犯学生的隐私，不要把照片或者视频作为威胁孩子的工具。

我看过德国的教育模式，他们在教育当中是绝对不能随便给学生拍照的，哪怕是外国人去参观"森林幼儿园"这样具有代表性的建筑，也不能近距离给孩子拍照，绝对不能拍孩子的正面照，只能在里面给孩子留一个小小的背影，所以在这一方面德国比我们做得好，他们充分尊重了学生。

惩罚教育真的好吗？或者说怎样惩罚是一个真正的尺度，我们对待学生的惩罚应该怎样把握尺度，是让学生一次性抄写 1 000 遍课文还是给他们来一次心灵的洗礼更加合适。我见过各种各样的惩罚，但是该不该惩罚以及怎样惩罚还是一个值得探讨的课题。

我向来不提倡棍棒教育，更不赞成"棍棒底下出孝子"这句话，"棍棒底下出孝子"这句话正确吗？它应该是当今父母维持家庭教育的正确方针吗？恐怕现在有很多异议，因为现在棍棒底下打出的不再是孝子，而是一个又一个叛逆心理严重的孩子，属于"棍棒底下出孝子"这句话的时代已经过去了，因为古代的家长们没有更好的方式方法来管教自己的孩子，所以才想出如此极端的手段来管教孩子。但随着时代的更新，明智的家长们是不是应该采用更加完美的方式来对待孩子，从而做到让孩子心服口服呢？棍棒教育体制下的孩子现在都成了畸形教育的代名词，越来越多的孩子由于遭受棍棒不但原有的状态没有恢复，而且各种更加严重的情况出现了，这一点值得所有父母深思。

我见过棍棒教育带来的弊端，也许孩子还小，他的确没有能力去反抗，只能任打任骂。但父母们有没有想过，孩子们真的会一直处于被动的状态吗？我在前面已经说过，很多孩子的心理因为棍棒已经严重变形，现在不是我们说掰一掰就能迅速恢复的。之前看了一本书，叫作《一半的教育在家庭》，在书中张乐群老师一再提到孩子因为各种原因甚至产生要杀害父母的想法，这样的情况让我们不由得想到我们的教育到底怎么了。我见过把孩子的手抽得流血的老师，只因为孩子承受不住沉重的作业负担，在晚上做到 11 点之后忘记了背书，第二天老师检查之后用藤条狠狠地抽手。我见过父母因为生气把孩子的脚踝打得肿了大大的一块，青一块紫一块的，这又岂是一个低年级的小朋友所能承受的？"棍棒教育"真的是一种好的教育方法吗？

偶然看到一则打骂孩子危害的新闻，我觉得对于我们家长来说有一种警示作用，我们或许想不到有时候简简单单的打骂竟然会对孩子造成如此严重的伤害。各个方面产生的影响也让我们陷入深思，有时候我们是不是应该转变方法，但是打骂孩子是最直接的方式，在家长看来也是有效的，看到孩子害怕，就认为孩子已经懂了怎么去做。现在把这则新闻的要点摘录如下：

打骂孩子会让孩子更加学会撒谎，因为有的爸爸妈妈发现孩子犯了错误，总是喜欢用暴力手段解决问题，认为孩子挨打或者挨骂之后就会乖乖听话。但是不知道这样反而恶化了孩子的习惯问题，孩子因为怕挨打，就会采用说谎的方式来掩盖自己的错误，这样就可以不用受到惩罚，但是父母一旦发现孩子说谎的情况，常常会认为孩子的说谎行为非常恶劣，因此更要惩罚孩子。孩子于是只能撒下一个又一个谎言，这种强化让孩子的说谎变得更加严重，最终孩子再也不会说出实话，可能撒谎成性。比如，我曾经见到的一个孩子就是这样。因为妈妈不允许他在学校和其他同学玩，怕耽误学习，所以他每次都瞒着妈妈，妈妈问起的时候就撒谎，后来觉得什么事情都可以撒谎，因为他认为撒谎已经无所谓了。挨打之后孩子哭着说其实他也不想撒谎，但是不撒谎就会挨打。他不想挨打，每次皮带抽在身上都很难受，他多么希望爸爸可以谅解自己呀，因为每次都感觉爸爸很可怕，动不动就会拿皮带出来，有时候他还没拿出来，自己已经吓得发抖了。这个时候我就在想：我们家长为什么要给孩子树立这么大的权威，让孩子怕自己的教育真的好吗？有时候父母打骂大一点的孩子，孩子还会因此憎恨父母，如果能用其他方法代替打骂来教育孩子，能用爱来感化孩子，不是更好吗？

如果父母把打骂作为家常便饭对待孩子，那么在孩子心里可能留下不可磨灭的创伤，因为被父母打骂，孩子心里会产生严重的自卑感，从而丧失自信。这样的孩子常常表现为对什么问题都不确定，在决定事情的时候也没有主见，没有足够的自信去面对和处理不一样的问题。而且父母一旦当着别人的面打孩子，更会让孩子觉得丢失了面子。有时候我们大人也顾及自己的面子，却没有想到孩子们其实也是有自尊的，一旦破坏他们的自尊心，他们就会产生自我怀疑，会觉得自己什么都不如别人。而且在成长过程中，这样的孩子往往会压抑自己的情绪，变得沉默寡言，也不愿意和别人交流，可能也没有什么朋友，会把自我封闭起来，严重的可能患上抑郁症。

经常被打骂的孩子往往缺乏安全感。对父母可能非常恐惧，有的孩子甚至只要见到父母，就开始产生害怕的情绪，继而想逃避，不愿意走近父母，对父母毫无感情，父母要求做的事情一定会言听计从，而且没有自己的想法。不管父母的要求是对还是错，都一定会照办。在这种绝对的听从影响下，孩子会失去自主判断意识，在任何一件事情上都表现得非常怯懦。不敢放开手去做自己的决定，而且特别容易产生畏惧心理，孩子的性格也许会变得软弱无能，并且胆小怕事，常常随大流，从众心理尤其突出。而且因为长期被父母压制，他们精神上得不到释放，对学习也会产生非常严重的影响，孩子会显得特别被动，不愿意主动攻克问题，事事只想逃避。哪怕在父母的压力之下，孩子的学习成绩非常优异，也会因为缺乏情商和人际关系的交往而变得不适应社会。现在我们的社会更看重的是能力，没有足够能力的孩子最终是会被淘汰掉的。

有很多家长总是说自己的孩子性格内向，好像有怪癖一样。其实我们应该想一想，如果我们打了孩子之后还用自己的权力去逼迫孩子认错，用我们自己认为正确的东西去要求孩子，企图用我们的意志去改变他们的想法，势必会伤害孩子，而且这样做会让孩子的排斥心理愈演愈烈。可能在暴力的威逼下，孩子的确是按照家长的要求去做了，但内心的抵触情绪很严重。在这里我可以举一个我遇到的典型例子，有一天，一个孩子跑来找我，希望我能和他爸爸好好谈一谈，因为开家长会的时候其他老师和他爸爸说了他上课看小说的事情。后来老师把他和爸爸一起叫到了办公室，把小说拿给了他爸爸，没想到他爸爸当场把那本小说撕得粉碎，还当众扇了孩子两个耳光，并且要求孩子自己边扇耳光边向任课老师道歉。孩子说自己当时是忍痛做完这一切的，实际上早就恨上了爸爸，好在这个孩子没有做出更为激烈的反应，不然后果不堪设想。后面几天他事事都想和爸爸对着干，亲子之间的隔阂越来越深。他说要是我不帮他，他就离家出走。这个孩子好在还会寻求解决的办法，知道倾诉，要是性格内向的孩子可能就把自己的情绪埋藏在心里，情绪压抑得越久，对孩子的影响也越大。

自尊、自信、自立和自强，我一直觉得这几者的关系是紧密联系在一起的，只有有自尊的孩子才能变得自信起来，能够自立的孩子才会有自强的意志力。如果孩子丢失了他们原本的自尊，就会变得自卑，自卑很可能演变成自暴自弃、自我放弃的状态。而经常被父母打骂的孩子是最容易丧失自尊的，父母应该是孩子生活中最亲近的人，父母也是和孩子接触时间最长的人。如果父母采用不正确的手段经常打骂孩子，就会让孩子觉得父母都这样对自己，这个世界没有一丝温暖，于是产生悲观厌世的心态。所以，很多孩子在遭到父母的毒打之后，干脆离家出走或者自杀，最后使得整个家庭支离破碎。

父母的打骂可以说就是一种暴力手段，父母的粗暴是会传递给孩子的。

如果孩子性格比较倔强，自然而然就开始逆反，从而变得性格暴躁，行为也非常暴力，孩子会认为任何事情都可以用暴力解决。孩子天生是一张白纸，往上面画了什么，它就会变成什么样子。所以我甚至有一种大胆的预测，如果一个孩子的父母是暴力型的家长，这个孩子将来也可能是暴力型的父母。而且这样的孩子通常缺乏朋友，因为只会用暴力解决问题，所以和别人打架就成了常事，父母的打骂也会让孩子对更多事物产生不满。比如，因为考试成绩不好，父母打了孩子，孩子可能就把原因归咎于学校，我曾经不止一次听过学生有想要打老师或者炸学校的想法。

第三章　说说家庭教育

一、锻炼孩子的问题

　　家长们经常会说一定要锻炼孩子，可是不知道究竟怎样才能锻炼自己的孩子，也许很多孩子就是缺乏这方面的锻炼，然后变得胆小懦弱。锻炼孩子其实可以有很多种方式，最重要的是找到适合自己孩子的方式。

　　很直白地说，有些孩子也许从来没有经历过外面的风吹雨打，就像温室里的花朵一样；有的孩子可能是家里的"小宅男"或"小宅女"，平常比较内向；有些孩子也许在家里备受宠爱，在外面却会饱受欺凌；有些孩子可能依赖性强，做事没有耐心；有些孩子也许很难跨出这一步，但是经过我们的鼓励，他有了小小的进步，并且进步一次比一次大，最终走向成功。

　　就像我之前体验的一次义卖活动，给孩子带来的东西让他们受益匪浅。"孩子每次被人拒绝的时候都会转向我，可怜巴巴地看着我，我心疼，但是我只能告诉他再去试一试。"有一个孩子的妈妈曾经这样和我说。孩子在家里是爷爷奶奶的掌上明珠，要风得风，要雨得雨，遇到困难就向大人求助的习惯是早就养成了的。通过一次偶然的活动，孩子处理困难的能力得到很大提高。

　　在义卖的过程中，我也看到一些家长对孩子的鼓励和支持，他们没有主动去帮助孩子，让孩子独自面对困难。他们在孩子遇到困难想要退缩的时候，没有大声地斥责孩子，而是不断地给予孩子信心，让孩子相信自己一定可以完成这个任务。让孩子参加义卖活动的目的就是锻炼他们吃苦耐劳与语言表达的能力，培养他们乐于助人的品质。如果家长插手帮助，的确会失去参加活动的意义。家长们要相信，孩子以后遇到困难时，不会第一时间想到向他人求救，而是自己尝试克服困难，这是每个孩子都需要具备的本领。

　　有的妈妈问孩子："义卖的同时，你有什么感想？"我记得孩子的回答是："很累，但是我学会了和陌生人讲话。"这位妈妈的做法非常成功，她看着孩子流下一滴滴的汗水，接下来说："义卖是为了帮助别人，但也告诉你要好好学习，将来才有更大的力量去为社会做出贡献。"孩子立马点点头说："妈妈，我明白了，只有好好学习，才能够帮助更多的人，我一定努力学习。"这是孩子参与活动之后的感悟，孩子虽然小，但是必要的社会实践活动所取得的感性认识比家长空洞的说教更具有说服力。即使被人拒绝，孩子们依旧礼貌地和对方说一声"谢谢"，他们懂得了做事情要有耐心和毅力，坚持一定会有收获，卖东西不容易，以后要学会节俭，不能再乱花钱了。世上无难事，只怕有心人。有的家长也和我说："孩子成长了不少，以前孩子见了人连个招呼都不肯打，问他他说怕难为情，现在可以主动和别人聊天，以前让他买个早点都不敢下楼去，现在他都能自己去诊所看病打针了。"

我看到了孩子锻炼的成就感，现在我们的孩子大多生活在城市里，没有一点儿风吹日晒，甚至不用操心一切东西，是应该让他们经历一些困难，从而培养他们解决问题的能力。在这个过程中，我们要引导他们领悟一些事情，如做事情要有始有终，让孩子找到自信，学会如何与人交流，让孩子依靠自己的努力实现人生梦想。当然，不只是义卖活动，还有更多的孩子在更多的锻炼活动中有很好的表现，如去孤儿院给其他的孩子送去温暖，去老人院给老人们带去欢乐，这都是我们孩子进步的点点滴滴。

对于孩子的锻炼不是只在一瞬间，要让他们从锻炼中真正收获一些东西，那么他们会更加珍惜，其实孩子也懂。家长们要避免太过于形式化的锻炼，锻炼不能流于形式，流于表面的一些东西，锻炼是真正内心的锻炼。比如，有些家长为了让自己的孩子得到锻炼，花几千几万拼命给孩子创造锻炼的机会，寒暑假参加各种夏令营，孩子最后却什么也没得到。

锻炼是让孩子去感受的，要让孩子真正感受到一些东西。不是价钱越贵的锻炼就越好，往往要根据孩子的实际情况合理地为他们安排。当然，锻炼也不是能够用钱来衡量的，孩子收获到的东西才最重要。

义卖活动随想录

义卖活动圆满地结束了，在这个过程中我看到了家长的坚持以及孩子们的付出……孩子们从起初的胆怯到后来的勇敢，这些我都一一看在眼里，这是他们第一次这样锻炼自己，虽然其中有欢笑，有泪水，有成功，也有失败，但我认为我们的孩子是最棒的，他们已经成功地踏出了这一步，尽管是第一次尝试，但他们依旧敢于挑战自己，无论义卖出多少东西，他们在我心里都是最勇敢的挑战者。

家长们也很配合，会很耐心地鼓励孩子们放开自己。孩子们都很努力，尽管他们害怕，但依旧会去尝试。在菜市场，当看到孩子们努力的身影时，我深深地为之感动，虽然有被拒绝的沮丧，虽然他害怕拒绝，虽然他们有时会犹豫要不要上前叫卖，但他们认真地付出，也许一次的职业体验不能改变什么，但这些许的进步都令我们开心。

从目的地原路返回的路上，孩子们都说这次活动很累，但也知道了爸爸妈妈工作的辛苦，知道了原来爸爸妈妈在工作的过程中也不会一帆风顺，知道了爸爸妈妈为他们的付出。我相信他们以后会更加疼爱自己的爸爸妈妈，会学会珍惜零花钱，会学会感恩自己身边的人。

在路上，有的孩子和我说："老师，原来礼貌待人真的很重要，我们以后要懂礼貌，义卖的时候不礼貌，别人都不愿意理你。"这就是孩子得到的收获。俗话说："读万卷书，不如行万里路。"孩子们在义卖过程中开阔了视野，积累了经验，增长了胆量和智慧，提高了独立自主的能力。在成长的路上，他们更加懂得了遇到困难时，要自己尝试克服困难。孩子虽然小，但是必要的社会实践活动所取得的感性认识会让他们受益匪浅。

他们体验了，他们亲身经历了这个过程，百闻不如一练，我们家长可以指导方向，经历却不能代替。这次义卖活动虽然辛苦，但我们所有人都坚持下来了，特别是孩子们，在这样的活动中，他们真的做得很棒！

有些孩子也许不知道自己缺少的东西是什么，他们会活在自我的世界里，到了一定的时期就开始叛逆。比如，没有吃过苦的孩子永远不知道其实每一分钱来得都不容易，便会大手大脚地花钱，从来没有想过坐吃山空的感觉。

我之前看到有的孩子是这样的，直接在酒店里订一个豪华套餐，叫同学一起来享用，这一笔吃下去就是 1 万多元。还有的孩子处于学习的关键时期，直接让父母买了一部价值 6 000 多元钱的苹果手机用来打游戏、看电视。孩子的钱是父母给的，但孩子不可能依靠父母一辈子，他们总有一天要靠自己成长。

坐享其成的收获只会让孩子感受到他们的叛逆情有可原，没有一点儿紧张感，于是继续叛逆下去。父母是孩子金钱的提供者，却也成了孩子叛逆的发泄者，因为孩子觉得一切都是理所当然，父母永远供得起他们的一切消费。

也许家长可以给孩子提供舒适的环境，却无法保证孩子的心灵成长，只做到了物质上的给予，孩子精神上却是一片空白。也许家长明白孩子的心灵成长很重要，却不知道无形中已经把孩子引入分不清楚是非的境地。道歉本来是一件很自然的事情，有些家长觉得不好意思，也怕影响到孩子，于是明明是自己不对，却去批判别人，并且教孩子犯了错误永远不道歉，永远据理力争。这是我尤为担心的一点，孩子还小，但大人给孩子的教育不能少，教孩子去做正确的事情，而不是犯了错误还不承认，那么等到孩子大了，也会成为一个不诚实的人。有一个孩子就是这样，他自己犯了错误，永远是不承认的态度，还要和别人争辩半天，自己也不知道自己到底哪里错了，直到争赢了为止，错的也被他说成对的，最后严重是非不分。

有了一切之后，孩子做什么都不用担心，但这些不担心也会带来很大的弊端。因为孩子不知道自己还缺少什么，他们就会肆无忌惮地去花掉自己所有的一切。因为这些东西不是靠他们亲手所得，他们觉得太容易获得，他们不在乎自己得到的一切，于是花不花掉也感觉无所谓，既然能够给自己带来享受，那么就全部花掉。就像"变形计"里的情节一样，城里的孩子到乡下立马会觉得苦不堪言，而乡下的孩子来到城里，也会倍加珍惜这幸福的生活。不要让孩子觉得一切都来得太容易，因为他们没有付出努力，要让他们意识到自己努力可以帮助更多的人，而不是用别人的钱来享受自己的生活。

锻炼是一种对孩子的磨炼，可以让他们更快地意识到自己的不足，有些锻炼虽然廉价，却能带给孩子们一些东西；有些锻炼虽然昂贵，最后还是一无所获。金钱无法衡量一切，物质享受也不能过多地沉浸其中，只有靠自己努力得来的东西，才真正属于自己。

有这样一个故事，看了之后好像让我意识到了点什么。在孩子只有两三岁的时候，妈妈给他买了一套积木，让他去尽情拼造，孩子弄了很久，总是快要摆好的时候，积木突然全部倒下来，终于他坚持不住了，大哭起来。妈妈偷偷地看了他一眼，马上又去忙别的事，装作不知道，但其实还在偷偷地观察着孩子。

只见他哭了一会儿，见妈妈没有任何反应，想爬起来，可重心不稳，一下子摔倒在地，于是又哭了起来，还气得把积木全部打翻了，嘴里不断地喊着"妈妈，妈妈"。妈妈还是没有搭理他，因为妈妈知道这个时候走过去只会让他更加依赖，并且哭得更加伤心，到时候局面就一发不可收拾了。孩子慢慢地爬起来，找到沙发旁边的手帕，擦了擦眼泪，泪眼汪汪地蹒跚走到妈妈面前叫着："妈妈，妈妈。"那一刻妈妈有些心软了，真想抱起孩子好好地安慰他一下，可是为了给他更多的锻炼，妈妈还是选择了放弃，一边拿着菜篓准备洗菜，一边对孩子说："宝贝，乖啊，妈妈现在很忙，你自己出去玩啊。"

孩子顿时又哭了，换作其他的家长可能会给孩子擦去眼泪，然后抱起他，或者是把孩子训斥一顿，赶他出去玩。但这个妈妈还是不理孩子，让他在厨房里哭了一小会儿，后来他自己也觉得没有意思了，反正怎么哭也没用，换来的只是妈妈的冷漠。也许看到这里，有的家长会说这个妈妈真的很冷漠，孩子哭成那样也不搭理。但我却觉得这是另外一种锻炼，如果妈妈搭理孩子，能给他带来什么呢？孩子的目的是让妈妈放弃做饭，去客厅陪他玩积木，想让妈妈帮他把积木搭起来。

可这样是不是又让孩子失去了一次锻炼的机会呢？如果妈妈答应他，那么只能顺从他，这样就会耽误做饭的时间，而且还让孩子觉得只要哭，妈妈什么都会答应，孩子也就失去了自己解决困难的能力。积木搭不起来的时候，他可以寻找爸爸妈妈帮忙，但他必须自己先进行尝试，如果连这点小事都依赖爸爸妈妈，孩子必定会养成凡事都依赖的习惯。有的父母又会说孩子还小啊，这么小就可以让他独自面对问题吗？如果这么小就学会事事依靠别人，那么他长大后也一定事事都想着别人帮他解决，而且想让父母顺从他，而且必须顺从他。孩子哭完之后，自己一个人乖乖地走出了厨房，妈妈又看到他用稚嫩的小手搭起了积木，而旁边还放着他刚刚擦过眼泪的手帕。看到此情此景，所有的狠心仿佛都变成了孩子的收获。

结果可想而知，孩子成功地把积木搭起来了，这时候妈妈才走过去，对他说了一句："你真棒！"并且帮他和积木一起合影留念，最后孩子的成就感满满。这是他自己换来的结果，也是妈妈对他的苦心培养。

有这样一个孩子，每天早上起来无论上不上幼儿园，都要看电视，而且每顿早餐他都要吃不一样的，只要妈妈不顺着他的意思来，就哭个天翻地覆，有时候还打妈妈。没有办法，妈妈只好顺着他，实在忍受不了就骂孩子几句。所以孩子从小就养成一些不好的习惯，而且都没办法改过来，妈妈在他面前只是一个顺从者。后面导致他对妈妈的态度也转移到别人身上，只要一件事情不顺着他，他立马生气地拍桌子走人。

如果是这样一个人，试问将来谁敢和他合作？还有一个孩子实在是很霸道，每次和别的小朋友一起玩的时候，有什么东西总是抢着先拿走，都不给别人玩的机会，哪怕那个东西不是他自己的，他也要全部拿走。一问才知道，这个孩子在家里也是霸主的地位，全家上下没有一个人敢和他说不，他就是家里至高无上的小皇帝，难怪走到外面也这么目中无人了。但这个孩子长大之后就没那么幸运了，工作的时候四处碰壁，在工作中，所有人不可能顺着他一个人的意思走，不跟随公司的意思走就会直接被淘汰。后来他没办法，只好无奈地伸手向父母要钱，但父母也经济困难，于是他把父母亲残忍地杀害，只能在监狱里度过自己的下半生。

孩子是需要锻炼的，多让孩子接触外面的一些磨难，他们也许会体会得更深。家长不能包办孩子的人生，不能什么都替孩子做好，那样孩子永远只能是温室里的花朵，永远等待被保护，而温室的环境谁也无法保证一辈子。在孩子可以独立成长的时候，就给他一个机会，多让他经受挫折，他最后就会变得坚强。

这也让我想起之前看到的一个故事，因为儿子做作业不用心，期末考试也不认真，爸爸带着儿子去乡下挑粪，儿子体会个中艰辛之后下定决心好好努力学习。我相信一开始这可能是父亲的无奈之举，但也显示出锻炼孩子能更快地让孩子意识到自己的问题。我曾拟定过一份吃苦活动计划书，就家庭和学校的孩子吃苦锻炼计划做了一点点的策略设计。以前我们可能更多地设计研学旅行或者外出旅游的攻略，带着孩子去旅游，而现在我们要带着孩子去吃苦。

吃苦学习计划书

计划目的：鉴于孩子们对于学习的不重视，故拟定此计划，主要是想通过吃苦，让孩子们意识到生活的不易和体会到爸爸妈妈工作的辛苦，让他们独自锻炼一回，以便更好地面对将来的社会，同时让他们知道吃苦是生活的必需，让他们珍惜现在的学习和生活，更好地成就自己。

计划过程：拟定早晨7点整出发，所有的孩子身上不能带零花钱，全体在某一个地方集合，叮嘱好爸爸妈妈给孩子准备早餐，吃过早餐抓紧时间集合，一天的小小"吃苦旅行"就准备开始了。接下来的生活就需要孩子们自己去闯荡，要求是这一天的时间完全归他们自己，可以自由组合，也可以选择独自一人，但中午的午餐必须自己解决，依靠自己的双手去赚钱然后赢得相应的饭菜，否则下午只能饿肚子前进。下午活动继续，孩子们中途不能回家，也不能和爸爸妈妈讨要任何和钱有关的东西，更不能讨要食物，自己一天的生活自己做主，一天之内不能接受任何家长的帮助，所有的东西自行解决。我们这个时候必须要把吃苦的精神贯彻到底，家长不能因为对孩子的宠溺而放纵孩子，否则这次吃苦计划就会失去原本的意义。

希望在这个过程中，孩子们可以找到让自己生存的好办法，这样也能更好地锻炼他们的自主意识，他们平时依赖父母的一切东西在这一天的时间里全部消失，可能孩子们会感到不适应，甚至是不情愿，然后有抱怨，但是我想等他们回首这一天的时光，他们会发现原来有这么多可以让自己有收获的东西。往往一次经历就可以改变孩子的一生，有时候一次刻骨铭心的经历就能够让孩子意识到自己的问题所在，然后就此做出改进。如果孩子们可以自己改变自己，父母相对来说也会轻松许多。这一次特殊的经历带给他们不一样的感受，他们从中知道了爸爸妈妈的辛苦付出，也明白了自己将来需要努力的方向。

计划需要注意的地方：如果由老师单独带队，可能就不会有太多的孩子参与其中，因为老师需要顾及孩子们的安全问题。在体验的过程中，也可以多和孩子交流探讨，他们想用什么样的方式去生存，给他们足够的建议，他们心里想必也有自己的主意。

选取的地点最好是孩子们比较熟悉的领域，如果到一个陌生的环境里面，不能确认孩子们是否能适应，小范围地进行地点的选择，最好让孩子们有一个适应的过程，前期先做好思想工作，活动最好提前告知一些情况，让孩子们提前思考他们究竟要怎么样去想出办法，做好相应的储备，一旦活动开启，所有的东西必须靠自己。老师除特殊情况必须提供帮助之外，也不能给孩子任何帮助，只负责他们整体的安全问题，必要时才出来干涉。

计划后期安排：因为学生参与人数有所限制，所以在活动结束之后，可以安排每个学生进行活动总结，谈谈他们的感悟，或者直接采用写日记的方式，让他们把心里话放在日记里面，或者和爸爸妈妈交流自己一天的体会。

当然，一天的吃苦并不能代表什么，孩子饿一天肚子也会觉得没什么关系，而我更想让孩子领会的是一种精神。我希望活动能够达到它最初的目的，尽管受到局限，哪怕一次只能帮助一个孩子也是一种满足。我更希望的是更好地帮助每一个孩子，帮助他们成长，让他们认识到自己的生活其实很幸福，在这种幸福之下，他们需要付出什么样的努力才可以对得起这份幸福。学习不是一件吃苦的事情，因为有时候失去了学习机会，生活会更加痛苦。

所以说，锻炼是必需的，无论是什么样的锻炼，我们都必须给孩子足够的锻炼机会，尤其是生活在城市里的孩子，更应该尝试各种各样的锻炼，只有这样，才能让他们的身心都得到发展。

之前提到过的义卖活动是一次孩子历练的机会。但是我发现，很多孩子并不热衷于参加这样的活动，当然并不是全部，这些孩子的情绪明显会影响到其他的孩子。

不同的孩子面对义卖这件事有着不同的态度，有些孩子是兴致勃勃的，有些孩子则不然。比如，我看到有个孩子一直走在队伍的最后面，浑身没劲，一直在叫苦叫累，他说回去之后要赶快打电话给爸爸让他来接自己，他不想再玩了，后来大部分孩子听了他的话也有些垂头丧气。我在想这个孩子是不是从小就生活在娇生惯养的环境中，竟吃不得一点儿苦，受不了一点儿罪。

其实家长对孩子的爱护有时候往往会造成一种伤害，过于溺爱孩子只会让他们更加不能成长。后来我问他以前从来没有体验过这样的感觉吗，他妈妈马上说："他哪里有过这样的感觉，之前在家里就是小霸王，什么都要顺着他的意思，爷爷奶奶也宠他，我和他爸爸工作忙，又觉得亏欠了他。"

可能大部分家长都有这样的感觉，尤其是把孩子长期放在爷爷奶奶身边抚养的，一旦孩子该上小学了，接回来住之后，心里就觉得特别对不起孩子，想着法儿也要补偿给孩子一些东西，于是孩子想要什么就给买什么。孩子其实还小，他们没有这种意识，但是家长无形中把这种意识灌输给了孩子，我爸爸妈妈这么多年没在我身边，他们就应该好好地补偿我。实际上，孩子自己是没有这种想法的，只是父母们做得太明显了。所以，不要觉得对不起孩子，如果真的觉得对不起孩子，就更应该把他们的行为习惯培养好，那么以后孩子一定会感激你。

当然，我还是觉得无论怎么样，有再大的困难，都应该把孩子带在自己的身边，毕竟一方面来说，老人年纪也大了，不方便照顾孩子，而且对孩子的教育他们更是力不从心；从另一方面来说，孩子不能缺少父母的陪伴，在孩子的成长过程中，父母的陪伴就是给他们的最大的礼物。调查发现，生活在父母身边的孩子比没生活在父母身边的孩子患自闭症的可能性要低得多，这就是爱的力量。很多父母谈到孩子回来之后往往都泣不成声，因为这么多年没在孩子身边，孩子很想爸爸妈妈。可能当初父母没想那么多，只是把孩子往爷爷奶奶身边一丢，但其实这已经对孩子造成了很大伤害。而这些伤害并不是日后的物质补偿就可以补偿完的，而且物质补偿还会使孩子养成不好的习惯，如娇惯他的一些行为，以后就很难改掉。

让孩子适当吃苦可以让孩子体验更多生活上的锻炼，让他们在吃苦中找到属于自己的目标。我觉得吃苦教育真的必不可少，希望爸爸妈妈能把这种吃苦教育体现在日常生活中，正如李镇西老师所言，哪怕平常让孩子每天晚上洗碗，对他来说也是一种锻炼。

二、别将不满投射在孩子身上

前几天偶然看到一个电视节目，一对母子正在闹矛盾，主持人问孩子："你在生活中不能接受母亲哪种方式的批评?"当时指出的第一个问题就是母亲一个人含辛茹苦地把孩子拉扯大。在孩子 1 岁的时候，父亲和母亲的婚姻就结束了，所以孩子对父亲没有任何印象。但是母亲在随后的生活里把孩子的父亲描述得极差，以至于给孩子留下的全是很糟糕的印象。

后来孩子因为受不了母亲长期把自己和生父进行比较，于是和母亲的矛盾越来越激化。孩子认为母亲经常和他说的话就是："你做这个事情太差了，怎么和你父亲一个模样，为什么会和你父亲一个样子，是遗传因素导致的吗?我看到你简直就像看到了他的影子。"孩子说当母亲讲这种话的时候他就全身发抖，很难受，他觉得自己没有那么烂。主持人问他："你对父亲是否定的吗?"孩子说："是的。"主持人继续问："那他给你留下了什么记忆?"孩子说："就像这个人从来都不存在一样，他是一个烂人。"

这让我不由得想起有一个孩子也是这样对我说的，因为母亲一直对父亲的家人感到不满意，特别是孩子的姑姑，母亲认为孩子的姑姑平时太懒惰，整天躲在家里做"啃老族"，而且做事缩手缩脚，希望女儿不要学她，于是经常和女儿说这些话。后来也演变到这对母子这样的状况，母亲在女儿惹她生气的时候开始拿女儿和她姑姑做比较，这点彻底地让女儿受不了。我不明白为什么有的家长会这样，先是彻底地否定一个人，然后又把自己的孩子与他进行比较。将自己厌恶的人拿来伤害自己的孩子，教育应该是这样的吗？

刚刚那个故事里母亲和儿子矛盾不断的导火索就在于此，母亲把自己的情感放在了儿子的身上，一方面，希望儿子好；另一方面，又拿丈夫的不足不断地打击自己的儿子，说儿子像自己讨厌的那个人，把自己讨厌的人说得一无是处，继而又转嫁到自己的儿子身上。也许很多母亲是因为自身的原因，想要把脾气发泄出来，但这种脾气不能发泄在孩子的身上。

电视节目里的心理咨询老师说得对，在单亲家庭中，尤其是母亲带着儿子这样的家庭模型中，单亲母亲带大儿子是非常不容易的，一方面，母亲要承担更多的家庭重任；另一方面，还要期待儿子乖巧听话地去成长和发展，所以这份家庭教育可能更加重要。父母要理性地处理和孩子之间的关系，尤其是在一些特殊家庭中。

在单亲家庭中，诸如母子关系，往往母亲要承担多个角色的愿望是很难实现的。因为这种特殊的婚姻家庭模式的负面影响，想让孩子各方面发展都很完整，母亲要做的不仅是母亲的角色，还要做一个父亲角色。而母亲和父亲的角色是不一样的，母亲是以慈爱为主，父亲还要有坚强，给孩子以方向感，要有阳刚之气，对于一个母亲来说提出这样的要求确实非常苛刻。但现实就是这么残酷，要让儿子理解母亲，让孩子的成长不缺少父爱和母爱，母亲在孩子面前不应该去全盘否定他的父亲，而是应该把他的父亲描述得高大伟岸。不把母亲和父亲的婚姻关系带入孩子的成长历程当中，让父亲承担起他做父亲的刚强责任，孩子才会更加健全地发展他的人格。这方面如果母亲没有做到，甚至起到一个负面的影响作用，那么对孩子的影响是非常大的。

儿子说母亲就像是一个不理解你的朋友，一个不知道怎么去和你聊天的朋友，但你又不得不让她出现在你的身边，在她想对你好的时候，你不能拒绝她，这个朋友对你好你自己也知道，但没办法，总也理解不了。母亲不应该把对别人的不满和怨恨投射在自己的儿子身上，母亲给了儿子很多，付出了很多心血，现在希望儿子能够回报她的爱。但在儿子成长的过程中，母亲没有真正地教会儿子怎么给予爱和怎么温暖别人，而是不断地让儿子吸收负面的情绪，儿子最后的状况可想而知。让孩子学会爱，不仅是对孩子简简单单地说一番有爱的话就可以，要从行动上实实在在地做到。

　　家庭精神要完整，那么就要给孩子树立良好的形象，如果缺失，就要更好地去弥补。

　　曾经有一段时间，一个朋友家的孩子总是向我抱怨语文老师又对他做出什么样的批评，刚开始的时候我毫不在意，原本以为只是他开开玩笑，没有注意到孩子内心产生了什么样的变化。直到有一次他说着说着竟然哭了起来，我才后悔之前没有留意他的情绪，于是我详细地询问了这次的情况。原来是上课的时候语文老师举行辩论比赛，孩子很喜欢这样的活动，便马上列了提纲，讲明了自己的立场。哪知道竟然惹怒了老师，原来孩子的立场和老师是相对的，所以老师狠狠地批评了他一顿，并且一定要他把立场改正过来，孩子不想改正，便和老师发生了冲突，师生之间弄得很不愉快。孩子经历了这件事之后一直在说："为什么一定要我的观点和他的一样呢？每个人都有每个人不同的观点啊！我很讨厌这个老师，再也不想上他的课了。"他妈妈在家里听到他这样一说，火自然就上来了，她很不理解地看着孩子说："老师肯定是对的，你肯定是做错了，老师才批评你的。"

　　通过孩子的描述，我能理解他的感受，既然是辩论赛，就必定会有意见相左的两方，而且观点还一定是相反的，一个同意，一个就必定是不同意的。虽然我不是很了解事情的原委，但我觉得老师就应该给学生自由发挥的空间，不要强迫学生一定要认同老师的观点。这让我不禁想起了原来的标准答案事件，有一个语文老师，他发现自己班上的孩子成绩总是很差，而且只要是他批改过的试卷，几乎没有不面目全非的。家长于是找老师问到底是怎么回事，怎么每次考试班上的语文成绩总是和别的班级相差甚远，而且问题就出在语文这门科目上。后来发现原来是语文老师一定要根据标准答案去改试卷和各种平时的练习，只要和标准答案不符，这道题马上就会被打上一个红叉叉。结果导致大部分孩子阅读都做得不好，阅读上不去，占的分值又很大，成绩自然就上不去。标准答案限制住了孩子的思维，曾经有人针对我们的语文阅读提问：如果请写这篇阅读的作家现场来做这道题目，不知道他是不是能够做得对？是不是能够和标准答案写得一模一样？还真的有一所小学的学生做了这个实验，结果显示文章的原作者也并不一定能全部答对，而且答案和标准答案也大不相同。最后作者出来的成绩还比不上实际的学生，所以老师的思维被框架束缚住，学生的思维自然也被框架束缚住了。

　　我又想到一个看过多遍的经典故事，从小生活在贫困地区的学生小时候的作文写的是我会拥有一座巨大的农场，从各个方面谈了自己的梦想，但老师给的成绩是不及格，并且要求学生更改梦想，说这个梦想是永远不可能实现的。学生固执己见，认为自己总有一天能够实现梦想，若干年后，老师再见学生是在学生巨大的农场里，看着学生坚定的眼神，老师率先道歉，为自己当年的行为道歉，并且表示当初不是学生自己坚持，恐怕这个梦想就会毁于一旦。的确，有时候我们无意之中就会毁了孩子的梦想，所以当孩子提出自己的梦想的时候，我们为什么不能多一点儿鼓励，少一点儿批评，让孩子勇于坚持自己的梦想，并且为梦想不断地努力奋斗。

在我看来标准答案都不一定是正确的答案，孩子们丰富的想象空间才是最好的答卷。

在现实生活中，我见过这样一类学生，他们事事追求完美，心里无限地害怕失败。一方面，出于不敢让别人看到自己的失败之处；另一方面，自己心里也强迫自己一定要尽善尽美。但是很多事情不可能也很难做到完美，甚至有的学生为了这样的"完美"自残自己，顿时我觉得太可怕了。是什么原因让孩子患上了这样的失败恐惧症？于是我开始观察，渐渐地发现大多数这样的孩子都来自家教非常严格的家庭，他们的一切都被规定和规则充斥得满满的，很难找到自我的影子，为了寻找成功，不惜破坏自己的生活，给自己的一切蒙上一层灰蒙蒙的影子。

在这样的学生眼里，成功无疑是最重要的，为了成功可能付出很大的代价，一个家庭的性质可能决定将来会出现一个什么样的孩子，有的学生会变成书呆子可能也是这样的原因。

虽然成功很重要，但不要因为成功而让我们失去了自我，或者失去了快乐，在一些事情上要求自己一定要做对，在一定程度上会让自己有足够拼搏的动力，但也别忘了自己要做这件事情的初衷是什么。

别把不满投射在孩子身上，接受孩子的缺点，有时候有缺陷的人生可能是更加美好的，因为有缺陷，才会不断补足，才会显得我们更完美。

三、自由的孩子最自觉

有些孩子压力太大，会哭得很伤心，因为爸爸妈妈不理解。说实话，这个时候我很心疼，他们的作业负担本身很重，可是父母还是不断地给孩子施加压力，让孩子实在承受不来。父母甚至用电脑游戏作为孩子学东西的代价，只要孩子每天认真学习，就允许孩子玩电脑游戏，这样下去，孩子又能够学到什么东西呢？正所谓"强扭的瓜不甜"，不是孩子自愿地去学东西，他只能从中得到痛苦。尽管有外在的功利性学习，但功利性的学习只会让孩子觉得学习不是一件快乐的事情，它是和利益放在一起的，电脑游戏本不该和学习这件事情连在一起，可是现在它却成了学习的奖励，把游戏作为奖励真的有效吗？孩子们真正需要的是电脑游戏吗？

父母这样的做法无异于为了让孩子吃饭而答应给他们买一大堆的垃圾食品，最后越吃越对孩子有害。看得出我们现在的父母都很关心孩子，把孩子看成自己的所有，但在这个层面上，我们是不是应该给孩子更多选择的空间？我一直觉得尹建莉老师有一句话说得不错，自由的孩子最自觉。没有自由，事事都受到控制的孩子怎么可能健康成长？可能有一些家长也会对自由产生很大的误解，甚至说把握不好自由的度，步步紧逼或者过度放松的状态都对孩子的成长不利。

我们心里可能对孩子都有一种控制的欲望，希望孩子永远都能听我们的，并且不能反抗。可是孩子始终会长大，他们有着自己的想法和追求，你越想把他们放在自己的手心里，他们越想挣脱。自由是一种真正的自由，快乐应该是一种真正的快乐。孩子渐渐地长大，成长为一个独立的个体，父母们也应该学会放手，让孩子做一个独立的人。弗洛姆在其《爱的艺术》一书中也说过，检验母亲给予孩子的爱是否优质的试金石就是母亲是否愿意充分地对孩子放手，是否愿意推动孩子自主和独立成长。①

孩子们的压力需要缓解，并不是压力越大动力就越大，过大的压力有时会适得其反，压力应该成为孩子前进的动力，但绝对不是过重的负担，压得越重，孩子慢慢地就走不动了。

之前我去听了一个大学教授的一次课，我觉得它对我的意义是深远的。老师在课间休息时和我们谈到她以前的一些教育方式，她说其实带孩子是一件很简单的事情，要看我们怎么去做。她给我们举了邻居的一个例子，老师带她的儿子带得很轻松，相反的是她的邻居，每天都要陪着孩子写作业，巴不得孩子天天学习，只要孩子主动提到学习的事情，就激动不已，孩子的压力也比较大。

有一次两家人互相做客，本来打算玩个尽兴，可是因为儿子的一句想回家写作业，立马把这位妈妈弄得很激动，飞快地带着儿子跑回家了。本来孩子是可以自己回去写的，因为隔得很近，但是这位妈妈却说如果没有她，孩子一定不会写作业。孩子直到高中还一直要妈妈在身边陪写作业，可想而知，没有养成良好的习惯，后来也没有取得多大的成就。

老师告诉我们一旦有了孩子，就一定要给孩子培养两个好习惯，这让我觉得老师讲的话是颇有道理的。在学龄期，给孩子养成吃饭的好习惯；在小学阶段，给孩子养成写作业的好习惯。

---

① ［美］弗洛姆. 爱的艺术［M］. 李健鸣，译. 上海：上海译文出版社，2008：48.

　　两个好习惯会伴随孩子的一生，给他们带来巨大的影响。这两个习惯可能一度也成为爸爸妈妈心目中的难题。曾几何时我无数次看着奶奶或者妈妈追着孩子喂饭，孩子宁愿把饭吐掉，也不愿意吃，或者是吃饭一定要有人喂，不喂就不吃。我也看到一则新闻，有家长在朋友圈里诉说自己和孩子之间的恩恩怨怨，排在榜首的就是孩子的写作业问题，甚至家长们为了解决这个难题，公开地说想让孩子的未来亲家把孩子接走，什么都可以不要，只要从现在起给孩子辅导作业就行。在严育洪老师的《教育，你怎么了？》一书中曾经有过这样的描述：现在的家长都怎么了？每个都成为陪读式的家长，陪着孩子做作业，陪着孩子上辅导班，陪着孩子做课外练习。更有人说每个陪孩子写作业的家长都是来凡间历劫的上神，以此安慰自己不要生气和气馁，更不要放弃。可以说孩子的学业负担有多重，父母的精神负担就有多重。

　　从中我们也可以看出一些问题，有的爸爸妈妈对待自己的孩子真的没有多大的耐心，每次孩子有问题的时候，脾气可能马上就上来了，所以孩子的作业问题就成了分外头痛的难题，也难怪会出现这样的现象了。之前还有妈妈为了辅导孩子的作业，结果被气得中风进医院的新闻，其实有时候父母把心态放平和一点，这样的事情也许就不会发生了；从小给孩子培养好习惯，这样的事情也不会发生。

　　有一个孩子写作业非常慢，我从他日常的生活中观察到的就是他平时的习惯没有培养好，在生活中就非常慢。每天睡觉赖着不起床，至少需要十几分钟的时间来折腾起床这个问题。后面刷牙洗脸也是一样，所以导致他每次上课几乎都要迟到。写作业和学习渐渐地养成了慢动作，爸爸妈妈没有觉察到问题的根源，要想提升孩子的速度，得从生活开始做起，生活节奏加快了，才能更好地辅助学习。于是我提出在平常的生活中要让他锻炼出速度，在作业中使用闹钟法，用闹钟的形式固定好作业时间，一旦孩子不能按时完成，就不允许他再去写，他必须要为自己的磨蹭去承担后果。也许等他接受老师的惩罚之后，他就会幡然醒悟。孩子的速度要提升上来，必须让他有意识，否则他干什么事情都是慢的，不仅是作业写不完，就连考试的时间也把握不准，导致后面无法完成考试。

　　我见过因为习惯不好导致学习成绩下降而被妈妈一路从学校骂回来的孩子，孩子只有一年级，用无辜的眼神看着我，希望我能解救他。他妈妈用伞使劲儿地打着他，仿佛有一种恨铁不成钢的感觉，想一瞬间把孩子打醒似的。

　　从孩子的话语里我多多少少能够听到一些这位妈妈平时对待孩子的方法。只注重成绩，而忽视孩子习惯的培养，对孩子的以后有百害而无一利。只看到孩子的学习成绩，没有好习惯的坚持，学习成绩最终也会掉下来，无论之前的基础有多好。因为学习习惯是基础，基础倒塌了，高楼大厦也会变成一片废墟。之前听孩子的奶奶讲过这样一件事情，全家人在孩子小的时候对孩子百般疼爱，甚至可以说已经达到了溺爱的地步，不知道为什么孩子长大了学习成绩却这样差，因此他们天天对孩子说："这样下去，你怎么对得起我们？"孩子心里也很内疚，可是却显得更为讨厌学习，让他写作业，他情愿一直咬笔，每次总是说很难，不想做作业。

写作业喜欢讨价还价，每次碰到双休日一定是他写作业最为艰难的时候，和妈妈斗智斗勇，只为了逃避写作业。"这么多作业，我就不写"似乎已经成了孩子的口头禅。其实我明白孩子的感受，在这样一个阶段，孩子喜欢把什么事情都当作在玩。写作业这件事情无疑是一件不好玩的事情，而我们却不理解这一点，对于一年级的孩子来说，他们更倾向于在玩中快乐地学习，他们需要一个适应期，从幼儿园的生活中脱离出来适应学习。从小学一年级起，便决定要和分数紧紧地绑在一起，孩子一时之间肯定是难以接受的。

对于习惯没培养好的孩子来说更是如此，他们可能到了二年级或者三年级还一直保持着这样一种状态。

或许有一种场景在大多数大人眼里已经见怪不怪了，但对于孩子而言，却是一阵深深的痛。有一个 5 岁的小朋友因为不肯听妈妈的话，而被妈妈狠狠地扇了一个耳光，妈妈还把他所有的玩具扔下楼。小朋友号啕大哭，妈妈依旧不停地骂着，最后孩子被罚站在家门口半个小时不动，结果弄得脚抽筋。事情是这样的：孩子在玩玩具的时候，在一边还放着画板，想边画边玩，结果被妈妈看到了，埋怨他做事不专心，孩子没听妈妈的话，继续画着。于是惹恼了妈妈，妈妈把他的玩具全都收起来，不准他再玩，孩子立马就哭了，这更让妈妈生气，于是就发生了扔玩具的那一幕。妈妈大声地呵斥着孩子，拿衣架狠狠地抽了孩子一顿，几乎每个月类似的事情总要发生十次以上，导致这个孩子一直以来都很怕妈妈，妈妈让他往东，他绝不敢往西。当我听到他妈妈时不时地抱怨孩子不亲近她的时候，我一点儿也不感到奇怪，她强迫孩子事事以她的标准去做，做不到就抽鞭子，用衣架打，甚至严重的时候直接拿脚踹，孩子哪里还敢靠近妈妈呢？

暴力的手段带给孩子的只有伤害，他们无法判断，却不经意间学会了这种手段。我经过观察得出，长期遭受家庭暴力的孩子在学校和同学打架的次数是一般孩子的三倍。更加难以想象的是，这样的孩子将来到了社会上将会是什么样子？我不希望孩子生活在一个逆来顺受的环境下，更不希望他们长期以来遭受这样的"磨炼"。怎样改变这一切？教育这样一个永恒的话题，值得我用终身对其进行探索。

　　每一次看到教育现象都让我忍不住去探究其中的原因所在，很奇怪我见到的中国家长大多数是以暴力型为主的，有时候无缘无故的一顿责骂或责打会连我们大人都吓一跳。

　　我不由得想起一个孩子和我提过他的爸爸，他说他爸爸也是属于那种极其没有耐心的人，所以学习或生活上遇到什么问题，他从来不会主动和爸爸提。他还特别说到小时候因为贪玩，暑假作业积累到最后十几天的时间才去写，然后好多不会的题目就空在那里，后来爸爸检查作业，发现他很多题目不会写，马上开始骂人，然后一边教一边骂，最后甚至教不会就是一巴掌打过来。幸好他当时被他妈妈劝阻了，这个时候妈妈总会对爸爸说要耐心一点，别动不动就骂人。孩子说在他印象中，爸爸几乎没有一次面对他的时候不大呼小叫的，他总是觉得孩子做的事情令他不满意，每次孩子事情成功了，他就开始挑刺；做不成功，更有理由不断地责骂。

　　家庭教育对于一个人的重要性不言而喻，如果没有合适的家庭教育，这个孩子必定是不合格的，家长自然也没有达到合格的标准。我希望将来孩子们能够在更好的环境中成长，当然这需要爸爸妈妈的努力。其实爸爸妈妈的行为孩子都是看在眼里的，无论多小的孩子，都能懂得。

　　前几天听妈妈说，她看到邻居家的一个小孩子真的很可怜，因为不肯吃饭，被爸爸打个半死，他爸爸使劲儿地用脚踹他，他也不躲闪，要不是众人劝住了，恐怕真的要被他爸爸打死。这个孩子年仅 5 岁半，刚刚读幼儿园大班，爸爸一边打，还一边说打死算了，省得害人。

　　后来又听到妈妈说孩子这几次不愿意上幼儿园，只要一上幼儿园就哭，闹着找妈妈，我猜想可能是因为爸爸长期的打骂对孩子的心理产生了影响，孩子离不开妈妈了。孩子妈妈还说，孩子甚至开始出现幻觉，做梦都是爸爸打他的场景。爸爸看到儿子不去上幼儿园，不仅没有反思自己的行为，反而变本加厉，在幼儿园重重地把儿子又打了一顿，大家都劝他不要这样，可是他下手丝毫不留情，仿佛那不是他的亲生儿子一样。他一边打，还一边说："就是亲生的我才下得去手，不是亲生的我还不敢打呢！"

　　他的脚重重地踹向儿子，他不知道这踹下去的一脚不但给孩子的身体造成了极大的影响，而且给孩子的心灵留下了不可磨灭的创伤。孩子再也不敢说一句话，孩子再也不敢面对他，孩子甚至被他吓得大小便失禁。我想对这位父亲说，造成这样的结果于孩子而言真的会让他听话吗？难道单纯地打骂就可以解决一切问题吗？

　　他有没有想过孩子出现这些问题的根源在哪里？是不是父亲的过度暴力造就了这一切，是不是他一直在伤害孩子，孩子其实没有多大的准备去承受这一切。的确，打孩子一顿，他会变乖不少，并且再也不敢犯类似的错误，但这样没有用正确的方法去帮孩子纠正，他以后做什么事情一定会畏畏缩缩。其实，亲爱的爸爸妈妈们，有时候真的不是棍棒底下出孝子，尽管这一方法曾经的确起过作用，但是在今天这个时代，我们可以用更加正确的方法去对待。就像有的小朋友一样，妈妈拿着衣架守在他身边，他才肯吃饭，这是不是说明只要衣架在，他就会吃饭呢？

孩子都是一时害怕不敢做出更加逾越的事情，但他们内心还是渴望父母能够教他们改正错误，而不是用棍棒解决问题。棍棒能够一时解决问题，但是不可能伴随孩子一世。当孩子犯错误的时候，我们为什么不能给他一个改正的机会呢？这样他也许可以成长得更快。我不希望将来我们的孩子是一个个手里拿着武器的父母，用同样的方法去对待他们的孩子，如果这样，教育从本质上来说就已经失败了。

一代接一代，会重复同样一个错误，孩子是我们的孩子，可怜天下父母心，我相信天下间的父母没有不疼爱自己的子女的，只不过用的方式不一样。我对暴力也产生过困惑，暴力教育在很多家长眼里就是万能的，只要打，就能让孩子害怕，害怕了就会听话，但事实真的是这样吗？

自由的孩子方能最自觉，自觉的孩子也就会有好习惯，并且可以坚持到底，有时候多给孩子一点儿自由，用自由代替暴力，说不定可以培养出孩子一些非常难得的品质。

四、教育是一座城堡

用严格的爱去对待孩子成长的每一步是不是更好呢？将来如果可以的话，我一定要建立一座教育的城堡，让爸爸妈妈们也能有机会接受家长教育，给孩子带来更好的教育。那么我们的教育就会不断地走向成功，孩子们也会一个比一个出色，这是教育的基础所在。

我见过因为父母打架而使孩子产生重大心理阴影的事例，让我不由得想起一个孩子小时候爸爸妈妈第一次吵架就打得不可开交，把家里的碗全部摔得粉碎，车子被推倒了，爸爸甚至拿着一根很粗的棍子扬言要打死妈妈，孩子吓得躲在一个角落里，动也不敢动，看着他们打。要是爸爸妈妈能够好好沟通，这种事情是完全可以避免的，也不至于给孩子留下那么大的心灵疮疤。

让孩子眼睁睁地看着自己的父母因为琐事打成那样，还不敢劝阻，否则也会挨一顿打，对于孩子而言，这是一种怎样的感受呢？

前一段时间我看到一所小学的老师写给家长的一封信，信中说让家长们一定要意识到家庭教育的重要性，孩子毕竟是属于爸爸妈妈的，而且只有家庭教育才是一个孩子成长的基础。的确是这样，如果我们的爸爸妈妈一开始就重视家庭教育，培养出来的孩子一定不会差。就像《教育——财富蕴藏其中》一书中所说，家庭是一切教育的第一场所，并在这方面负责情感和认识之间的联系及价值观和准则的传授。[①]

当然，父母的教养方式也会深深地影响孩子。我曾经看过一部令人印象深刻的纪录片，名字叫作《请为我投票》，故事发生在中国武汉的常青第一小学。因为换了老师，三年级（1）班要用民主选举的方式选出全班的领头羊。全班同学通过投票的方式从三个个性不同的候选人成成、徐晓菲、罗雷当中选出他们新学期的班长。这样一场竞争从三个候选人的竞争变成了三个家庭的竞争，三个家庭使出浑身解数来应对这场班长大选。也许孩子之间竞争的方式过于幼稚，但却体现了成人世界的一丝感觉。特别是看到成成在徐晓菲表演节目之前，开始让一些同学一定要说徐晓菲表演的节目一点儿也不好，而把徐晓菲弄哭了，可是他却把这个责任全部怪罪到罗雷身上，还在老师面前替罗雷道歉。我惊讶于这个孩子应对事情的成熟与老练，也许这个孩子自己都不知道为什么会这样做，但是为了被选为班长，他还是会做出一些不好的行为。

而罗雷的爸爸为了让罗雷竞选成功，不惜花大代价请全班同学坐了一次轻轨，之后还在竞选的当天给全班同学送礼物，后来罗雷成功地当上了班长。

刚开始看的时候，我甚至觉得这两个孩子有时候有点无理取闹，如他们遇上困难的时候，总是对着自己的父母发火，还有时候对自己的父母说出一些难听的话语，如"滚开"这样的字眼让我很敏感。徐晓菲这个孩子可能显得更听话一些，她来自单亲家庭，有些胆小，经常爱哭，在她和成成进行缺点互辩的时候，她显得没有太大的信心去面对这一切。但她妈妈在这方面还是给她做了很好的榜样，如会耐心地教导她；会带她去游乐场玩，以增加她的自信。她妈妈在离婚之后可能更多的还是觉得对不起她，希望能够给孩子一个更好的成长环境。

"父母的教育方式不仅影响孩子的生活形态，而且影响他的人格发展。"[②]孩子是父母的缩影，也许孩子会把父母平时的一些行为模仿到位，然后运用到生活的每个角落去。我不能说这部纪录片体现了什么，只是觉得应该有更多值得我们反思的地方。父母会给孩子带来什么？这就要看父母到底重不重视孩子的家庭教育问题。孩子是一个家庭的希望，父母当然希望把最好的都

---

① 联合国教科文组织. 教育——财富蕴藏其中 [M]. 北京：教育科学出版社，2014：67.
② 钟思嘉. 爱就是读懂孩子 [M]. 武汉：华中科技大学出版社，2018：38.

给他们，但也要注意这一切是否适合我们的孩子。为了孩子能当上班长，每个家庭使尽浑身解数，有些方法是否运用得正确呢？

其实完全不管孩子和管孩子管得过严都会对孩子的身心产生极大的影响。比如，之前我看到有的父母整天只顾着上班，下班了给自己一个好的理由去打麻将，孩子怎么样好像都不关他的事，结果孩子发生什么事都不知道。有的父母则对孩子要求过高，动不动就打孩子，对孩子的健康成长不管不顾，只想着孩子的考试成绩，殊不知成绩是以孩子的自愿努力付出为前提的。我见过这样一个孩子，他的父亲吸毒，母亲因此离家出走，孩子只能由爷爷奶奶带大，但爷爷奶奶又不懂什么，只要孩子惹他们生气，就会被骂是没人要的野孩子，再加上外界环境的影响，孩子变得孤僻而沉默。

很多孩子也知道这个孩子没有爸爸妈妈，于是经常嘲笑他，在这样的教育环境之下，孩子从进入初中以来，就变得无限叛逆，最后无法和同学和平相处，早早地辍学回家，后来出去打工，一直都没有回来。孩子在一个怎样的环境中成长，就会成为一个怎样的人；采用什么样的家庭教育，就会造就什么样的孩子。这个过程肯定也有例外，但例外是极少数的。

在教育的城堡中，父母也要看到孩子的内心。我曾经见过这样一对母女，妈妈很关心孩子的学习，而且一看就知道这个妈妈很有素质，听她说话很有感觉。每次女儿做点小事，她都叮嘱得十分到位，力求把女儿训练得十分完美，妈妈的要求高，女儿常常达不到妈妈的期望或者总是比妈妈期望的结果差那么一点点。女儿可能也随妈妈的性格，是属于那种比较高傲的人，于是每次女儿达不到要求的时候，总是很自责，觉得自己没有做好。

妈妈倒觉得女儿平时的表现还可以，却没有察觉到她的脆弱，妈妈没有责怪女儿，反倒是女儿自己责怪自己。妈妈觉得女儿平时的表现很正常，也就没有太在意。直到后来她陪女儿参加一次活动，这个活动需要女儿向外锻炼，主动和陌生人沟通交流，并因此赢得最后终极 PK 的机会。妈妈本以为根据女儿在生活中的表现，一眼就可以看出她是个能言善辩的人，哪里用得着担心和陌生人的沟通问题，她觉得这件事情对于女儿来说简直是小菜一碟。

可是没想到真正比赛的那一天，女儿想着想着连门都不敢出了，她大声地哭着，急于摆脱让她去参加这个活动的妈妈。妈妈没有办法，只能拖着女儿来到活动地点，没想到女儿打死也不肯参加活动，妈妈知道不能强迫女儿参加，她把女儿安抚在沙发椅子上，等她平复了心情之后，问她为什么不想参加活动。女儿摇摇头，不肯作答。妈妈接着换了一种方式，她带着女儿来到比赛的地方，对她说："我们不参加活动，只是看一看别人是怎么完成比赛的。"说完她带着女儿观察别人的表现。女儿开始还没多大感触，后来忍不住感叹原来比赛真的很简单，只是和陌生的叔叔阿姨说说话。

可是想到结果女儿还是后怕了，回到家她终于向妈妈吐露了实情，她就是因为怕辜负自己，辜负妈妈的期望才不敢上台。妈妈没有说什么，只是看着女儿，过了一会儿，她对女儿说："傻孩子，就算做不到，妈妈又怎么会怪你呢？不要有太大的心理压力。"女儿终于有了信心，但她在进行这一切的时候腿还是要发抖，她不知道自己什么时候变得这么胆小了。妈妈终于意识到，原来平时坚强高傲的女儿并没有自己想象中的那么坚强，女儿为了达到她的要求，原来一直在苛责自己，妈妈一直以来都忽视了这方面。

这个故事告诉了我们什么呢？女儿是一个很懂事的女孩，为了接近妈妈的愿望不断地努力着，我们做大人的一定要看到孩子的付出，并给她以适当的鼓励，而且给孩子定目标一定要坚持适度原则。

父母一定要不断提高自己对孩子的教育意识，为孩子打造一个不一样的未来。在教育的城堡中，父母的教育方式很重要。我和学生一起看了一个小小的视频，一份特别的账单，孩子把自己为妈妈所做的事情全部列成表格，计算成金钱，如今天帮妈妈洗碗 2 元，今天给妈妈拖地 2 元，然后向妈妈讨要这笔钱。而妈妈也为孩子列了一份账单，上面写着妈妈为孩子奉献的一切都是免费的，生下他免费，养育他免费，每天为他操心免费。很多孩子看到之后都默默地流下了眼泪，并且表示以后一定要帮助妈妈多做家务，亲情不是金钱可以衡量的。

这个故事在我们以前的小学课本里应该出现过，它启示着我们要对父母感恩，而不是把父母对我们的爱换算成金钱。我们现在就要有这种意识，要让孩子知道父母赚的每一分钱都不是很容易，都是花了很大的心血赚来的，那么孩子自然就不会乱花钱了。以前就有这么一个孩子，他平时不怎么花钱，后来有一次外婆来他们家给了他 50 元钱，孩子妈妈说都没等到她反应过来，孩子已经把钱塞回了外婆手里，还对外婆说："外婆，你老了，没有什么钱，将来等我长大了，一定赚钱给你花。"孩子妈妈和外婆当场感动得稀里哗啦地，没想到孩子竟然这么懂事。

后来我一问才知道，原来妈妈经常带孩子去体验生活，让他感受生活的艰辛。我问他为什么觉得外婆很辛苦，没有钱花，他说因为有一次他看到外婆在菜地里拔萝卜，不小心把脚扭了，还坚持去卖菜赚钱给他买糖葫芦吃，他当时就很想扶外婆去休息，可是外婆执意不肯，说当天一定要赚到钱给他买吃的。他当时就明白了原来大人赚钱真的很辛苦。这就是言传身教的效果，孩子自然可以从其中学到很多。

还有一个孩子，有一次奶奶悄悄塞给他 100 元钱，让他留着买吃的，结果孩子一天就把钱花光了，还带上一帮同学没去上课，结果妈妈被叫到学校挨老师批评。为什么孩子之间的差距会这么大呢？就是因为家庭教育不同。家庭是孩子生长的地方，其重要性不言而喻，家长一定要重视家庭教育，为孩子树立一个良好的榜样。现如今我感觉有越来越多不重视家庭教育的例子出现，一个爸爸和一个妈妈甚至不知道怎么去教育自己的孩子，只将希望寄托在学校教育上，希望老师能帮自己管好孩子。试问世界上有什么样的爱能够代替父母的爱，对于孩子而言，世界上最重要的东西就是成绩吗？父母心中应该会有答案。那就要为孩子努力，做一个尽责的爸爸或妈妈。这些不能光在口头上说，更要将行动落实到生活的每一处。那么我相信你们的孩子一定会是最健康可爱的。

帮助父母更好地了解自己的孩子，帮助孩子更加健康快乐地成长。在义卖活动中，我还看到一些现象，我曾经听到一位家长这样说过："我家的孩子实在过于胆小，平时在家里也是这样，连人都不叫，到了外面更是如此，你让她去和陌生人沟通，简直比登天还难，在这次活动中，她更是扭扭捏捏的，怎么也不肯跨出第一步，别人问他几岁了，也不回答别人，都指望我来回答，不过这可能也与他小时候不善于与人沟通有关。"

其实我认为孩子的羞涩是正常的，家长不应该过多地去指正这一点，就像我们小时候也有小朋友不爱叫人，家长非得逼着去叫，于是孩子就产生了反抗心理，这在孩子当中纯属正常现象。

但是家长要做的是多带孩子去体验，让他们慢慢觉得原来有礼貌是这么好的一件事情，当别人用微笑回应你的礼貌的时候，孩子就会觉得心里很舒服，也就愿意叫人了。比如，孩子遇到急事在外面要给妈妈打个电话，借给孩子电话的人是更愿意接受一个很没有礼貌的小孩还是一个一见面就懂得礼貌的孩子呢？肯定是懂礼貌的孩子更受欢迎。家长让孩子切身去体会就可以了，而不应该过多地指责他们，那样只会让孩子更加抬不起头来，从而更加没有信心。

也许孩子不喜欢叫人是因为曾经在哪方面受到过伤害。有一次我和学生聊天，有个学生就谈到在她上小学三年级的时候有一天放学回家，正好在路上碰到班主任老师，于是她兴冲冲地跑过去叫了一句"老师好"，结果老师连理都没有理她，这个学生本身很敏感，就觉得老师是不是从心底里瞧不起她，从此疏远了这个老师，甚至以后的日子里都不敢再叫老师，若干年后去看老师回忆起这件事情，老师的回答让她大吃一惊，原来老师从来没有瞧不起她，甚至老师从来就不知道这件事情，都是女孩自己想出来的。

人越大，自尊心就越强，更加受不了打击。有位家长说得好："我的孩子特别怕生人对他凶，只要一凶，孩子就特别怕，甚至眼泪就流下来了，所幸那些来买孩子东西的人们都很善良，每个人都在鼓励我的孩子，真的很感谢他们!"有一个爷爷甚至为了鼓励孩子，一下子买了孩子很多东西。这说明我们当代人的素质整体上的确有很大提高，因为我看到了无论是爷爷奶奶、爸爸妈妈，还是叔叔阿姨，都对孩子有一颗最大的爱护之心，鼓励孩子不断前进。

在教育的城堡中，爱也是一种退出。让我印象深刻的一句话是曾经听到的"儿行千里母担忧"，如今的确看到了这样的场景，在一所大学的食堂里，面对面坐着一对母子，妈妈不断地给儿子夹菜，说："你太瘦了，我不在身边的日子肯定没有好好吃饭，还要我从贵州跑来监督你吃饭。"看到这一幕，我心里不知道是什么滋味，看年龄儿子应该有 18 岁了吧，应该是大一，这个妈妈千里迢迢从遥远的地方来到这里，就是不放心刚刚进入大学的儿子在学校里吃饭的问题。刚刚说完，妈妈又给儿子夹了一点儿菜，儿子好像什么都没说，只是一直吃饭。过了一会儿，矛盾终于激发了，可能是儿子觉得妈妈管太多，又或者是儿子不想听妈妈一直比较大声地说话。他开始怒视着妈妈，吃完饭把筷子一扔，转身就走，只剩下妈妈在后面喊着他的名字，可是儿子丝毫没有反应。这让我不由得又想起一句话"母行千里儿不愁"，的确是这样，这位妈妈和孩子不就处于这样一种状态吗?

妈妈过分地为儿子操心着一切，可是儿子一点儿也不领情，反而回过头来责怪自己的妈妈。这件事情我们无法说谁对谁错，只是希望妈妈们都能找到对待自己孩子最好的办法。这件事情让我再次想到尹建莉老师所说的话，强烈的母爱不是对孩子恒久地占有，而是一场得体的退出。上面的那位妈妈放不开自己的孩子，也许是她想让孩子永远生活在她的保护伞下。但是孩子总是需要长大，直到有一天妈妈再也不能保护他。他需要自己学会成长，学会独自面对一切。

教育是一座城堡，需要各方面齐心协力配合。看过一段教育学的视频之后，我开始觉得我们的家庭教育的确如同视频里的老师所说，教育失败在有两代人管教孩子，不仅有爸爸妈妈，还有爷爷奶奶、外公外婆等。而他们的观点不一致，导致孩子犯错之后，妈妈想惩罚孩子，结果爷爷奶奶不答应，急忙护住孩子;爸爸想惩罚孩子，外公外婆在这个时候又出现了，弄得孩子分不清是非黑白，把错的认为是对的，把对的认为是错的。这就是教育不一致给孩子带来的问题，所以爸爸妈妈一定要和爷爷奶奶、外公外婆商量好团结一致的方针，共同面对孩子的教育问题。

我之前在电视节目里面也看到过这样的家庭冲突，妈妈想这样管教孩子，奶奶阻拦不让，因为奶奶宠溺孙子多一些。婆媳关系因此恶化，双方发生矛盾无法解决，爸爸则无作为，孩子就慢慢地走偏了。

我见过不少家庭里面因为教育观点不一致引发的矛盾冲突。有一次，我恰好在亲戚家看到孩子爸爸大声地给孩子读着听写，读完之后要求孩子把错了的词语每个抄写10遍，在下午上课之前必须完成。孩子后来要去上学，任务就留在了上课前的几分钟里。可能孩子也只是为了完成任务，随便写完了事。后来经过爸爸检查不合格，于是要求他重写100遍，孩子吓得哭了起来，妈妈立马责怪爸爸要求过高，两个人吵起来了，孩子的爷爷奶奶又出来说教，整个局面乱作一团，孩子最终没有写那100遍，却引发了一场家庭大战。究竟该听谁的，孩子自己也不知道，我想恐怕孩子父母也不知道。

教育应该是一座美丽的城堡，在城堡中有无数个幸福的家庭，父母在学习怎样做最好的家长，而孩子每天都有天使般的笑容洋溢在脸上……

五、在乎孩子的感受

我一个年纪比较大的朋友之前给我看了这样一篇文章，是仿照三国时期周瑜的"既生瑜，何生亮"叙事而成，她告诉我这是她女儿写的，现在她女儿上完大学也参加工作了。不过她把题目改写了，变成了"既生花，何生草"。她女儿说有两个寓意，既比喻她自己，又代表现实生活中花朵和小草的竞争，既然有了花朵，为什么又要出现小草呢？花朵好像夺去了小草的光芒，让它永远也抬不起头，但只要小草坚强生长，一定有机会超越花朵。朋友说不看这篇文章真的不知道原来女儿曾经这么自卑过，也怪自己当初的确忽视了她的感受。

她女儿在那篇文章中这样写道：

从小到大，我就没有过过一天不被比较的日子。我真恨自己为什么要和她出生在同一年，这样学习方面免不了要被比较。一直以来都是被比较过来的，每次学习成绩出来就成了一个攀比高峰期。我好像从来也没有比过她，我在乡下，读的是乡下的小学；她在城里，在城里最好的学校念书。每一次期末考试我总是抬不起头来，因为我总觉得那些人正一个劲儿地嘲笑我。有一次她打电话问我学习成绩，我告诉了她，她也告诉了我，后来我才得知原来我的成绩终于比她高了一次。

那一年是小学阶段的某个春节，我记得我高兴了整个春节，以前总是我抬不起头来，现在终于可以扬眉吐气了。但没想到爸爸知道这个消息之后，说我是不是这次试卷和她们的不一样，比她们的简单，才会考得比她高。我的心顿时凉了下来，我明白我永远也不可能比得过她，她在所有人心里都是最强的，而我呢，我只不过是最卑微的一棵小草罢了。

为什么之前她考得比我好的时候，没有人说这种话呢？大人们从心底都是觉得她要比我聪明很多，我一辈子也比不过她。因为她在城市，我在农村，就连学校也要拿出来比。大人总说她是考进去的，而我永远也考不上，况且我读那么差的学校，成绩能好到哪里去？天哪，学校这个因素也是我造成的吗？怪只怪我原本就生在农村。每一次总是要看周围大人的脸色行事，他们每次都会在我面前夸耀她比我的学习成绩好。爸爸妈妈心中总有一个别人家的孩子，这个别人家的孩子一直是我的榜样，因为她，也许父母从心底就觉得我读书也没有什么用，每次总说一大堆打击我的话，然后把我和他比，比到最后我自己都觉得没什么可比性了，有一段时间严重丧失信心。

我只能在夜夜失眠中度过那段最为煎熬的日子，被比较真痛苦。在这种环境下，后来她的确比过了我，上了北京一所重点大学，大家又把赞许的目光纷纷投向她。于是只上了一所普通学校的我又变成了那个被人奚落的对象，但我现在不会服输，其他人的想法并不能够影响我，我是个坚强独立的人。我相信参加工作以后，我会比她更加努力，最后的胜负并没有分出来，我会证明给所有人看，我并不比她差。我会用实际行动告诉大人们，你们彻彻底底地错了，我会用自己的能力告诉他们，虽然得不到在乎，但在人生的路上，永远没有永久的胜利或者失败。如今的我能够用自己的能力为这个社会做出应有的贡献，那么我的一生就是值得的。

看到这篇文章的时候，我就在想，因为比较，孩子的心理是会扭曲的，我们无法评判一个人的一生到底是怎样的，也应该谨慎地拿自己的孩子去和别人的孩子做比较。有时候孩子的内心世界很敏感，一点点的话语在他们心里也可能会扩大化，尽管内心告诉他不要去和别人比，但是大人说的话已经在一定程度上深深地刺激了他。好在这个孩子最后是向良性发展的，她知道自己要比别人更加努力，所以在内心暗暗发誓向别人证明自己，竞争让她更加努力了，而不是形成恶性竞争。要是不这么想，孩子走偏了，可能就会引起一些难以预料的后果了。孩子用"既生花，何生草"来比喻自己的遭遇，也说明了孩子内心的渴望，如果不比较，她是不是可以活得更加轻松精彩呢？

在乎孩子的感受，父母需要用鼓励和赞赏的目光去迎接孩子成长的每一步。每个孩子都希望自己学习好，成为老师的得意门生；都想表现好，做父母眼中的好孩子。但是在完成这些的过程中，孩子一定会遇到困难，可能最后就像故事中的女儿一样受环境的影响没有完成自己的心愿，没有比得过别人。但是孩子一直在努力，并且永远不会放弃。在未来还有无数种超越，如果不比较，自己活得开心也好。

比如，文中的女儿肯定是经常听到大人谈论学习上的事情，于是她有时候也会委屈。她觉得她只能在乡下的学校接受教育，与城里相比，肯定有一定的差距，但爸爸妈妈可能从没有考虑过这些问题，他们关心的就是女儿这次有没有考过别人。没考过心理落差很大，考过了又觉得女儿的成绩不真实，怀疑她到底有没有这么高的水平。这样女儿就完全陷入迷茫和纠结当中，所以家长不要把孩子成长过程中表现得不好的方面全部归结到孩子身上。我们也要反思自己的教育方式和行为，如孩子表现不好的时候，你是不是打击过他，而且一直埋怨他的不足。

在乎孩子的感受，我们要用赞赏的心态去关注孩子一点一滴的变化，即使孩子暂时没有达到标准，也要不断地告诉自己这是孩子发展的过程，然后去接纳孩子的不足。当家长知晓这是每个孩子成长过程中的必然时，心态和态度一定都会有一个明显的变化，久而久之，孩子也会有所体会，他就会朝着好的方向去努力了。孩子的每一步成长都需要我们的支持，需要我们共同接力帮助他填补一个又一个空白的脚印。当然，对孩子的表扬也要显得真诚，不要让孩子觉得你是虚情假意，更不要编撰一些非事实去夸赞孩子，因为我总是在说要鼓励孩子，可能有些家长听完我说的这些话之后，回到家里就开始对孩子进行表扬。不真诚的表扬结果也许会适得其反。我记得有一年我拉着一个亲戚一起去听教育专家的讲座，亲戚回来之后对着他的孩子是天花乱坠的一阵狂夸。孩子感到莫名其妙，每次还不了解实际情况就开始夸奖孩子，要知道你廉价的表扬也会让孩子受伤。他会觉得我明明没做过这件好事啊，为什么妈妈夸奖他，他会对你的夸奖产生疑问，会觉得妈妈是不是在假装夸奖他，是不是在骗他。家长采用夸奖表扬的方式也要注意，不能让孩子产生疲惫感，每一天都夸奖同一件事情，那么你觉得孩子会相信这是表扬吗？我的小侄子就和我说过这样的话："姑姑，妈妈自从听了你说的那个讲座之后，简直让我无语了，她总说我棒极了，其实我知道她这是在骗我，想让我不顽皮，不给她添麻烦，你能不能和她说说不要再说那么酸的话了。"这就是不真诚的表扬的结果。假如你的表扬是不真诚的，不是站在孩子的角度考虑这个问题，那么表扬会比批评的效果还差，会让孩子心灵受到更大的伤害。

在乎孩子的感受，不仅表扬要真诚，批评也要真诚，让孩子真正意识到错误的地方。因为只有让孩子感受到你的真诚，孩子才会心甘情愿地接受你的引导，才会用真诚的态度去面对自己的言行。

　　当孩子犯错误要批评他的时候，正确的做法是：先换位思考一下，如果你是孩子你会怎么做、怎么想，等自己想通了，再用真诚的态度去和孩子谈这件事，就会有好的效果。我记得在一本书上看到的观点还是不错的，书中介绍常用的方法便是爸爸妈妈每次想指出孩子的缺点时，总是会真诚而实际地说出孩子在这方面的优点，在这个基础上再告诉孩子："如果你怎么做，就会更好了。"这样真诚的批评与引导，孩子会很容易接受。孩子每一步的成长都牵动着父母的心，当我们用真诚的心、用正确的方法去和孩子交流、去引导孩子时，就会产生意想不到的效果。要做到孩子全面发展的确不易，但只要我们努力去做，就可以对孩子的成长产生更大的帮助。对于孩子，不仅要关注他们的学习，也要看到他们在习惯、能力上的进步，这点对于他们很重要，否则为什么会出现孩子反抗家长的行为？

　　其实原因在于我们根本没有过多地去了解孩子，可能在孩子眼里，很多爸爸妈妈都已经成为虎爸虎妈。从现在开始就要用心去跟孩子沟通交流，给孩子足够的信任感，在乎孩子的感受，那么孩子一定会把你们当作朋友。在父母的眼里，自己的孩子永远长不大，父母永远希望孩子躲在自己的怀抱里，但也要看到孩子的思想是会慢慢成熟的，他们也需要被理解，不同的年龄段，需求都是不一样的。每个孩子的性格都是有差异的，他们需要得到爸爸妈妈理解的目光和朋友般的信任。

　　在乎孩子的感受，还在于用不一样的方式去激励孩子。一般的小朋友都很喜欢赖床，到了早上总不愿意起来，虽然孩子上的是幼儿园，幼儿园对上课时间的规定不是很紧，但父母还是担心孩子正式上学时怎么办，也不能像现在一样每天起不来。后来某一天当孩子再次在床上怎么都不肯起来的时候，妈妈拿出一张纸在上面写上孩子的名字，再加上"作息时间表"几个大字，上面写着每一天的起床时间，然后找出双面胶把它贴在孩子的床头。孩子一开始看妈妈做这些的时候，感到很奇怪。妈妈告诉他如果他现在起床的话，在今天的荣誉榜上就可以给他加上一颗五角星作为奖励。可能是由于小孩子的好奇心，还没等妈妈说完，孩子噌地一下就爬了起来，赶忙叫妈妈给他穿衣服。趁着这个时间点，妈妈又对他说了几条规则，如果他明天能够比今天起得早一点点，可以再加上一颗星；如果他能够自己穿衣服，可以加上几颗星；如果他起床之后能够读一会儿书而不是看电视，可以再给他加上几颗星。孩子显得兴致勃勃，大声嚷嚷着自己要得到很多颗星。

　　可这一招在使用几次之后就不奏效了，孩子一下子对五角星失去了兴趣，他表现出无所谓的态度。妈妈也不介意，对他说如果他一个月可以拿到100颗星，就奖励他一颗大钻石星，只要集齐三颗大钻石星，他就可以获得一次实现愿望的机会。在这个过程中，妈妈特别注意目标没有定得太高，否则孩子不容易达到；也没有定得太低，不然孩子一点儿动力也没有，孩子觉得很容易就不会去努力地改变自己了。而且这个过程要循序渐进，不能孩子在一个月拿到了 100 颗星，就立马奖励他什么东西，那样没有挑战性，也没有什么吸引力。所以妈妈还设计了大钻石星这个环节，目的就是要让这件事情有一个曲折的过程，以告诫孩子不是什么东西都可以轻易得到，必须付出自己的努力。当然，每个孩子的情况不一样，如果孩子本身属于那种特别容易骄傲的人，可以多给他设计几个这样的环节，什么天王星、霸王星的存在也是毋庸置疑的了。除此之外，妈妈还设定了惩罚，如果没有做到规定的内容，不仅要扣除星星，还要惩罚做另外一些事情，这样孩子就得分外注意了。

当然，如果孩子是属于特别没有自信的那一类人，就要注意是不是可以取消这样的环节，让他一个月之内得到自己喜爱的东西，建立起信心之后，再做适当的调整。起初孩子是很不在乎的一种状态，但妈妈发现自这个规定施行以来，孩子的生活还是发生了一些小小的变化，如他不再赖床，每天起床后第一件事情就是拉着妈妈给他加上几颗星，然后自己能做的事情也尽力去完成。妈妈对这个结果很满意，因为她知道孩子是表面上不在乎，其实内心还是很想拿到属于自己的荣誉的。

如果家里还有其他孩子或者大人，也可以采用比较的方式来加星。如他们今天谁做得更好一些，就奖励谁星星，这样的方式操作起来效果更加明显。我之前也建议家长这样去做，最后的结果还是很乐观的，孩子都取得了一定的进步，如在早上养成了读书的好习惯，学习方面更加积极主动，而不需要采用逼迫的手段。

共享教育需要携手

　　"教"是一个方面，"育"也是一个方面，"教"和"育"结合才能打造更好的携手教育，教师和家长应该共享教育，需要携手的快乐，这样的发展会让教师更轻松，而家长也能更了解。

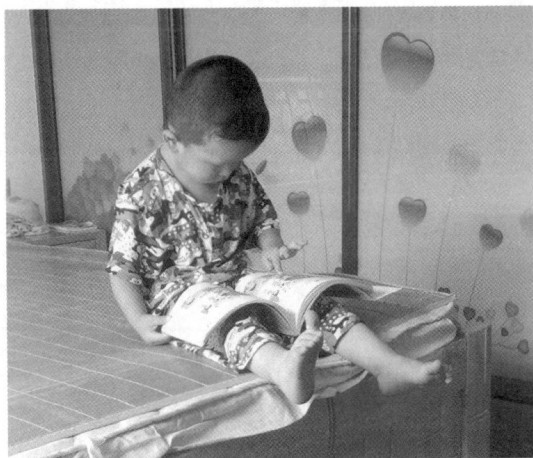

第一章　阅读其实很简单

一、让孩子享受阅读的快乐

一开始我们对于阅读这件事情是不重视的，或者说很久很久以前人们甚至认为孩子读课外书是一件不尊重学习的事情，但现在随着学习的深入，随着终身教育体系的传播，我们渐渐发现阅读原来在人的一生之中占有如此崇高的地位。

现在很多教育类书籍都在宣传阅读的重要性，但我认为要想阅读好，还是要找对方法，特别是针对孩子们的阅读。我看到很多父母逼迫自己的孩子去读书，但孩子始终怀着不情愿的态度敷衍了事。

比如我的小侄子，他妈妈以前经常和我讨论应该怎样去培养孩子的阅读习惯，她说儿子其实很爱看书，曾经常常缠着妈妈要去买书。但是相对来说，有了平板电脑之后，他就经常拿着平板一直玩，阅读的兴趣渐渐地消失殆尽了。

我觉得相对于阅读来说，最重要的是为孩子建立一座心灵书屋，这样的书屋不但要建在心里，还要把它放在现实生活中，家里一旦有了一座心灵书屋，那么在其中的孩子一定有阅读兴趣并且是徜徉在书海中的快乐之人。随手可以拿到书，坐在书屋一角静静品读，进门就是书，那么孩子也一定第一时间想到看书。

曾经看过这样一个故事，说的是一名医生很小的时候住在贫民区，他回忆过去，永远也忘不了妈妈带给他的阅读兴趣。妈妈把他看得津津有味的电视关掉，并且对他说："我去了一个有钱人家里，发现别人有书，而我们没有。"于是妈妈强行把他拉上车，把他丢在了离家最远的藏书楼。

很多年过去了，早已成为名医的他重回家乡，发现当年经常和他一起玩的小伙伴，一半因为吸毒死掉，一半可怜地伸手在街边乞讨。他特别感叹是妈妈当年那个强制行为才让他有了今天的生活，是阅读帮他成就了自我。我觉得我们的家长也要有这种意识，当然我不提倡强制地把孩子锁在某个地方让他看书。

对于年纪小的孩子，恐怕他们更加难以接受被强制读书，因为读书是一件快乐的事情，要让孩子在快乐的情绪中体验阅读的乐趣，如果孩子不快乐，那么最后他也得不到什么东西。

我想先做个小调查，家长们，注意了，第一个问题：当你在家的时候，在孩子面前拿手机的时间是不是超过了其他时间？第二个问题：当你陪孩子出去玩或者走路的时候，是不是也拿着手机点来点去？第三个问题：当孩子哭闹着要玩平板电脑或者手机的时候，你是不是立马就把这些给他当玩具？

其实我说过孩子最强的能力就是模仿，这点特别体现在孩子还小的时候。

记得我嫂子在和我聊天的过程中和我说过一件事情，她一岁半的小儿子一上楼总是拿着她的手机点来点去，也不知道他在点什么。一岁半的孩子，他也不知道自己在玩什么。我当即就说："肯定是你每次在他面前都拿着手机点来点去，他就学会了你的动作。"嫂子恍然大悟，说："真的是这样，你怎么猜得这么准。"她还说每次小儿子到了楼下总是拿他奶奶的收音机开始放音乐，然后跟着跳舞。我说那一定是他奶奶经常在他面前跳舞。嫂子又一次说我猜得很对，因为他奶奶经常在外面和一大伙人跳广场舞，也会带着他去。

我对嫂子说这就是模仿的力量，孩子的模仿能力是很强的。其实孩子不爱看书，很大一部分原因在家长身上。我以前经常会和妈妈吃完晚饭之后出去散步，然后妈妈就走街串巷地把我带去各个朋友家里。每次我到了有孩子的家庭里，总是看到父母们晚饭后就看电视连续剧，除了早上看报纸，很少会去读书，然后孩子有的在一边坐着一起看，手上还端着饭碗，然后孩子妈妈就开始骂人："你怎么还没吃完饭，又是想多看一会儿电视吧，每个晚上都是这样，总是挨到八九点才去写作业，然后又熬夜。"

孩子妈妈虽然嘴上说着不让孩子看电视，她的眼睛却是不停地盯着电视看。还有的孩子明明已经进去房间写作业看书了，但因为父母在客厅看电视，孩子还是控制不住自己找点小理由来客厅蹭几眼电视看，总是觉得能看几眼都是好的。父母不应该为了孩子舍弃自己正常的兴趣爱好，下班之后休闲娱乐一下也是可以的，但我觉得这也要建立在不发生在孩子面前的基础上。有的父母吃完饭马上就开始玩手机，面对手机不离手的父母，孩子又怎么会甘心地去看书写作业呢？

拥有阅读环境是一件很重要的事情，你为孩子创建了环境，孩子自然会自觉地去看书。我期待的培养孩子的方式是父母和孩子一起坐在房间里，父母坐在孩子身边，孩子的身边放着许多书，父母身边也放着他们喜爱的书籍，然后大家一起阅读。对于比较小的孩子，父母可以把他们放在自己的身上或者把他们抱在怀里，给他们讲故事，帮助他们阅读。这时父母的怀抱会给孩子带来极大的安全感和愉快感，那么孩子渐渐就会喜欢上阅读。

孩子的阅读习惯一旦培养成功，那么对于父母来说，以后的阅读问题就会迎刃而解。对于孩子来说，阅读甚至可以改变他的一生，在中小学阶段，阅读显得尤其重要，阅读是一种神奇的力量。

希望父母能用书铺垫孩子们的成长，让他们在书堆中长大，这样我相信孩子一定会更加优秀。对于阅读这件事情，还要提醒父母的一点是千万不能急于求成，给孩子太大的心理负担，当孩子写不出作文的时候，千万不能批评孩子："连作文都写不好，你的书都白读了。"家长尤其不能抱怨没有时间看书，那么孩子更会说自己没有时间，要告诉孩子时间是挤出来的，如果时间利用得好，一定可以把见缝插针变成见缝插书。

越来越多的家长向我抱怨，孩子这么懒怎么办？让他读一本书，他一只眼睛看着电视，一只眼睛写作业，这边刚刚说完，他又开始玩电脑游戏了，始终控制不住自己，给他买了好多书，都快把家里放满了，他就是不愿意看。面对家长的抱怨，我听得最多的是"懒"这个字，于是我决定探究一下这个"懒"字到底懒在哪里。其实我真的很想问父母几个问题，当孩子一边写作业，一边看电视的时候，你们有没有想过关掉电视机，陪孩子一起阅读书中的奇妙世界？

当孩子不想看你买的书，甚至把书一直放在那里动也不动的时候，你有没有想过你买的书是不是他们感兴趣的书？孩子们不愿读书，从根本上来分析，这不是他们自己造成的，可能和父母的逼迫有一定的关系，也可能和孩子自身的兴趣有关系。举一个最简单的例子，达·芬奇是一个画家，如果让他去做一个天文学的观察家，那必定是不能成功的；莎士比亚是一个剧作家，如果让他成为一个世界有名的歌唱家，想必也是不能实现的。当然，我们也不能从孩子小时候就判断出他将来一定会从事怎样的工作，但孩子小时候的兴趣培养对他的一生都会产生很重要的影响。你可以先给他买几本他喜爱看的书，慢慢地帮助他把兴趣提升上去，渐渐地，他就养成了读书的习惯，习惯养成了，后面也就不需要太过于担心了。这一点在孩子身上的运用一定要越早越好，年龄越小的孩子，这一点在他们身上会运用得越成功，因为小时候的习惯可能一辈子都会记住。在选书的问题上，张贵勇老师的看法是"父母给孩子提供书的同时，也给孩子一定的选书空间，在尊重孩子意愿的基础上，和孩子一起发现好书，并做好亲子共读，一点点提高孩子的阅读能力，培养孩子选书的眼光"[1]。一本好书加上有效的陪伴就是阅读的美好时光。

有些孩子很爱看书，但可能爸爸妈妈认为他们看的都是闲书，于是禁止孩子看课外书，只能看教材或者课本，这在无形中是不是限制了孩子的兴趣？

---

[1] 张贵勇. 给孩子的童年书 [M]. 桂林：广西师范大学出版社，2017：13.

看书是件好事，首先，要和孩子明确这一点。其次，孩子看的书好不好，主要注重于能带给孩子什么，不要在一开始就否定孩子的书籍，孩子也希望父母能理解他们的兴趣。你可以在孩子看完这本书之后好好地和孩子聊一聊这本书带给了他什么，这样不仅不会有反作用，还能让孩子知道原来爸爸妈妈是支持我的。在孩子看完一本书之后，主动去询问孩子关于书的内容，孩子其实也有兴趣把自己在书中学到的东西拿出来和大家分享，而且他们在这方面会很有成就感。

有的父母认为孩子看教科书才是对他最有益的，觉得其他的书籍都是无用之书，因为考试的内容是教科书。但孩子本来就在学习教材，所以他对这方面不一定感兴趣，而且知识仅仅局限于教科书中是远远不够的，读书应该广泛地建立兴趣，才能促进最终的发展。

为什么父母们就不能从这里找到突破口，从而帮孩子养成一个爱读书的好习惯呢？有些时候不用采取强制性的手段，也能让孩子迅速地吸收掌握很多知识。书籍是人类进步的阶梯，书中自有黄金屋，书中自有颜如玉，书籍是孩子在一定时期最好的朋友，让孩子广泛接触有益的书籍在一定程度上会给他们带来很大帮助。

比如，之前有个孩子告诉我他喜欢科幻类的书籍，每次看到这种书籍总是爱不释手。我觉得将来说不定他就是个科学家，因为科幻类的书籍会培养孩子的想象力，让他们的想象力无限丰富。因为时代不同，很多孩子的想象力都被无情地扼杀了。但我觉得我的想象力还是挺丰富的，因为每次看到一件事情的发生，我总能很快地联想下去，想象接下来的场景会是什么。这也可能和我喜欢记录文字有关系，每次我做梦之后也会把梦中的场景一一记录下来，然后逐一展开联想。我希望自己可以写出一本书，书中记录的是我自己的想象世界。而且我从很小的时候就开始记日记，我觉得自己在文字想象这方面的天赋还是挺强的。这也源于我喜欢看书，从小到大，只要看到喜欢的书籍，我可以一整天都待在那个地方，然后看一整天书。我对故事类型的书籍尤其感兴趣，对名著也是如此，可以抱着一下午不撒手，这也为我以后的阅读写作打下了一定的基础。

父母也可以在这方面培养一下自己的孩子，如果觉得孩子阅读了一本好书，不妨听一听孩子的意见，让孩子继续读下去，也许以后就能培养出一个作家。有时候无论是作家还是科学家，都是在习惯的培养中长大的，而其中阅读带给孩子的感受是最深的。

从我自身经历来讲，从小到大，我的父母都没限制我去看书，所以小时候哪怕新华书店离家很远，我也会邀上几个同伴和他们一起坐公交车去看书，这在无形中锻炼了我的能力，让我见识到原来书的海洋中有这么多奥秘等着我们去探险。直到现在，虽然比较忙，但是自己家附近只要有书店，我还是会忍不住去看上几眼，然后又忍不住挑出一些自己喜欢的书，把它买下来。我觉得读书是一件好事，孩子读的某些书也许并不是令你满意的书籍，但对于他而言是有益的，那么就去支持他，把他读书的习惯培养起来，那么他以后就会常常看书了。我以前也不知道自己究竟喜欢什么样的书，后来才发现我的最爱。每次有机会得到新书，我都高兴得不得了。每逢新学期开学语文书发下来，我也巴不得马上把它看完，因为我喜欢这种书。当然，我们千万不能读一些完全没有营养价值的书籍，把人引入歧途的书籍不是好书。

孩子在看完一些书之后总是会找到自己喜欢的一类书籍，也许他们的逻辑思维好，喜欢数学，于是天天研究数学书。也许他们的情感更加丰富，喜欢故事一类的书，他们的写作能力也会得到有效提高。所以，给孩子们一点儿自由的空间，让他们阅读自己喜爱的书，为学习生活增添一些乐趣，培养习惯。多读书，人的素质才会有所提高，知识改变命运，书籍成就未来，相信孩子们一定能在书的世界里找到学习的乐趣，从而对学习产生无与伦比的兴趣。书是我们最好的朋友，我们无时无刻不需要书籍带给我们的无限快乐。如果能够让孩子永远与书籍交朋友，那么他最后就算不成为一个作家，也会成为一个有素质、有修养的人。

"积极的自然状态，是儿童阅读的理想状态。"[1] 这是成尚荣老师对于儿童阅读的观点。我也相信让孩子找到自己喜欢的书籍，他就会慢慢爱上读书。

二、共同阅读的时光

再次想到家庭教育，因为觉得它真的很重要，家庭教育至少是一个人最有影响力的起点。举一个例子来说，之前在浏览百度网页的时候看到一则故事，也是讲怎么帮助孩子培养阅读习惯的。看了之后，我觉得讲得颇有道理，于是总结了一下，从我个人来看，阅读的重要性在家庭教育中所占的比重无疑是最突出的，而这一点在年龄越小的孩子身上体现得越加明显。只要从小培养好习惯，家长再也不用说出"我们家里买了许多书，他连翻都不会去翻一下"的话来。说实话，我不止听到一个家长这样说了，那么发出如此感叹的家长在孩子阅读的这个环节中究竟走向了什么样的误区呢？

我想指出的第一个误区是在阅读的过程中让孩子自己去翻书进行阅读。

① 成尚荣. 儿童立场 [M]. 上海：华东师范大学出版社，2018：170.

家长在说出上面的控诉之后通常会直接把书交给孩子，逼迫孩子读书，什么今天必须读完这一本，读完之后写个读后感出来，然后自己去干自己的事情，完全不管孩子，只等着检查孩子的读后感。亲爱的家长们，我想问一下，如果有人这么逼着你们读书，还要求你们写个读书报告出来，你们是什么样的感受，你们还有心情读下去吗？

孩子也是一样，读书应该是一件快乐的事情，其实要让孩子真正自觉地去读书或看书并不是一件难事，只要家长们有心去做，一定可以帮助孩子达到这个目标。家长们为什么不可以陪孩子一起度过一个"共同阅读"的时间呢？调查研究显示，和父母一起阅读和自己独自阅读相比，与父母一起阅读的孩子更容易爱上阅读，更容易建立阅读的习惯。

书不是可以吸引孩子眼球让孩子无法自拔的电视节目，你把孩子放在沙发上让他自己看然后你离开就可以完成的事情。也许在有些孩子眼里，书还是一种负担，剥夺他自由的负担。其实有这样想法的孩子不在少数，这也是有的孩子可以沉浸在书的海洋中，有的孩子却看到书就头痛的原因。如果孩子能在你的陪伴下拥有一个共同阅读的机会，并且你能陪着他一起坚持，孩子以后是可以自己进行自主阅读的。阅读不仅关系到考试的成绩，而且是陶冶情操的重要法宝，它可以让人获得许多与众不同的东西，这一点在孩子以后的学习生活中会体现得淋漓尽致。

第二个误区是一种考试性质的阅读。很多爸爸妈妈在和孩子一起阅读或者在孩子独自阅读的时候会冷不丁地问孩子一句："宝贝，告诉妈妈书上画的这个是什么呀？"或者是"这个东西以前妈妈教过你的，来，和妈妈说说为什么小河马做得不对啊？"我明白爸爸妈妈的用意，想让孩子在阅读中掌握更多的知识，看看孩子到底记不记得以前讲过的一些知识或者孩子到底看懂了没有。甚至有的爸爸妈妈觉得这是和孩子一起阅读的互动，应该没有错，难道阅读中不可以交流交流吗？在这里我不是要否定交流，爸爸妈妈和孩子之间的沟通是我一直提倡的，但是这给孩子的感觉好像是在考查他们，似乎孩子回答得不对就犯了弥天大错，然后被罚站在墙角边，有过这样体验的孩子更是如此，这是孩子们害怕的，而不是一种轻松的阅读氛围了，也许就会使孩子丧失阅读的兴趣。

一种带着考试的紧张心情进行的阅读还能有阅读的好效果吗？阅读应该是在孩子和父母平等的基础上进行的，阅读应该更多的是一种分享，而不是一次考试。而且考试性质的阅读还限制了孩子的创造性思维，对于孩子而言，他们会用自己的想象力去理解书本和绘本，如果大人一再地对他们提出一些单一性的问题，孩子答不出来，还会伤害他的自尊心和自信心。

　　家长们在与较小的孩子一起阅读的时候，应该尽量避免问孩子一些在英语里叫作特殊疑问句的句式，就是那些以"Wh"开头的问句，这会给孩子带来茫然不知所措的感觉。如果实在要提问，可以以一般疑问句提问［一般疑问句举例：Is she beautiful?（她漂亮吗?）只需要回答 Yes, she is.（是的，她很漂亮。）或者 No, she isn't.（不，她不漂亮）］。问孩子这个小狗是不是很可爱总比问孩子这个小狗为什么可爱更加容易让孩子接受，让孩子回答是与否可以慢慢地树立起概念，有了概念，才可以接触更深层次的东西。因为对于年龄较小的孩子来说，尽管以前可能教过他这类知识，他的脑袋里一时之间却很难建立起概念，但他会想象，我们的提问可能恰好打扰了他的想象。

　　当然，这仅是对比较小的孩子，对于大孩子，家长可以转换方式，大孩子也许越提问越感兴趣。也可以尝试让孩子来提问，让孩子提问是一种更大程度上激发想象力的快乐，孩子得到了他们想要的知识，而且这个知识是他们自己提出来的，是在他们的接受能力范围之内的。想象力要从小培养，所以我们应该更注重小时候能力的培养，孩子们有一种能力叫"天马行空"，请不要破坏他们的"天马行空"。当然，我们的考试中的确有阅读这种题型，无论是语文还是英语，阅读都是不可避免的，要培养一种好的阅读理解能力，就要从平时的点点滴滴做起，这样考试才能更好地理解，而不要把平时的阅读也当成一种考试，这样会使孩子更加反感。只有让孩子在平时的阅读中找到快乐，他们在考试中才会更加乐于去答题，去解决问题。

　　第三个误区在于不要强迫年龄还小的孩子一定要在阅读中认识多少个字，相对来说，一到四岁左右的孩子更倾向于通过图画来理解新的东西，孩子们更喜欢图画，他们对文字没有多大兴趣，他们看书一般只看图画。他们会从图画里得到想要的东西，图画有什么好玩的东西，这才是他们想探索的，也真正是小孩子的阅读。图画对于培养孩子的理解能力是很有好处的，它是培养理解能力的第一步。当然到了认字的时期，家长们可以用游戏的方式引导孩子一步一步去认字，在游戏中快乐学习是孩子们最向往的。恐怕到了那个时期，不用家长提醒，孩子们自己都能够指着一个字追着你问这是什么字。

　　第四个误区也是最普遍的，就是刚才我讲到的读书之后要求孩子写文章的读后感，或者是在孩子读完书之后直接问孩子通过这则故事你懂得了什么，或者是你能总结一下这本书的意义吗？

　　读书成了一种负担，孩子又何尝愿意去读？把读书变成一种追加大道理式的读书，不仅孩子厌恶，恐怕大人也忍受不了吧。家长们一旦喜欢在故事中给孩子讲大道理，那么孩子也会变成一个只会讲大道理、只会狡辩的人。在以后他和他人相处的过程中必然引发许许多多不愉快。让阅读变成一件愉快的事情吧，让孩子爱上阅读，愉快是最重要的。

不好的阅读不如不读，至少还能保住孩子那颗天真无知的心，让他们天马行空地发挥自己的想象力，创造一个属于他们的人生。纵观历史上的伟人，如爱迪生、爱因斯坦等，正是因为有想象力，有创造力，才能挥洒自己的才能。用一些不好的方法去破坏孩子的阅读能力，破坏孩子的快乐，这是一件多么可怕的事情啊！

阅读不仅是语文，还是英语、数学、化学、物理、历史等学科的诠释，想想一个从小就读过中华上下五千年的孩子能够对中国的历史不了解吗？这是不是对于他进入初中学习历史有好处呢？想想一个从来没看过几本书的孩子将来怎么去理解多种多样的数学题，会不会开始解应用题的时候连怎么完成应用题都不知道。

我记得有一句话说得特别好，具体是谁说的已经记不清了，"如果你不会教孩子，请教他阅读，书会教他"。让孩子喜欢阅读是一件最能体现教育价值而且是有着长久回报的事情。我和家里的小朋友也发生过一系列的阅读故事，很早以前我就知道要让孩子爱上阅读首先要建立一个阅读的环境，所以我喜欢在家里摆上很多书，或者有一个专门的书柜或书架，也许还可以设立一个阅读角，阅读角的位置要放在孩子常常活动的地方，这样就保证了孩子能在想读书的时候随时随地可以拿到书。我还不止一次地倡议要带着孩子一起去书店或者图书馆，记得我小时候最开心的事情莫过于带着弟弟妹妹一起去新华书店看书。

坐上公交车直接到达八一广场那个最大的新华书店，静静地在里面坐上一天，除了吃饭，都不想出来。书店或图书馆是一个最有看书氛围的地方，把孩子放在这里，不想看书都不行。我曾经让家里的孩子和我一起看书，可这个年龄段的孩子是完全静不下心的，别说看书，对于一个 5 岁的孩子而言，想让他坐在椅子上吃完一碗饭都很难。也许很多孩子都是开着电视由爸爸或者妈妈喂完一碗饭，更何况是看书呢。这时候我是怎么处理的呢？在看书之前，我先跟孩子讲清楚我会和他一起看一个半小时的书，我可以陪着他看或者他看不懂的地方我可以给他读出来，跟他一起讲故事。让孩子首先知道他接下来要干什么，明确目标是很重要的。他一开始的确答应得好好的，并且表现出很有兴趣的样子，于是我们马上把书摆在地板上看起来（说出去就要立即做，让孩子知道诚实守信的重要性，那么他也会遵守诺言，这点会在后面的拉钩中得到体现）。看书看了还没五分钟，他果然坐不住了，立马起身去玩他最喜欢的动画片《熊出没》里光头强的那把砍树的锯子，还边玩边拿到我这边像模像样地砍起树来逗我，让我陪他一起玩。这个时候我们千万不要放弃，其实小孩子注意力不集中是正常的，我们可以慢慢培养他集中注意力。我没有放弃，继续读书，边读边观察孩子的动静，过了一会儿，我开始自言自语："这个故事真有趣啊！小兔子怎么掉进河里了呢？小象可真勇敢，还把小兔子救上来了！""哪里？哪里？给我看看。"还没等我说完，孩子已经飞奔过来了。这个时期的孩子好奇心是很重的，我们就要充分"利用"他们的好奇心。我装作不给他看的样子，他还挺着急的。我对他说："给你看可以，你能不能不玩那个锯子了，我们一起读这本书好不好？读完了再一起去玩。"

孩子点点头答应了，还和我拉钩，说骗人就是小狗。大概这个时候的孩子都喜欢拉钩来说明对一件事情的重视，拉过钩就表示一定要做到这件事。我把书给他，让他和我一起读，边读边给他讲，他也会通过图画来和我交流书中的内容。适当的时候他会冒出几个有新意的问题，我也很耐心地给他解答。不知不觉一个半小时过去了，孩子似乎意犹未尽，吵着让我给他读另外一本图画书，好像玩锯子的事情已经被他忘到九霄云外去了。这就是阅读的魅力，也是方法的所在。

三、阅读是一种全新的体验

阅读是一种真诚的体验，给孩子最快乐的享受，有一天我们的孩子会惊喜地发现笔下的文采涓涓流出，成就了一篇充满自豪感的作文，这就是阅读带来的最高层次的享受——愉悦。孩子从小进行阅读将对他的未来产生不可忽视的影响，而阅读习惯的建立亦需要家长的共同配合。当然，只要从小把这个习惯培养好，就不愁孩子不喜欢读书，他一定是一个热爱读书并且受欢迎的人。小学的孩子的理解能力可能还没有达到一定的程度，所以更加需要父母的陪伴阅读，而且这种陪伴必须是有效的。小学的孩子通常对于故事类型的书籍比较感兴趣，父母在引导孩子阅读时可以和孩子一起看故事以及把故事讲给孩子听，鼓励孩子在听完故事之后用自己的语言表述故事，自由发挥。孩子在接收父母提供的信息时，也会更加专心致志地沉浸在阅读的氛围中。在不知不觉中，孩子的阅读能力逐渐被培养，随着坚持和日积月累的沉淀，孩子慢慢喜欢上了阅读。

培养阅读的习惯任何时候都不晚，对于初中阶段的孩子，家长可以采取推荐书的方法，推荐一两本适合并且有益于他们的书籍，先激发他们读书的兴趣。家长在给孩子推荐书时，可以自己先把这本书看透，然后和孩子讲讲这本书的内容来吸引他，最后在孩子看的过程中和孩子交流看法以及探讨书中的人物。家长要理解孩子，就要从了解孩子做起，走进孩子的内心世界；

培养孩子对于阅读的认知，就必须知道孩子爱看什么样的书籍。和孩子之间有话题，那么孩子自然就和家人更加亲近，也会爱上阅读。这个步骤也可以由家庭的其他成员代替，只要是正向地引导孩子，只要不逼迫孩子一定要看多少，亲子间关于书籍的沟通会很顺畅。其实初中的孩子心里是渴望父母理解自己的，当家长和孩子因为聊到书中的某个人物而哈哈大笑时，就会发现原来父母和孩子可以这么亲近。父母和孩子通过读书有了共鸣，也能够增进父母和孩子的感情，使彼此之间关系融洽，孩子也会更加热爱学习。分享式的阅读对于初中的孩子来说，是一种独特的亲子阅读。

在阅读中，第一，要把阅读的重要性告诉家长，可以通过一系列例子让家长深入明白，以此杜绝部分家长对于阅读的排斥。第二，告诉家长孩子们应该读什么样的书籍和怎样引导孩子读书。第三，在交流中和家长沟通怎样和孩子一起培养阅读的好习惯，这点可能就要分层来看了。在小学阶段孩子的阅读角色中，家长是讲述者，孩子更多时候是倾听者；在初中阶段孩子的阅读角色中，家长是分享者，孩子更多时候是讨论者；在高中阶段孩子的阅读角色中，家长是榜样者，孩子更多时候是学习者。

在高中阶段，孩子基本摆脱了对于父母的依赖，他们在阅读上会做出自己的选择，而父母要带给孩子的更多的是无形的影响。如果家长想要更好地发挥自己言传身教的作用，就应该养成自主阅读的习惯，为孩子做好阅读的榜样。高中的孩子不再需要父母讲故事或者督促，家长更需要从自身做起，找到自己感兴趣的书籍，为孩子建立无形的阅读氛围。

我记得某个老师的书中记载了她陪孩子共读的过程，老师给孩子买了一本厚厚的《红楼梦》，孩子见到这本书，自然是不愿意去读的，又厚又晦涩难懂。但机智的妈妈采取了非常有效的策略，她佯装这是给自己买的书，然后每天读一点给孩子分享，给孩子讲她读到的一些东西，孩子随着故事情节的深入不断地被吸引。后来她假装工作忙，没时间看书了，但是孩子又迫不及待地想要阅读整个故事，于是她就让孩子自己去阅读，可以查字典，也可以问妈妈，她又假装自己对整个故事也很感兴趣，于是让孩子给她讲读到了什么。随着角色的转换，孩子慢慢接受了阅读的这个过程，他不懂的字词自己会主动查字典，而且每天讲给妈妈听，让他培养出了非常大的成就感，于是他越来越爱读书了。后来无论看什么书，在吃饭的时候，都忍不住和妈妈多说几句，这就是阅读的魅力。当然，这个方法可能更适合既不是年龄太小也不是年级太高的孩子，因为他们有了基本的判断能力。孩子处于幼儿园或者一二年级的话，不妨试一试读书给孩子听，把故事讲给孩子听，他对阅读会越来越感兴趣的。每天有一个固定的共读时光陪伴孩子阅读，无论是爸爸还是妈妈，都可以给孩子带来不一样的阅读体验。

高年级的孩子更需要培养阅读的习惯，因为他们已经错失了阅读的最佳时期，如果后面不能有效地补救，那么在初中甚至高中这个阶段在各科目中都可能出现一定的问题，如数学或者物理、化学等，因为理解能力不够而出现比较大的差错。对于年级比较高的孩子来说，培养阅读习惯是不是太晚了呢？绝对没有这回事，阅读在任何时候都不晚。但是爸爸妈妈的方式方法需要做出调整，可能这个时候你给孩子讲一些故事，他已经不爱听了，而且有些父母可能受到文化水平的限制，也会出现一定的问题，那就不妨用前面所说的方法。

哪怕你陪着孩子阅读，你读你的书，他读他的书也是可以的，而不是整天拿着手机在孩子面前晃来晃去，用手机培育出来的孩子必定是不成功的。因为你看着手机，孩子的注意力就会被你吸引，家长们可以发现，很多孩子在你们看手机的同时悄悄地站在你的身边看着你玩手机。特别是现在一些软件的盛行，更是让这种现象存在生活当中，父母不仅把孩子摄入视频软件当中，而且自己看的时候也让孩子接受，觉得好玩，殊不知孩子正在学习这些东西。有些父母总是说孩子学习的内容记不住，软件上的东西倒全都记住了，因为你们给了他们太多影响，你们平时让他们接触太多这方面的内容了。试想一下，要是每天让孩子坚持背 10 个英语单词，看的是单词的内容，他是不是记住的就是英语单词，而不是视频了。有的父母还和我说他们平常没给孩子看太多这些内容，就是偶尔看一看，但要想想我们每天究竟看了多长时间手机，而且是每天都坚持拿手机看，孩子耳濡目染接受这样的影响，他记住的不就是手机里的内容吗，还能指望他记住与学习有关的内容吗？

说实话，尽管没有看到孩子在家里的实际情况，我也不知道家长们在家里有没有玩手机的习惯，我根据一个孩子平常的表现也可以知道每个家长在家里玩手机的时间，因为一切都可以观察出来。你们玩了多长时间的手机，孩子就受到多大的影响，然后他就会表现出来。比如，我曾经在朋友家孩子的一篇作文里看到他抱怨妈妈玩手机。他说妈妈玩手机已经上了瘾，玩得连他的网上作业都做不了，妈妈让他拿爸爸的手机，她要用手机工作，但明明看到她是在手机上打麻将。爸爸又说让他拿妈妈的，真不知道应该拿谁的，回头想想还是不做了，他表示明天老师要惩罚的话，就说是妈妈不让做。过年的时候，大家聚在一起，我发现一个孩子总是喜欢哼歌，一些很不入流的歌曲就从孩子的嘴巴里哼出来，我猜想这个孩子都不知道自己在唱什么，但他的确唱出来了，于是我忍不住问他从哪里学的这些歌曲，他说是妈妈看视频软件的时候自己在旁边看着学会的。难怪孩子总是爆出一些惊人的骂人语句，后来我才知道原来也是在这样一些软件上学会的。

再说回阅读这个正题，我曾经悄悄采访过一部分高年级孩子，问他们之所以不喜欢阅读的原因，他们给出的回答 60% 以上是父母都不看书，他为什么要看书。有一个孩子告诉我自己也很想融入书香的氛围当中，但是他也很想爸爸妈妈可以跟着他一起看书，这样全家都有一种读书的感觉，他说爸爸妈妈总说自己文化水平不高，不想看书，但是他们至少还是认识字的，读普通的报纸或者书籍都是没问题的。他们就是不喜欢看，所以孩子也不想看书，凭什么他们能玩手机，而自己就得困在书房里看书。

我相信孩子这样的话语也给了我们一定的启示，其实孩子只是想要一个同样爱看书的爸爸妈妈。那么作为家长，只要不是不认识字，为什么不可以陪着孩子一起阅读呢？哪怕你每天只在孩子面前读一点自己喜欢的读物，我觉得也是给孩子树立了很好的榜样。我强烈建议爸爸妈妈读一点关于家庭教育方面的书籍，因为这不仅与家长这个职业密切相关，对于孩子出现的问题，你还可以从书里找到答案。有自己的方法去应对，而且是针对自家孩子的，不是比问任何人都好吗？高年级的阅读习惯培养可以从家长的形式，如陪伴孩子阅读开始，因为更高年级的孩子家长仅在形式上陪就可以，孩子只是需要一种氛围；或者和孩子一起讨论他所读的书的内容也是不错的办法，孩子把想法告诉你，你给出适当的评论，这样孩子就知道原来读书有着这么多意义。

我曾经看过一个孩子，上小学三年级的时候他已经能够洋洋洒洒地写出一篇 1 000 字的耐人寻味的文章，每次看他妈妈在朋友圈发的那些文章都出自他之手，着实让我感到惊讶。班上六一儿童节要准备节目，班上的同学一致同意演小品，他立马着手开始写剧本，不到半个小时，剧本就已经完成。我一看，还真是想得周全，前面是剧本的主要内容，既有人物的话语、场景、动作，也有剧情，一应俱全，后面加上一个大大的"完"字，接下来还真和看电影时一样，有演员表，谁扮演哪个角色写得清清楚楚，还有配合演出的士兵和武士，道具分工也很明显，每个人物的角色分别用不一样的道具，并且由扮演者本人制作道具。

我看了剧本，写的是赤壁之战，周瑜、黄盖、曹操、关羽、张飞各个人物都突出了他们的性格特征，一看剧本就知道他一定是个熟读《三国演义》的人。果然不出我所料，听他和同学聊天，把《三国演义》讲得头头是道，连人物分析都可以讲出来，还一一做了点评，精彩极了。我看得出其他的同学就快要拜倒在他的脚下了，同学一个个对他佩服极了，也说回去一定要看《三国演义》。后来和他妈妈交流我才知道这个孩子从会认字起，就慢慢地把四大名著读熟了，他还真是读不厌，现在依旧每天睡觉前都要看看。

我问他妈妈有没有陪他读过书，他妈妈说最初的时候为了培养他的好习惯每天都会和他一起读书半小时。后来孩子自己每天半小时读书已经成了雷打不动的事情，而且自己会自觉地去看书，只要有书就去看。之前还给他订了儿童文学，每天写完作业都看，不让他看都不行，有时候为了看书，连最喜欢去的外婆家都不去了。

我对她说小孩子爱读书是一件好事，你已经把他的习惯培养出来了，接下来就是要好好坚持，爱看书的孩子将来没准是个作家呢！我把孩子写的剧本誊抄了一份至今保存着，因为它让我知道阅读对于一个孩子来说有多么重要！

四、教育产生的影响

太雷人了，班里的一个男孩亲了一个女孩一下，女孩哭了，其他人骂男孩不要脸，男孩还理所应当地说我就不要脸怎么了，还说要娶谁谁谁当媳妇，还有一些乱七八糟的恶心的我都懒得听的话。唉，才三年级，我都想打他了，这么小就出现这种特殊情况，我瞬间无话可说了。我得想个什么高招来引导他、教育他……

我以前的同学现在也是一名老师，在他们家乡的小学任教，前几天看到她发的这条说说，我顿时感到惊讶，现在的孩子已经成熟到了这个地步吗？不过这种现象确实会发生在部分孩子身上。说说的评论下面有不断给出的解决办法，其中有一条让我印象深刻：我们更多地需要用一种轻松的心情来彻底地解决孩子的疑惑，首先，你要转变自己的观念，小朋友所说的你所谓的乱七八糟恶心的话绝对不是他自己的本意，许多时候是耳濡目染的。其次，明确告诉他没有好的品行和成绩，漂亮的妹妹也不会嫁给他。

这何尝不是一种解决办法，语言能够让学生接受，而且也易于解决这类问题。耳濡目染，多么贴切的四个字，用在每个父母和孩子身上都是合适的，你做得好，孩子也会做得好；你做得不好，孩子也会做得不好。这让我想起有一对父母总喜欢吵架，而且每次吵架总是用很难听的话骂人，每次还不是悄悄地吵，而是光明正大、翻天覆地地吵，他们的孩子长期在这种环境下成长，影响可想而知。到了女儿21岁生日这天，因为妈妈没有为她准备任何东西，母女俩展开一场大战，看着眼前的女儿一句又一句地飙出那些难以入耳的话，她质问女儿从哪里学来的那么多骂人的话，女儿用血红的眼睛紧紧地瞪着她，最后大喊一句："还不是你和爸爸！"然后逃也似的离开了家。妈妈瞬间醒悟了，怎么一下子觉得那些话似曾相识，好像就是前几天和他爸爸吵架时用过的，女儿这么大了也会模仿了。

其实她不知道女儿从小就学会了那些话，无论是在幼儿园，还是小学或者初中，直到高中和大学毕业，女儿因为喜欢骂人，就没有交到几个知心朋友，难怪从来看不到女儿去同学家玩，或是女儿邀请同学来家里玩，原来所有的人都不敢和这种人交往。妈妈开始后悔：为什么我本来就没有朋友，如今把女儿也变成了这个样子？我在想我同学的那个学生是从哪里耳濡目染的呢，可能小小的细节已经让他不知不觉学会了。不知道家长们有没有看过之前刷爆朋友圈的一封初中女孩写给父母的信，作为父母的你，是否已看哭？

先是母亲的留言，继而是女儿的信，看到这一段的时候我特别感动，有一些话，女儿一直不敢说，因为没有可以分享的好朋友。怕这些话说出来被人笑话。藏在最心底的秘密，可能只有今天才敢一鼓作气写下来。这封信很长，但是的确代表了孩子的心声，在她心里多么渴望爸爸妈妈不要再吵架了呀！好在妈妈能够及时醒悟，给了孩子承诺："孩子，相信我们，我们会好好恩爱，给你最好的家庭教育。"

模仿是经常发生在孩子身上的，教育的影响也是重大的。通常小年龄段的孩子天性上是在模仿他周围的人，但他们在平常的生活中找不到模仿的人，没有模仿的对象，他其实模仿的就是他最亲近的人——他的爸爸妈妈或者爷爷奶奶。

之前看育儿类电视节目的时候，也看到过这样一个例子，妈妈每次当孩子闹脾气忍受不了的时候，就会一直不停地对孩子说："我要走了，我再也不想理你了，你别来找我了！"对于一个只有两三岁的孩子来说，妈妈是他最温暖的港湾，妈妈这样说无疑会给孩子带来巨大的恐惧感。也许这就是孩子那么害怕上幼儿园的真正原因，孩子以为妈妈真的再也不会来幼儿园接他了，以为妈妈再也不要他了。要是外界再施加一下影响，强化妈妈要走的这个概念，孩子绝对会崩溃。另外，孩子在平时的生活中也会说出和妈妈一模一样的话来，如妈妈让孩子收拾好玩具，孩子就是不收，而且对妈妈说再让他收玩具，他就再也不理妈妈了，他想要离家出走。

由此可见，模仿的力量很强大。要让孩子真正爱上学习，顺利地去幼儿园，结合所看节目，对于家长来说不妨采取以下措施：先理解孩子不想去的态度；然后让他带着期待去幼儿园，带着期待回来。

比如，节目中的做法还是值得借鉴的，针对不同的孩子，设计他们喜欢的活动，如果孩子平时喜欢吃零食，就给他规划好星期一带哪些零食去幼儿园，星期二带什么零食一起去和小朋友分享，真正做到让孩子带着期许去幼儿园，孩子自然而然喜欢上幼儿园。对于喜欢玩玩具的小朋友，就为他设计一顶魔法帽，让孩子可以去幼儿园变魔术给其他小朋友和老师看，这样老师是不是又会表扬孩子，夸赞他的多才多艺，孩子的成就感自然爆棚，目的也就达到了。

我见过有的家长为了让孩子去幼儿园采取了各种各样的办法，有欺骗型的，有求爷爷型的，还有直接用木棍打着去的。我小时候常常幻想着去幼儿园，但是真正去了之后又开始害怕，不想去了，我记得当时我妈妈就是用巴掌把我打着去的，直到把我的屁股打得青一块紫一块的，后来我终于投降。但我并不建议采用这种方法，因为在那以后的好长时间我心理上都有阴影，谈到去幼儿园，我就会想到这件事。有的家庭为了让孩子上幼儿园，全家总动员，连哄带骗把孩子骗出家门，孩子不是傻子，他也会知道原来爸爸妈妈就是在骗他，多小的孩子都知道。也许家长是出于一片好心，想让孩子渐渐适应幼儿园的生活，但孩子可能以后再也不相信你了，并且还有教会孩子说谎的可能性。

也许家长会说只是想让孩子先出门，再看看有没有可能把他哄去幼儿园，但孩子对一切都是很敏感的。让孩子期待上幼儿园也不难，只要给他创造吸引他的事物，一切都会比较顺利。在孩子带着期待回到家里的时候，我们家长可以给他一个温暖的拥抱，让他知道自己真的很棒，对于孩子好的行为我们必须鼓励，要有记录，让孩子知道自己每天都在进步。

看了一篇文章，虽然比较普遍，但也有着不一样的启示。文章中说的是有一个孩子说他这一生最感激的是爸爸妈妈做了几件事让他毫无负担地考上了重点大学。这让我想起了方朵朵，那个在《小别离》中被妈妈逼得没有办法的小女孩，因为成绩无数次的争吵，妈妈终于答应让她去美国留学，而当一切准备就绪的时候，她陪好朋友琴琴去参加中考，这一次因为已经有了去美国的保障，她可以毫无负担地迎接中考，在这次考试中，一个曾被预言连普通高中都上不了的女孩竟然意外地考上了北京市最好的中学，虽然只是电视剧，但是却说明考试时的情绪真的很重要，轻松上阵也许就可以破敌无数，最终得到好的结果。

有个孩子开头讲的一段话也是关于分数的故事，他说他小学有一次语文考试总是担心自己考不好，然而现实真的如此，越担心分数越低。后来爸爸妈妈专门找他谈了一次话，爸爸妈妈告诉他，只要学习态度是端正的，考试考了多少分都不会怪他。一切也正如爸爸妈妈所说，虽然成绩有时候还是不稳定，但慢慢地放下了考试时对分数的压力，从此以后，就很少有发挥失常的时候。

　　这个孩子告诉我们一个他的经验，也是我们早就知道的经验，那就是像考试一样认真做作业，像做作业一样轻松考试。很快踏入初中的学习，妈妈重新告诉孩子："考试，只要考出你的真实水平就可以。比如，英语考试，你的真实水平是 90 分，你考了 90 分，就很好。如果因为某种原因，你只考了 70 分，那爸爸妈妈就会为你遗憾，因为你的努力付出没有得到对等的回报。"孩子说在他们家里，分数引起的反应基本上是波澜不惊的，人生处处是考场，从容面对，考出自己的真实水平就好，物质也不与分数、成绩挂钩。物质上的东西，能给生活带来便利，而爸爸妈妈在经济上能够承受的，就会给他买，与成绩没关系。

　　爸爸妈妈认为那种挂钩很容易培养孩子功利思想，而偏离了学习和生活的本质。这让我不禁想起之前在 QQ 上和一个孩子的聊天，我问他最近还好吗，他说刚刚期末考完，现在还紧张着呢。我问为什么，都考完了，没必要担心。他说因为答应了爸爸这次考试每门功课都要 95 分以上，这样爸爸就会给他买个华为的手机，还赠送一张电话卡，以后就可以无忧无虑地上网了，但现在又没有把握了，觉得自己达不到那么高的目标，正纠结着。看到这里，我也不知道该怎么安慰他了，他又说再过几天就开家长会了，不知道会有怎样的结果。

　　看得出这个孩子带着深深的忧郁，而且这种忧郁这几天都会伴随着他，如果这次考得好，这种忧郁自然会消失；如果考得不好，我相信这种忧郁会一直伴随他到整个寒假结束、新学期开学，甚至伴随他到下一次考试考好为止。而且爸爸妈妈会永无止境的唠叨："看看你这次考了多少分，给我乖乖学习去，还想要手机？"一巴掌先扇过来了。文章中的这个孩子是这样说的："爸爸妈妈总是给我足够的自由让我自己做出选择，他们不会随便干涉我的选择，他们只会在和我商量分析之后给我一些建议，比如理财，完全是掌握在我自己手里，我也不会随便花钱，爸爸妈妈说只有不断地锻炼我的能力，我才能发展得更好。"难道不是如此吗？

　　现在的孩子叛逆心极重，特别是到了青春期的孩子，在《小别离》里这叫作青春期躁狂症。所以，面对一些孩子想做的事情，父母千万不要大动肝火地直接说不允许，对于合理的要求，父母可以接受；不合理的要求，也要和孩子好好沟通，父母应该充分尊重孩子的意见，只有这样，孩子才会和你达成一致，这一招对于父母而言叫作润物细无声。孩子理解父母，也渴望父母的理解，所以把爱传递给孩子，孩子也会用爱来回报父母。

　　很多父母都说孩子曾经和他们关系很亲密，但当孩子长成一个十五六岁的青少年，平常和父母之间的交流只有几句话，他们的关系变成了彼此害怕矛盾瞬间爆发，弄得再也无法收场。其实当孩子们进入青春期，他们渐渐就会渴望得到父母赋予的自主权，从而使他们可以向别人证明一旦他们脱离父母的怀抱，也可以自立地生活。

在青春期这个关键时期里，父母要永远记得孩子们做出的行为也许就是对你们的再一次考验，要让孩子自己尝试、自己失败，只有亲自体验到的生活才是真正的生活。经验的获得离不开孩子的亲身活动。也许有的父母为了让孩子少犯错误，少走弯路，一直给他们提醒，一直唠叨他们的失败之处以及失败的后果。当父母已经决定干涉孩子的某种正确行为时，当父母试图控制孩子的一举一动时，当父母一个劲儿地为孩子的生活成长埋单时，亲子间的沟通和互相信任就已经被破坏。

就像我们经常对孩子说："你不可以做什么。"或者"你应该做什么。"抑或"你这样做是错的，你需要做的是……"或许这些对于幼儿期的孩子会有一些帮助，因为家长可以给予一定的指引。但对于初中以上的孩子而言，都容易使他们感到厌烦，他们会觉得自己已经懂得，不需要家长再不断地唠叨，而且这会让他们失去体验生活和从经验中学习的机会，以及初试成功喜悦和失败悲痛的心情。父母可能永远把孩子当孩子，但孩子已经悄悄长大，心智在逐渐成熟，他们知道自己在做什么。当孩子在一件事情上吃亏，而他悔不当初的时候，父母更应该做的是用一颗体谅的心来代替谴责孩子，对待高年级的孩子更需要如此。

教育的影响是强大的，父母应该选择成为能够理解子女、愿意陪子女走过失望的父母，而不是一直在说、一直在强调孩子的失败，我们要更好地做一个倾听者，而不是一个强有力的辩论者，只有这样，孩子才能在你面前说出心里话。当孩子的表现不尽如人意的时候，如果父母还把情况处理得更加严重，如利用孩子的内疚和羞愧、愤怒以及放弃的心态来让孩子感觉到更加害怕，通常都不会有明显的效果，反而加大了解决问题的困难。比如，孩子某次比赛失败，父母为了表达自己的遗憾，竟然集体嘲笑孩子的不足。父母的本意是想激发孩子下次更加努力，让他产生羞愧，这样能够让孩子更加明白比赛的重要性，下次一定可以拿到名次。但这恰恰会让孩子内心的安全感彻底崩塌，因为父母都不信任，还有谁能够信任自己，孩子说不定会直接选择放弃。

要为孩子建立一个有效的团队，学校的老师、家庭、朋友、兄弟姐妹这些都能够更好地协助孩子发展，在遇到问题时千万不要先入为主，而应该给孩子一个解释的机会。比如，某天老师在班级群里说又有几个人没有完成作业，也没贴出名单，有的家长已经在心里怀疑是自己的孩子了，于是等孩子回来不问清楚情况，劈头盖脸就是一顿骂。人没有办法不生活在群体里面，而这些群体也许就是家庭教育关键的助推器，做一个让孩子和自己都满意的家长才是家庭教育的开端。换位思考，其实父母也经历过青春期这个敏感的时期，那么就应该更加理解孩子的种种。

我记得王金战老师在他的书籍中曾经谈到过一个事例，有一个孩子在奥数比赛中得了 18 分，结果受到全家人的嘲笑，这个孩子因此对数学产生了恐惧，发挥一直失常。后来王老师告诉他的家人其实孩子已经很了不起了，在这样的平台能够考到 18 分是一件值得骄傲的事情。妈妈若有所思，回到家里把王老师的话转述给孩子，同时告诉所有家人他们误会了孩子，才让孩子恢复了信心，孩子的数学成绩慢慢有所回升。试想要是王老师没有说出那番话，恐怕这个孩子一定会为自己的数学成绩而深深担忧，而且他的数学将来一定学不好。王老师也没有说假话，对于孩子来说，参加这样一场全国性质的竞赛能够拿到这样的分数，他的确是了不起的。

读《王金战育才方案：学习哪有那么难》有感

最初读王老师的这本书，是为了给学生找到更好的学习方法，我想告诉他们一个人只要努力付出，就会有所收获，而这本书带给我的感触的确很大。一个个王老师亲身经历的事例给了我们更多借鉴的地方，因此我把对我们孩子学习有帮助的地方一一做了标记，期待把这些总结起来，汇成文字，写成一篇读后感。

"人人都可以学习好，数学其实很好学"是这本书中的两个小标题，这一点是最值得告诉我们的孩子的。我发现大部分孩子因为对数学难度的恐惧，而觉得自己学不好数学，所以就自暴自弃了。"数学困境"在孩子中间越来越普遍，大部分孩子语、数、外三门课中最差的是数学。数学又是一门极具挑战性的学科，所以无论是男生还是女生，都会在数学学习中遇到困难，尽管研究表明男生的逻辑思维能力更强一些，但生活中也有男生对于数学并不感冒的情况。所以这就要看我们怎样去克服这个问题，把数学当成什么样的一门学科，作为全国优秀数学教师的王金战老师应该比较有发言权，而在这本书里更多的应该是教会你怎样去学习，对于教师，也具有一定的启示。

王老师说如果在他的课堂上发现有学生睡觉，那么他一定会给学生道歉，他不认为这是学生的过错，主要是老师讲课讲得不精彩、不吸引人，所以成了学生的催眠曲。我在一定程度上赞成王老师的态度，在上课的时候的确有可能发生这样的情况，那么老师就应该反思自己的教学效果。虽然学生睡觉可能是多方面的原因造成的，可能昨晚没有睡好，也可能是作业做到太晚，或者本来就是老师的上课方式不对。我在隐隐约约当中觉得学生睡觉的确和老师的授课风格有关系，如果一个老师一直不停地在那里只顾自己讲，而且是滔滔不绝地说，并且从头讲到尾都没有一点儿吸引学生的话，那么对于精神不好的学生来说的确容易睡觉。我记起原来一个学生也和我谈过这样的感受，学生说因为头天晚上睡得比较晚，第二天一大早就要上课，如果老师安排了课外活动，需要自己去准备的话，就一点也不会想到打瞌睡的事情，虽然精神不好，但也很振奋。但如果老师一直在前面不停地讲，睡意马上就控制不住地来了，根本控制不住自己的眼皮，两个眼皮硬是要合拢在一起，即使掐自己一把，也没什么效果，所以说学生上课的效果的确大部分取决于老师的讲课方式。不过老师也是一个普通的群体，学生对老师也要放平心态，可以给老师提出建议，但是更多的还是要调整好自己的学习方法，因为在现在的教育大背景下，老师一言堂的现象还是比较普遍的。

我以前也针对这个问题采访过一些老师，大部分老师表示还是比较适应老师一言堂的，其中有老师提到教学是一个非常复杂、变化多端而又充满挑战、趣味的过程，所以很难说有一个固定的放之四海而皆准的教学模式，但是有一些基本的规律，如小学英语课，可能表演的氛围会比较突出，但不同的年级会有不同的侧重，一年级可能主要是兴趣教育，表演性基本贯穿，到了六年级，有一定的单词量或知识的学习，可能就不那么突出了。我想这对于我们来说也是一种启示，究竟怎样去打造自己的课堂，还需要教师不断去摸索经验。

王金战老师认为错题是非常值得利用的资源，这点和我的观点不谋而合，错题一定要把它的价值发挥到极致，自己才没有白白做那么多题。王老师说有两类题目必须引起学生的重视，一类就是作业和考试中出现的错误；另一类就是考试或者课外练习中遇到的一些自己不会做的题目，如果一个题目一直找不到思路，为了提高学习效率，不能钻牛角尖，停下来看看答案和相关的提示，一旦看明白了，自己再独立地做一遍，或者有不会的题目就请教同学，一点拨可能立马就找到思路了，那么就可以自己认真独立地思考了。如果有些题目自己实在看不懂，那么在考试中就果断放弃，先把自己能做的做好，学习只有铺垫好，才能一步一个台阶地登得更高。

王老师借着一个学生的经验说在学习中习惯是最重要的，有些事情不要一开始觉得很难，无法想象，只要坚持下来，积累或超出你的想象。这点我也深有体会，有一次我对一个英语学得比较困难的孩子说让他高中三年背出一万个单词，他立马反抗说："不不不，我做不到的，这太难了，初中三年连一千个单词都背不出来，怎么可能一万个？"但事实是后来妈妈每天监督他背三十个单词，再加上不断地巩固复习，后来高考的时候他的单词量已经远远超过一万个了，可以说是超额完成了任务。所以有些事的确不要认为太难，先害怕的话，一开始就觉得自己做不到，后面也一定做不到。

对于学习，要不断地养成一件事从开始就把它做正确的习惯，不要稀里糊涂就开始了，等错了再改，那么肯定浪费时间。虽然开始的确会犯错，但是慢慢熟练下来自己的体会就越来越深了，一定要用高标准来要求自己的学习。

不少孩子对于记忆力这方面总是存在一些问题，他们不知道如何背诵，背诵的时候拖拖拉拉，默写一篇短小的文章竟然要花三个小时之久，这就是没有充分地尊重时间。首先，在记忆力这方面，如背诵之前要给孩子一点儿压力，这样他们才会抓紧时间，在最短的时间内达到最好的效果。可以限定日常的时间，这样就可以避免磨蹭。其次，在记忆上一定要专心致志，有的孩子在背单词的时候喜欢听音乐，经过王老师的实验证明，学习要排除干扰才能学得更好，排除影响记忆的因素，记忆的能力自然就上升了。而且在记忆这方面要多理解。我记得有一个孩子曾经拿着语文课本中的一篇文章问我怎么才能背下来，那篇文章是文言文，我说你理解了，把它解释一遍，结合中文释义来背的话就简单多了，后来一试，文言文果然没什么难的。

王老师说数学上的很多定理要记下来很难，但是把这个定理求证一遍，它就会活灵活现地展现在你的面前，这个定理不用记就记住了。把这些公式详细地推导一遍，看这些公式是怎么得到的，顺着源头，自己一步步推下来，推一遍之后，就会觉得这个公式好像是自己发明的一样，再去记忆这个公式就很容易了。即便忘了也不要紧，再从头推一遍就行了，当然和记忆做最有力的抗争的方法就是重复，要增强记忆力，重复必不可少。

在这本书中，黑体字的部分都是要点内容，有一段话让我印象最为深刻，"只有我们把学生当人看待，并且充分尊重学生的心理需求及性格特点，只要我们的教育能把提高学生的综合素质放在首位，不仅不会降低教育质量，还会收到意想不到的成效"。看到这段话，我知道王金战老师会站在学生的角度想问题，会为学生鸣不平。当学校和老师对学生提出大量的要求时，当学校和老师把几乎没法完成的作业布置给学生时，要考虑到学生也是人，不是机器，是人就需要睡眠，更要劳逸结合。更何况他们还是处于发育关键期的人，要为学生负责，而不是摧残学生。我也曾经见过这样的学校，把学生的时间挤占得一点儿没有，老师上课拖堂，学生连上厕所的时间都没有，连厕所都来不及上，这样的学习生活实在很痛苦。

王金战老师在应试教育和素质教育的问题上也谈了自己的观点，他认为素质教育和应试教育并不矛盾，一个学生要想在高考中取得好成绩，与素质教育的培养是分不开的，如果一个学生连自己基本的心态都调整不过来，在高考中很可能发挥失常。在学习的过程中不断地提高我们的素质，不断地提高我们克服困难的勇气，这就是学习。

学习就是一个"苦到尽头方知甜"的过程，一个班级里面真正幸福快乐的学生就是学习非常好的学生，最痛苦的恰好是那些想学习但又学不好的学生，为什么这样说呢？因为学习好的学生已经吃尽了别人没法吃的苦，做到了别人做不到的事情，而且这种快乐是独一无二的，也是其他的快乐没办法替代的，它是最高层次的一种快乐。王金战老师说他经常对学生说："如果你现在觉得学习很苦，那恰好说明你没有苦到一定的程度，如果你真的吃到一定程度的苦，那么剩下的就全是快乐。"我想把王老师的一句话送给我所热爱的每一个孩子："一个学生一旦意识到自己该做的事，他会唤醒全部的潜能，不仅收获了成功，更重要的是收获了他自信的一生。"

倒数第一是不可怕的，哪怕你今天是倒数第一，谁又能预料你过几天会变成什么样呢？或许一年过去了，你成为第一名，这都是说不定的。很多学生总认为自己再也学不好了，因为这次竟然全年级倒数第一名，于是自暴自弃，觉得自己永远是这个样子了，那么很有可能若干年后你就活成你预想的样子。但是如果换个角度，如果我是倒数第一，说明我在班上的进步空间是最大的，于是奋起直追，说不定正数第一就是你的了。最后的结果怎么样完全取决于你用什么样的心态去面对。

家庭对于孩子的影响也是很大的，家庭教育不当，很可能就会毁了孩子的一生。王老师提到一个故事，一个已经进入重点中学的孩子因为家庭条件富裕，父母天天吵架，最后导致孩子无心学习，后来沉迷于网吧，从重点高中转向职业中专，要不是得到及时补救，这个孩子的一生恐怕就毁掉了。

让一个"差生"变好真的很简单，这篇小文章是给我感触最深的，因为凡是接触过"差生"的人，都知道他们是什么样的状况。王老师总结自己的经验，他觉得一个学生反复遭遇失败的打击，他就变成了"差生"，没有一个学生生下来就注定是个"差生"，所以让一个"差生"变好真的很简单。"差生"是一定能慢慢变好的，"差生"是反复遭遇失败的打击后才产生的，让一个"差生"变好，就是让他反复享受成功的喜悦。作为老师，作为家长，我们的确需要欣赏孩子，老师和家长要拿着放大镜去寻找孩子的优点，因为这些身上存在问题的孩子得到的几乎都是批评和指责，他们自然认为自己是这样的，再也不可能改变了。但是家长找到的也必须是孩子的优点，不要空洞和缺乏真实性的鼓励，这样反而弄巧成拙。老师和家长最应该做好的事情就是引导孩子，给他们合理的铺垫，让他从一楼比较有自信和踏实地蹦到二楼。我在想如果我面对成绩比较差的孩子，是不是就可以让他从日常的学习中尝到胜利的滋味。比如，我给他讲了一道题之后，让他多做几道类似的题目，如果他成功了，作为老师，我就要及时地恭喜他攻克了一道道难题。这样一遍遍磨炼，他的自信就提高了，自信一提高，前途就不可限量了。

在我们学习的过程中，成绩有起伏是一种正常的现象，因为学生的成绩不可能一直上升，只有在考试中遇到问题，才能更好地把这个问题解决掉，如一个考了100分的学生可能在考试之后满足于自己的成绩，然后在整个暑假就放松了学习，而一个考了80分的孩子就迅速地找到了自己薄弱的地方，继而做出努力，开学考试就可以迅速赶超。王金战老师说考试中的失分就是一种无声的警告，善于抓住这些反馈信息，及时调整，才能在重大考试中发挥平稳，所向披靡。

王老师鼓励学生的方法是多样的，他绝对不会固守着一种方法，因为面对不同的学生，需要用不一样的方式。考试的时候我们要把主要精力放在会做的题目上，当别人做得比你快的时候，也不用慌或者有心理负担，你要想着这些人多傻，他们快速地把会做的题目做错，争取时间去做不会做的题；我多聪明，我得到高人的指点，踏踏实实地把精力用在会做的题目上，稳扎稳打。的确很多学生会犯这样的错误，一看题目很简单，根本不多想，很快就做错了，结果导致会的题目不得分，难的题目又不会做。我从王老师的这些话里好像又悟出一些什么，重点攻克难题不一定是件好事，倒不如认认真真把基础题做好，不要粗心大意。

王老师说自己的女儿连高中都没有考上，最后却经过两年半的努力考上了北大，最后他采访女儿的时候问她的体会，女儿只是很平淡地说："对考北大、清华这件事，其实很多人只是想想说说，自己心里都不相信自己能考上，在某种意义上是说着玩的，是说着欺骗自己。其实呢，你想成为什么样的人，你就能成为什么样的人，只要你很想很想。在我看来，一个智力正常的高中生，都可以达到考上名牌大学的水平。所以，最终考上北大、清华也没有什么值得骄傲的，也不是多么大的成就，只不过是我真的很想很想。不是心理安慰的空想，而是当作一定要完成的目标，一定要实现的梦想，然后就完成了。"[1]

贫穷不是限制你的理由，如果你能够从贫穷中体味到不一样的东西，那么贫穷一定会成为你成长道路上的助推器；贫穷不是平庸，物质的贫困并不

---

① 王金战. 王金战育才方案：学习哪有那么难 [M]. 北京：北京大学出版社，2009：183.

是人生的黯淡，在艰苦的生活里不断努力，才能获得灿烂的人生。无数个点着蜡烛或者煤油灯的夜晚，在这些艰难的日子里，更好地锻炼了你的意志，苦尽甘来的幸福也真正来源于此。

王老师的这本书我看了许久，有许多值得收藏的话语都放在了心里，我也有了全新的想法，那就是把每一本书中值得推荐的小细节分享给家长们，利用图片或者文字的方式，这也是一本书最大的意义所在。

五、从电视中看教育

曾经热播的电视剧《小别离》深刻地反映了在中国家庭教育中存在的一些问题，其实在我写下这段文字的时候，我还没有去关注这部电视剧，但是我简单地看了一些介绍，也知道折射出来的教育问题，包括我们以前看的《虎妈猫爸》，揭示的道理都差不多。很多年前新闻里就报道生活在美国的一位中国母亲如何把自己的女儿打进世界名校，这类母亲俗称"虎妈"，当然世界上也有"狼爸"存在，如之前看到的武汉狼爸。说实话，我不太喜欢看这种长篇连续类型的电视剧，但因为涉及教育，我还是很有兴趣在里面探究一下。

我是个在生活中很善于观察的人，每当看到什么值得我思考的事情，我总喜欢把它们记录下来，然后细细地去探索。这种习惯让我思考了很多值得思考的问题，如家庭教育。

家长对于孩子学习状况的紧张程度可想而知，而孩子处于青春叛逆期，有时候提供一个更为宽松的条件，可能会让孩子更想去学习，考试也可以考得更好。方朵朵在中考中的表现正说明了这一点。前期妈妈总是在为她操心一切，这些反而引起她的不适，后来有了去美国的留学机会，在国内的考试中反而得了高分，这应该就是心态调整带来的帮助吧。

我有时候不相信静待花开这句话，有时候又觉得似乎颇有道理，每个孩子可能都有他成长的关键期，而每个孩子也有自己的优点，有时候真的很想和方朵朵的妈妈对对话，如果不把孩子逼迫得那么紧，可能孩子发展得更加顺利呢。也许正如李镇西老师在他的书籍《做最好的家长》中所说，"我不愿意自己少年的梦想托付甚强加给孩子去实现。在才艺和能力方面，我对女儿当然有许多希望，不过这也仅仅是希望而已，女儿的成长和发展还得尊重她自己的兴趣爱好。但是，在人品上，我一定要把女儿培养为一个善良的人。无论她以后是大名鼎鼎的科学家，还是默默无闻的劳动者，她都能够凭借自己的善良赢得幸福的人生"①。对于李老师的这番话，我真的很赞同，有时候父母的梦想应该就是父母的梦想，不能强加到孩子身上，孩子不是我们，他有自己的梦想。

突然间又想起《教育的另一种可能》一书中也有这样一个事例，有一个大学教授的孩子因为被爸爸妈妈长期严格地要求着，连上大学也不能自己选择，后来和爸爸妈妈产生了严重的矛盾，他的妈妈一度陷入非常痛苦的境地，觉得掌握不了自己的孩子。有控制欲望的家长往往会让自己的孩子生活得比较痛苦，因为饱受管制的孩子可能呈现不一样的心理状态，孩子的世界里缺少了很多东西，有的只是限制，那么叛逆的性格更容易养成。很早以前就听说过这样一句话：对孩子最好的爱就是在适当的时候学会退出，让孩子自己选择，他们可以选择自己的人生，也就有了更多的自由去做自己喜欢的事情。

有时候的确是父母的文化程度越高，对孩子的控制越容易发生，因为他们往往对孩子寄予很大的希望，但正是因为如此，有些成功父母的背后不一定有一个成长得非常健康的孩子。孩子幼儿园的时候，盼着他小学成绩可以出类拔萃；孩子小学的时候，盼着他可以小升初进入一所不错的初中；孩子初中结束，盼着他在中考中可以一举夺魁；终于到了孩子考大学的时候，父母巴不得把孩子往名牌学校里面塞。正是出于这样的心理，父母让不少孩子失去了他们自己。书中教授的儿子就是如此，父母因为自己的身份，所以对儿子的期望很高，总是想让孩子超越他们，获得更好的生活。所以孩子大学毕业后去学校开饮品店是他们不能接受的，他们觉得内心失望至极，还想把孩子打造得更好，却不曾想到因为自己的高期待让孩子变得越来越反抗，幸好妈妈最后悬崖勒马，知道了问题的最终原因，并且成全了孩子的梦想，否则后果不堪设想。

有时候成全孩子就是成全我们自己，让孩子勇敢地追梦吧，他总会找到属于他的太阳。

因为妈妈特别喜欢看那种调解家庭纠纷类型的电视，所以我也常常看一点儿，有时候看着看着就因为里面的情节感到生气，但最后又因为他们的完美和解而深深地感到高兴。前不久，妈妈正津津有味地看着电视，我前面的情节没看到，只看到一位老母亲老泪纵横，祈求儿子能够扶她一把，可是儿子却不断地往后退，丝毫没有理会母亲的感受。我问妈妈为什么会出现这样的情况，妈妈说儿子因为埋怨父母没给自己带好孩子，所以对父母有很深的怨恨。我一开始是很抵触这种行为的，觉得儿子实在是很不孝顺，可怜天下

---

① 李镇西. 做最好的家长 [M]. 桂林：漓江出版社，2006：1.

父母心，从来没有哪条法律规定父母一定要为自己的子女带孩子，为什么儿子要这样对待自己的母亲呢？看到母亲和姐姐坐在台上不停地哭着，我心里有些同情她们。后来主持人征求她们的意见，要求她们一家人一起做一个心理游戏，让家庭中的儿子站在高高的椅子上面，用手指着父母，仿佛在谴责他们。父亲和母亲则蹲在他的面前，两只手做恳求状，姐姐只能远远地蹲在一旁看着这一切，就像一个局外人一样插不进来。

而儿子的儿子，也就是老两口的孙子没来，只能找一位工作人员来扮演，孙子站在更高的椅子上，站在爸爸的后面，同样用手指着爸爸的后脑勺，也好像在骂自己的爸爸。主持人让他们一家人保持这个动作10分钟左右的时间，让他们用心感受这种家庭关系。时间一分一秒地过去，他们沉默地对视着，如同雕塑一般。主持人开始说这个家庭的雕塑给予我们每个人一些隐喻，儿子高高在上，因为他是家庭的未来，所以他的位置比姐姐们都高，他站在椅子上指责着自己无能的父母，说他们没有给他提供更好的家庭，他们是一对非常无能、在他眼里什么都不是的父母。但是父母还是不断地伸手邀约，在讨好当中，只能暗暗地流泪自责。家庭里面的女孩只能游离在这个圈外，看着这种挣扎，这个家庭的第三代已经成长起来了，所以后面的那一个儿子循环地指着前面的那个父亲，说因为父亲的无能才让他重复着父亲的悲剧。10分钟过后，主持人找来十几个包，接着让儿子下来，背上100多斤重的大大小小的包，让他绕着场地走了十几圈，一边走，一边问："谁来帮帮我？我很累，谁来帮帮我？我心中的苦你们大家明白吗？"

走到最后，儿子的情绪似乎崩溃了，主持人示意他停下来，主持人给了儿子几张纸条，上面分别写着"抱怨、自卑、逃避、懦弱、指责、恐惧"等字眼儿，然后让儿子把这些纸条分别对应到包上去，问他我们看到你身上的所有的包袱都是来自于自己的哪里？儿子回答："内心。"主持人继续问："你承认你自己内心的这种逃避、自卑和恐惧吗？"儿子回答："承认。"主持人接着用很严厉的语气问道："你觉得你想继续用自卑、懦弱、逃避、恐惧、指责的方式继续生存吗？"儿子回答："不想。"主持人拿着那张印有"逃避"字样的纸条问："这两个字是什么？""逃避。""想继续下去吗？""不想。""那么你应该怎么做？"儿子把纸条重重地接过去，撕掉了，接着在主持人的引导下把那些代表他内心包袱的纸条全部撕碎扔掉了。

主持人想让儿子彻底地走近父母，可是在经历这一切之后，儿子还是往后退缩了。他还是埋怨父母没有替他管教好孩子，对父母的恨始终放不下。看到这里我不禁沉思，我们中国的父母有时候的确太过于宠溺自己的孩子，事事总是替孩子做好，导致孩子看不清父母的爱。也许父母没有义务做这一切，可是父母做了，还得不到感恩。看到父母为我们做的一切，尽管他们有时候做得不太好，尽管他们没有多少知识去教育我们的孩子，也请原谅他们，因为他们从来都只想帮我们减轻一点儿负担，让我们能够更加安心地去工作，从来都是想把最好的留给我们。我们一定要记得，在父母给予我们爱的同时，别忘了把爱也留给他们一点儿，他们同样需要我们的爱。

中国的父母自从孩子出生开始就在为孩子操心一切，所以人们通常说养育一个孩子就是在经历不同的阶段。第一个阶段，在孩子还未出生前就开始规划其人生，自己的孩子将来要走什么样的路，这是父母首要考虑的问题。第二个阶段，在孩子出生之后准备各种各样的东西，甚至连孩子结婚的房子都准备好了，因为担心孩子将来没有房子无法成家。第三个阶段，孩子开始上小学，于是开始抢名校和争学位，什么都想给孩子最好的。紧接着的初中和高中又是一场硬仗，当然在这个过程中孩子会不断地出现问题，父母的心也越发焦急。第四个阶段，孩子刚刚上大学，却已经开始考虑找工作的事情了，父母也是竭尽全力希望自己的孩子可以更胜一筹，有一份让人满意的工作。第五个阶段，孩子结婚之后又有了孙子，于是父母连忙赶去带孙子，希望为儿子或者女儿减轻一点儿负担。一个又一个阶段走过来，父母好像包办了孩子的一切，操心了一辈子，最后还不一定得到孩子的理解。

我们的教育也要学会反思，反思教育才会发现一些问题，父母应该怎样对待自己的孩子，孩子又应该怎样去回应自己的父母，在逐渐的反思中，或许我们会找到答案。

也许在你某一天不经意回家的时候，你会发现，父母嘴角因为你的归来而透出丝丝笑容，这是他们想得到的最宝贵的礼物——你能回家看看他们。这就是父母，我们现实生活中最真实的父母。虽然后来经过各位老师的努力，儿子最终投入了父母的怀抱，一家人又可以幸福地生活在一起。但是从这个案例中我们不难看出，父母对于孩子幼时的教育是多么重要。后来我又翻看了前面的视频，发现孩子最初抱怨的是父母三天两头吵架，让整个家庭没有一点儿欢笑，他几乎每天都在战火硝烟中生活，这样的生活让他感到厌恶。

父母们，请重视对孩子的教育。孩子们，请正确地看待自己的父母，他们真的是这个世界上最爱你们的人。

其实有时候发现家庭教育就在我们身边，任何一点儿小事都可以是整个家庭的缩影，帮助我们更正确地认识教育的重要性。

电视中的教育也不只一点点。后来有一次陪着小朋友一起看他最喜欢的《大头儿子和小头爸爸》，在这个故事中，大头儿子让爸爸去买他最想要的那个机器人，而爸爸因为路上匆忙不小心碰倒了一个名叫娜娜的小女孩送给妈妈的饭菜，为了表示歉意，他把本来买给大头儿子的机器人送给了小女孩。回到家里却没有办法向大头儿子交代，大头儿子生气地跑出家门，来到游乐场，正好遇到同样因为爸爸工作忙而不能陪自己玩儿的小宇，两个人于是想了一个主意，他们想交换爸爸。小头爸爸和小宇的爸爸大宇正好是表兄弟，小头爸爸听到这个消息，决定帮儿子实现愿望，让他体验一下自己想过的生活。和小宇的爸爸商量之后，两个人开始了自己的计划，他们假装大头儿子和小宇在斑马精灵面前许的愿望成为现实，两个人都有了自己新的儿子。

一开始，大头儿子的确感到很新奇，觉得自己再也不用有一个不讲信用的爸爸了。但是后来当他看到小宇被自己爸爸带着出去吃他以前最喜欢吃的好吃的，而自己的爸爸则因为工作忙不能陪自己时，他的内心还是有些失落。但新爸爸给了他一个大大的惊喜，他把整个游乐场包了下来，让大头儿子一个人在里面玩儿。要是在以前，大头儿子该有多高兴啊，他还没尝试一个人独自享受一整个游乐场的感觉呢。

真正有了机会，大头儿子却只玩儿了一会儿就觉得很没意思。于是他想了一个办法，可以邀请很多人一起来玩儿，但看到其他人都由自己的爸爸带着来玩，而自己却是孤零零的一个人，大头儿子很失望，他想自己的小头爸爸了。看到小头爸爸为小宇系鞋带，给他买气球，大头儿子羡慕极了。大头儿子想着自己的新爸爸，没想到大宇爸爸这个时候因为劳累过度住进了医院，大头儿子很担心他，连忙赶到医院。在病床前，大宇爸爸说自己累一点儿没关系，只要大头儿子能够拥有好的生活，他付出再多都是值得的。但大头儿子摇了摇头，他说只想爸爸能够身体健康，他怎么样都可以。

包括小宇看到自己的爸爸住进医院，虽然愿望实现了，大宇不再是自己的爸爸，他内心还是放不下爸爸。后来在大头儿子的提议下，两家人一起去郊外野餐，大宇爸爸因为工作的事情一直在讲电话，显得很忙碌，小宇则和大头儿子玩儿得很开心。

由围裙妈妈担任裁判，大家举行一场比赛，大头儿子和小头爸爸一组，大宇爸爸和小宇一组，需要一起协作完成比赛。虽然在途中大宇爸爸因为工作的事情停了下来，但是他舍弃了工作坚持陪小宇完成了比赛。最后两队一起获得了胜利，成为并列第一名。那一天大头儿子和小宇都感受到了自己的爸爸对于自己的爱，他们心里有了一个想法，想把爸爸交换回来。因为自己原来的爸爸都很爱自己，于是他们去找斑马精灵，可是游乐场的斑马精灵搬走了，小宇和大头儿子追了很久都没有追到，小宇还摔了一跤。后来他们在天空那边看到了斑马精灵，他们想许愿把自己的爸爸换回来。斑马精灵在山的那一边，大头儿子和小宇让大宇爸爸的司机大刘叔叔开着车带着他们来到山脚，他们趁大刘叔叔不注意溜进了山里去寻找斑马精灵，大刘叔叔没有办法只好打电话通知了两位爸爸。爸爸们开着车来到那座山下，走进山里开始疯狂地寻找自己的儿子。小头爸爸终于找到了大头儿子，他向大头儿子解释了交换爸爸的事情，大头儿子伤心地扑进爸爸的怀抱。

之前在车上的时候，广播就已经预告马上会有一场暴风雨，果然天上开始下起暴雨。小头爸爸和大头儿子在下山的过程中遭遇了重重危险，当石头掉下来的时候，小头爸爸护住大头儿子，任凭石头打在自己的身上。看到爸爸的衣服已经破了，大头儿子更加心疼。当他们过山崖的时候，一棵巨大的树倒了下来，眼看就要砸到大头儿子，小头爸爸急忙用尽全身力气用手举起了那棵树，不停地喊着让大头儿子先走。大头儿子一边哭，一边说绝对不离开爸爸，他先后找来树枝替爸爸撑着，可是完全不起作用。后来爸爸就要撑不下去了，那么大的一棵树，不知道他是凭借怎样的一种信念支撑着自己，这时救援队来了。

动画片在这里没有播出救援的过程，但是已经让大头儿子深深地理解了爸爸的爱。大头儿子说自己再也不想离开爸爸妈妈的怀抱，他要做爸爸妈妈眼中的好孩子。从那一天起，大头儿子理解了爸爸妈妈的爱，爸爸妈妈的爱其实就在我们生活的点点滴滴当中，只不过有时候我们会因为妈妈的唠叨而忽视这些爱，有时候会因为爸爸的严厉而忽略这些爱，有时候会因为一点点小事而和爸爸妈妈吵嘴，因而看不见这些爱。我们每个人都有这样的感受，当妈妈骂我们的时候，那一刻真的觉得很恨她，不想和她说话；当爸爸打我们的时候，我们还念念有词："将来长大了，我会把这些还回去。"这所有的所有，都在于我们会被一时的冲动控制住，然后对自己的爸爸妈妈产生误解。

大头儿子交换爸爸之后还是觉得自己的爸爸最好，什么都比不上拥有这样一个爸爸。我把这个动画片的情节展现出来是想告诉所有的爸爸妈妈，孩子再叛逆，他始终是你们的孩子，他终究是一个善良的孩子，叛逆是暂时的，只要你们能够感动他，他一定会回过头来想想这一切，从而做一个懂事听话的好孩子。

我想告诉所有的孩子们，爸爸妈妈永远是你们的爸爸妈妈，平时的生活就是一种感动，不要因为爸爸妈妈经常为你们做这些就觉得习以为常、理所当然，认为所有的事情都是他们应该做的。不，他们没有这个义务，但是他们有着一份沉甸甸的爱。爱在脚下，只看我们是否去珍惜。每一篇故事都有着深刻的意义，教育就在其中，等待我们去体会。

家庭教育不是一个很难的话题，只要爸爸妈妈多学习一点儿，你们会在一些小事情里发现孩子成长的秘密。我以前和妈妈之间的矛盾也很深，总感觉她不理解我，无论我做什么事情，她总是一票否决。我总觉得她想让我按照她为我安排的生活模式去走，但那不是我想要的生活，我有时候真的不能理解她是怎么想的，我为什么不能按照自己的意志去生活呢？

有时候真的很想和她大吵一架，然后离家出走，当然这是耍小孩子脾气。我也的确和她吵过，甚至有时候气得我们两个人都躲在房间里面抹眼泪，但是没有办法，我们好像已经习惯了这样的生活常态。现在她每次要给我安排什么，我都给她解释我不想这样做的理由，好在她能理解，我们的矛盾已经不能算是矛盾，我把它看作生活中的乐趣，要是没有妈妈的一系列想法，恐怕我还真不知道以前是怎么和她斗智斗勇的呢。妈妈可能会按照她的主观意识去想好一切，但她现在基本上都会征求我的意见再去落实这件事情。我相信在未来的路上，妈妈的意见也会给我带来一定的参考，没准我就和她想法一致了呢，而且事实证明，妈妈的意见有时候真的是非常正确的。虽然她以前总是抱怨我的思想脱轨，跟不上她的节奏，我也说她跟不上时代的潮流，总是一些古老的思想，但是现在这已经成为一种习惯。她乐于去干这些事情，我也乐于接受。

爱的火花就是这样碰撞在一起，然后成为永恒的吧，妈妈的爱也许就放在那份永恒里了。我曾经看到一个荷兰女孩来中国寻亲的故事，16年前这个女孩被亲生父母遗弃在街边的角落。父母因为当时的家庭状况迫不得已把女孩抛弃，但女孩心里最惦记的还是自己的家人，不是说她不爱自己的养父养母，她可能更多的还是想找到自己的亲生父母，想见他们一面。最后经过重重努力，她终于见到了自己日思夜想的亲人，这一刻她没有抱怨，因为她知道没有父母就没有她的存在，他们紧紧地拥抱在一起。所以孩子，请学会感恩。但是孩子的感恩意识也和父母息息相关，我想问父母，当你的孩子在接受别人帮助的时候，你有没有教他说一声"谢谢"；当你的孩子羞于说"谢谢"的时候，你有没有让他至少向帮助他的人鞠一个躬。

孩子，这个世界上没有人会无条件地帮助你、照顾你、容忍你，包括你的父母，别人帮助你总是希望你能给他们哪怕是一个感激的眼神，所以父母要教导自己的孩子怀有一颗感恩之心。别人帮了你，一定要有回报，最起码也要跟别人说一声"谢谢"，否则别人第二次很可能不再帮你了。这是父母需要教给孩子的一件很重要的事情，只要孩子学会了感恩，他将来一定会是一个孝顺父母、尊敬长辈的人。

第二章　中外文化教育的差异

一、中英教育对比

教育是一种诗性的灵魂，引领着我们不断地前进，作家把自己对于教育的感受倾入更多的情感，从更加感性的角度认识教育，但教育家可能更多地从理性的角度来谈对于教育的看法。梁晓声先生曾经写过一篇名为《论教育的诗性》的文章，让我感触颇多。

每个国家面对的教育问题是不一样的，所以也会采取不同的方式去解决，我们并不能说哪种教育制度或者教育方式是绝对正确的，这点要根据各个国家不同的国情来具体问题具体分析。有部分学者认为，中国的教育制度过于注重应试教育形式，用"一考定终身"来决定一个人一生的命运过于绝对化，于是到底是实行素质教育还是应试教育这几年一直争论不休。支持素质教育的人认为这样的应试教育制度无法培养出全面的优秀的人才，反而使一些学生走上了终日被困学习的道路，历年以来学生因受不了学习压力而频繁跳楼的事例就是实证。支持应试教育的人认为只有高考才是最公平的选拔人才的方式，通过考试更能检测一个人的水平和能力。除此之外，没有比高考更适合的方式。各个地方的教育资源不一样，也就形成了教育上的巨大差异，面对差异，考试是最具竞争力的。因为如果没有高考，贫困地区的孩子如何实现"鲤鱼跃龙门"，实现大翻身呢？

我们的孩子总是羡慕西方国家的孩子，认为他们活在更加轻松的一种学习环境当中。站在不同的角度，梁晓声先生在《论教育的诗性》中也提出了相同的观点，"当我们中国人在以颇为怀疑的眼光审视西方某些国家里实行的对小学生的'快乐教育'时，我们内心里暗想的是——那不成了幼儿园的继续了么？其实不然。据我想来，他们或许正是在以符合自己国家国情的方式努力体现着教育事业之针对小学生的诗性吸引力"[①]。我们无法评判任何一种教育方式，可能适合自己的才是最好的。比如，对比我们的教育和英国的教育，从中发现更多值得借鉴的经验，更加深入地促进教育诗性的发展。

教育背景是教育不断生长的源泉，不同的教育背景下会创造出不同的教

---

① 梁晓声.论教育的诗性［J］.教师博览，2000（8）：4—6.

育体制。从中国和英国的学制上来看，中国的现行学制是从单轨学制发展而来的分支型学制，纵向划分，可分为学前教育、初等教育、中等教育、高等教育等阶段；横向划分，可分为普通教育、专业教育、成人教育等类型。英国的学制起初是双轨制，这种学制把学校分为两个互不相同的轨道：一轨是为资产阶级子女设立的，从小学、中学到大学，具有较强的学术性；另外一轨是为劳动人民子女设立的，从小学到中等职业学校，是为培养劳动者服务的。现在的学制正在向分支型学制和单轨学制方向发展，并且更加注重均衡发展。从中国的整个教育大背景来看，在对待职业教育的态度方面，中国初中的毕业生在经历中考之后，一部分会升入普通高中，一部分会进入职业高中或中专，但职业教育是受到严重歧视的。很多家长以孩子升入职业高中为耻，职业高中是逼不得已才去的，一些升入中专的孩子甚至被贴上了"坏孩子""不是学习的料"等负面标签。进入普通高中的孩子学习任务则更加繁重，学校教学已然成为高考的指挥棒，学生只有通过高考取得理想的成绩，才能升入相对应的大学接受高等教育。而在英国，这一情况则有大大的不同，普通教育与职业教育平等化，两种教育体系在英国受到同等的重视，学生们可根据自己的实际需要选择对应的学习方式。普通教育侧重于学术性的知识，职业教育则会为孩子准备好就业的道路，两种方式所取得的文凭具有同等的效力，并且没有根本性的差别对待，这样的方式更大程度上激发了学生的兴趣，帮助学生更好地选择一条适合自己的更为正确的道路。

中国人对于教育的研究由来已久，随着我们对于教育的不断推进，越来越多的新型教育方式被越来越多的人所接纳，但是传统的教育方式依旧占据主导性地位。老师一言堂，学生不发言，中国的学生非常努力，所以凭借努力，他们可以取得不错的成绩。但是这种优异的领先可能只是暂时的，在中国正常的师生关系当中，无论在任何方面，学生始终是处于被动地位的一方。教师有着绝对的权威，服从教师就是尊敬教师，以至于我们的学生处于见到教师就像老鼠见到猫的一种状态。从我自身来说，教师节那天，我想着要给我以前的老师打个电话，可是打不打犹豫很久，因为中国人的心态里总有一种对老师毕恭毕敬的态度在里面，说实话，还有点害怕严厉的老师，没什么事从来不敢和老师打电话。

在一所大学的校园里看到一个大学生给老师打电话，一开始就是"老师，你好"，不知道是不是因为紧张，这几个字说了两遍才进入正题，然后才小心翼翼地谨慎地把自己的事情说出来，最后结束的时候不停地和老师说"谢谢"，直到老师把电话挂了，她还没反应过来。我觉得我们每个人包括家长都有这样的感受，自己的孩子见了老师就和老鼠见了猫一样，有的想逃避，有的在老师面前表现得特别听话，有的老师说一句话就和圣旨一样，甚至不少家长开玩笑说老师简直成了孩子们心目中的神。我在一定程度上觉得我国的这种传统还是比较好的，孩子们懂得尊师重道，教师受到尊重，教育才真正受到尊重。但是在课堂上就应该向美国和英国那样，讲究师生间的平等，只有这样，孩子才敢于提出问题，才能够及时地解决问题。

英国的教育体制可以被认为是素质型教育，它鼓励孩子们勇敢地提出自己的问题，老师和学生处于完全平等的地位，这是我们无法想象在英国的课堂上却是真实发生的场景。比如，纪录片《我们的孩子足够坚强吗？——中式学校》里有这样一个画面；学生公然站起来反对老师的意见，并且提出自己的见解，这点在中国学生看来是想都不敢想的，然而英国学生认为老师也有错的地方，老师并不是圣人，要敢于和老师讨论，这样才能更好地解决所有的问题。看完由BBC打造的《我们的孩子足够坚强吗？——中式学校》之后，我才深深体会到其实对孩子实行更为民主、更为轻松、更为快乐的学习方式真的会起到不一样的效果。我们老师应该总结一下自己课堂上的教学方式是否适合我们的孩子？怎样才能更好地帮助到他们？把优点和缺点总结出来，扬长避短，去粗取精，才会更好地完善中国式教育。

二、反思教育

我由此有了一个开设家长学校的想法，在前面也有提到，只是这个想法是我早就有的，是不是也应该让我们的家长坐进课堂，针对家长的问题给家长上课，让他们有机会培养出更加出色的孩子。利用教育学和心理学知识帮助那些缺乏知识的家长更好地掌握方法，那么我们整体的教育水平是不是就能前进一大步？在《我们的孩子足够坚强吗？——中式学校》这部纪录片里，我看到了中国教育的希望，我相信我们一定可以为未来的孩子打造一个属于他们的明天。一开始英国学生不适应每天做广播体操、眼保健操，还得穿着土里土气的校服，包括和老师的种种作对，直到他们的考试最后取得胜利，他们的每一步都证明中国教育是可以变得更好的，而英国学生也从中得到不少收获。

中国式教育是一个出发点，家庭教育则是一个重点，只要我们的家长都重视起来，任何一个孩子都可以变成天才。《我们的孩子足够坚强吗？——中式学校》这部纪录片是由英国广播公司（BBC）全力打造的一部讲述五名中国教师在英国南部汉普郡的一所中学实施四周中国式教学实验的故事。

　　中国学校最后取得了胜利，但是双方的教师都在反思自己的教学方式，英国博航特中学的校长说中国孩子对于教师的尊重是他们应该学习的地方，我们的教师也说对待不同的孩子应该采用不同的教学方式，这点是我们应该向英国学习的。

　　回顾整个历程，在这次实验中，英国孩子最初调皮捣蛋，甚至把老师气哭，课堂纪律问题成了每个中国教师心里一道过不去的坎。直到考试前的最后一周，孩子们才渐渐感觉到考试的压力，加上老师的耐心教导，终于使部分不认真学习的孩子回到正轨上，一些孩子甚至在考试的前一天晚上复习到半夜。在这场中英教育的比较里，其实没有输赢，因为我们都有值得对方学习的地方，或许我们的教育应该更加崇尚小班制教学，力求每个学生都有展示自己才能的机会，虽然在如今看来不太可能做到这一点，但是我们要不断地努力，为孩子们打造一个良好的学习环境，并且给他们足够的自由去享受童年的乐趣。

　　正如博航特中学的校长所言，要给学生一片快乐的天地，而不是囚禁他们的牢笼。教育都应该把学生分为不同的级别去实施教学，只有这样，孩子们才能感受到学习的乐趣所在。在很久以前，我国著名的教育家孔子就提出了"因材施教"的理念，这一点至今深深地影响着我们，要把孩子教好，教师必须发挥自己的作用，让学生成为课堂的主体，帮助学生更好地掌握知识。中国教育和英国教育的确存在很大的差异，我们需要不断地学习，才能打造一种更好的教学方式。

　　"将一代又一代儿童和少年培养成一代又一代出色的人，这样的事业怎么可能不是具有诗性的事业呢？"[1] 这是梁晓声先生的《论教育的诗性》当中令我印象最为深刻的一句话，教育是一份诗性的事业，无论是快乐教育还是其他教育方式，每个国家都有属于自己的情况。其他国家的教育也有自己的特点，即使是在其他国家已经实验成功的教育模式放到另外的国家去实施，也不一定取得相同的效果。我们更应该想的是怎样把教育变成对于学生来说是诗性的生活，让广大中小学生感受到诗性的教育。就此而言，我们中国需要开创属于自己的快乐教育，而不是一味地照搬其他国家的教育理论。就"减负"而言，怎样去减？是否减到了实处？都是值得我们思考的问题。我依然能见到满大街的孩子背着沉重的书包，拖着艰难的步伐，带着愁苦的表情去上学，这样的现象是"减负教育"应该改善的。中国的"快乐教育"有待发

① 梁晓声. 论教育的诗性［J］. 教师博览，2000（8）：4—6.

展，并且还将不断发展，终将给孩子们带去美好的学习生活。

英国的教育方式相对来说更加自由，更加注重培养孩子思维能力的表达，从而让孩子从小享受更多的童年乐趣，但这并不代表英国的快乐教育就一定是放松的。曾经有一篇文章指出，在英美国家，当地小学下午 3 点放学后，只有黑人邻居的孩子蹦跳着回家了，而大多数白人和华人的孩子都背着书包、拿着乐器去了各种辅导班。因为不去辅导班补习，不参加社会活动提升自己的履历，基本没可能进入名牌大学。文章一针见血地指出，在西方社会，孩子的确可以有一个开心、幸福的中小学生活，但"更少的学习、更多的游戏、更宽松的管理"意味着如果想要跻身精英社会，你需要更自律、更多的课外辅导与公立教育之外更多的社会资源。所以英国教育真的如我们所想的那般轻松吗？事实并非如此。快乐教育不是一个绝对化的概念，而只是相对快乐，如何让我们的孩子感受到快乐却是最真实的体验。当我们看到纪录片《我们的孩子足够坚强吗？——中式学校》中的英国孩子由对中国教育的无所适从到最终在这场竞争中战胜接受英国教育的孩子，我们会发现快乐教育更多的是不同教育形式的结合，而这更加需要教育方式的不断改进。

2009 年上海的学生在经合组织 PISA 测试中首次参加阅读能力测试，便拔得头筹；2012 年再次参加数学能力测试，更是优势显著。这一点说明在国际上中国学生的水平是要领先于其他国家的。近几年来，对于中国教育有着不少批评的声音，素质教育搞成应试教育，让这么多孩子从小便面临挑战，面对学习苦不堪言，但是也有越来越多的外国团队来我国交流学习经验，希望把中国学校、教师的教学方法和中国人的文化理念带回去，改革本国教育，英国 BBC 打造的这部让世界为之震惊的纪录片就是一个很好的证明。中国的学校十分注重对教师队伍的培训，教研组的集体备课交流，家长更多地参与孩子的学习过程，如开家长会，很早就开始在家庭里营造重视教育、尊重教师的文化传统等，强调整体的纪律性无疑让学生的学习生活更加规范化。

英国作为一个产生了上百名诺贝尔科学成就奖获得者的国家，它培养过文学家莎士比亚、物理学家牛顿、生物学家达尔文等世界伟人，英国的教育的确有它让人暗自称奇的地方，所以它的这些长处和优点也是值得我们不断借鉴和学习的。其教育宗旨更多地注重学生的兴趣和爱好，强调培养学生的各种能力，加强学生对各种知识的广泛学习。把教学和科技以及社会紧密联系起来，一切有新意的研究课题都能在教学中体现出来，让学生敢于尝试，除了培养学生的社会责任感外，也能增加学生的实践机会和提升解决实际问题的能力，所以我们会发现英国的学生解决实际问题的能力一般要比中国的学生高一些。而且西方国家的高等教育一般实行"宽进严出"的制度，从而让学生在大学期间能够更好地锻炼自己的能力，如果做不到，便无法毕业。这在一定程度上让孩子在不同的教育阶段得到了应有的锻炼，而且使得他们更易于接受。

我们不能单纯地否定任何一种教育，通过英国纪录片《我们的孩子足够坚强吗？——中式学校》，我们知道了只有适合本国教育发展状况，做到不断改善本国教育质量的教育，才是最适合我们的教育，我也相信那将会是世界上最好的教育。我们应该更多地培养学生创新和独立思考的能力，让他们更加健康快乐地成长，成为一个德、智、体、美、劳全面发展的人。

三、丹麦和中国的比拼

《中国教育报》微信公众号曾经推送转载了这样一则新闻："丹麦、中国两个中学毕业班比拼，5 轮激烈竞赛后，他们最终胜出！从这场 PK 中我们读出了什么？"因为此前有对这类新闻的特别关注，特别是看了前面英国 BBC 拍摄的纪录片之后，我更感兴趣了。这个标题就很吸引人，我想知道到底是谁更胜一筹呢？或许不该这样说，因为在教育这一领域没有所谓的输和赢，只是我们要从中得到启示，从而激发改革的欲望，为孩子创造更幸福的生活。这部纪录片是由丹麦拍摄而成，纪录片跟拍了两个国家的中学毕业班，并且安排了权威的专家为孩子设计多项测试，希望以此来对比和探索出两国教育存在的不同之处。

两个班级的孩子都是即将面临中考的初三毕业生，他们分别在阅读能力、数学能力、团队合作能力、创新能力以及英语能力上进行了测试，结果有点出人意料，不过比较起来也的确让我们发现了一些特别的地方。丹麦的班级人数是比较少的，他们两个班合在一起也才30名学生，并且由两个班主任共同管理；而中国一个班的学生就有54名，只有一名班主任负责统筹管理，显然在班级人数的比例上是有差异的。丹麦的老师还认为班级学生比较多，没办法兼顾到每一个学生，中国老师却反而觉得因为学生在校时间非常长，跟孩子们在一起的时间比较多，可以多了解他们内心的想法。的确是这样，丹麦的学校通常实行半天制，上课的平均在校时间是6个小时，而中国孩子更多的是12个小时的全天在校，所以学习时间也不尽相同。在课堂纪律方面，丹麦和英国差不多，学生比较自由，可以直呼老师的名字，也可以在课堂上随意发言，所以有时候课堂会比较混乱。中国的课堂则完全不一样，老师有着更多的权力，发言需要完全按照规则来，不会出现混乱的局面。在中国，孩子们的竞争意识是很强烈的，每个人都想争做第一名，学校也鼓励孩子们互相追赶，共同进步。这让我不由得想到每次中高考的誓师大会，初三或高三所有班级的孩子站在一起，立下自己的中高考目标，以此表达自己的决心，家长们觉得这种氛围会带给孩子更大的动力。中国的孩子也普遍觉得竞争对于他们来说是有促进作用的，如果没有竞争，整个人就陷入懒散的状态。而丹麦孩子的竞争意识显然没有那么强，学校也不鼓励孩子之间竞争，担心会伤害孩子的自尊心，让孩子的学习变得不快乐。甚至有孩子因为成绩好而被全班孤立，找不到小伙伴，因为伙伴们会觉得成绩好就不用上学了，所以人人都不想表现得那么优秀。

两个国家的教育理念是完全不同的，孩子在这样的教育体制下也受到了一定的影响，于是就有了接下来的比拼结果。在阅读能力上，中国孩子和丹麦孩子之间差别不是很大，中国孩子稍胜一筹。丹麦孩子的阅读能力两极分化现象比较严重，有两个孩子得了满分，有的学生则错误率很高。中国学生当中虽然没有全对的，但整体水平较为平均。在数学能力上，丹麦的专家们似乎意识到了中国孩子在数学上的优异表现，因为中国孩子在数学上的应用是比较出色的，为了让比拼更加公平，专家们特意设置了丹麦和中国两种类型的考试题，没想到结果还是出乎意料，中国孩子毕竟花费的时间更多，在比赛中的优势更大。而丹麦学生中的尖子生也发挥得不太理想，哪怕在丹麦式的数学考试之中，中国学生也呈现出压倒性优势。对于这个结果，丹麦的有关专家也进行了反思。在团队合作能力的比拼上，按理说按照我们的思维，丹麦在这方面应该是花费了比较多的心思的，但经过新一轮的测试发现，中国孩子在整个团队协作的过程中一直保持着高度的专注力，目标非常明确，他们善于在团队合作中表达自己的意见和聆听同伴的意见，并且进一步通过改进方法来相互支持和帮助。而丹麦的孩子更多地把搭建建筑物这项任务看成在玩，他们有自己的感受和快乐，所以过程中出现了嬉闹的表现，这也导致他们在整体表现中比中国孩子稍逊一筹。

创新能力被公认为是中国孩子所缺少的一项，但我们也在不断努力，而丹麦是一直注重创新能力培养的。对于结果的预测，丹麦的专家和学者普遍认为他们会赢，因为中国的教育在一定程度上束缚了孩子的创新能力。然而在这次创新的绘画比赛中，中国的孩子竟然也获得了胜利，看了中国孩子的那几幅画作，不得不佩服他们是有着属于自己的严密创新思维的。相比较而言，丹麦的学生比较开放，思维没有受到多大限制；而中国学生比较严肃，在创新能力上表现得更为出色一些。在最后一轮英语能力的比拼上，中国学生确实遇到了挑战，他们普遍表示听不懂，选项也很难看懂；丹麦学生则觉得自己考得还不错，结果也印证了这一点。丹麦学生平均答对 71％，而中国学生平均只答对 29％，专家们原本预测丹麦学生只会比中国学生好一点点，但是没想到差距竟然这么大。在英语听力与笔试部分丹麦孩子表现得非常好，所以在英语这个项目上丹麦孩子取得了最终的胜利。

所有的比拼结束之后，我们应该来反观一下结果，中国孩子在阅读、数学、团队合作和创新方面取得了胜利，但是在英语上还有很大的进步空间，而丹麦的专家们也正在忧虑丹麦的教育改革，如果不做出改变，很有可能若干年后丹麦学生的优势就会被超越。一个民族要想生存，必须付出努力才能站在顶端。教育是不断在发展的，我们只有不断努力，才能有勇气面对未来的挑战和机会。尽管只是一次对比，但也折射出一些教育问题，如何改革才能使教育变得更美好，我想是一个永远值得探索的课题。

四、德国的教育之路——读《德国教育的"美丽与哀愁"》

曾经在图书馆偶遇一本关于德国教育方面的书籍，于是开始慢慢品味其中带给我们的一些教育启示，赵楠老师写的这本《德国教育的"美丽与哀愁"》让我了解了关于德国教育的一些故事，在美丽与哀愁中，我渐渐地找到一系列想要追寻的答案。对于德国的教育，我也发现一些值得探究的地方，我认为观察一些其他的教育方式，我们更能发现自己的不足，从而去寻找方法改进。

赵老师在自己的博客里也对这本书的内容做了概括性总结：其一，德国教育有一个显著的特征，那就是先松后紧，分阶段进行。在幼儿园的孩子基本不学习，他们可以自由自在地玩耍；而小学的学习内容难度不大，智力正常的学生都能有不错的成绩。德国的小学生毕业之后，如果将来想读大学，就要进入文理中学，而文理中学的学业也是比较繁重的，和中国孩子一样，要想取得好成绩也不是很容易的一件事。如果想走职业培训这条道路，也可以进入实科学校或者职业预科学校。让中国孩子吃惊的是德国非常注重职业教育，他们不会歧视接受职业教育的孩子，普通教育与职业教育并行，孩子们可以选择自己感兴趣的学业方向，职业教育和大学教育同样受人尊重。德国的大学严格执行"宽进严出"，是很不容易毕业的，所以大家必须鼓足劲儿，在大学当中努力学习，这点和中国教育有些相反，中国的孩子在小学和中学非常累，但是到了大学会开始放松，这点现在也引起了我们的注意。其二，在第二节平均主义中，赵老师为我们介绍了德国的学校是没有所谓的名牌或者重点中小学的，无论是城市还是乡村，每个学校的条件都差不多，没有高低之分，所以家长们也不必忧愁孩子的择校问题，随便选择一所家门口的学校就好。

德国的教育也处在不断的变革之中，但改来改去也不能做到让大家都满意，总是有人欢喜有人忧。德国的教育对待孩子是一视同仁的，没有户籍制度，没有城市或者农村户口的划分，也没有借读费或者赞助费等繁杂的费用，只要是在德国的孩子，就可以享受免费的教育，在学校用同样的教育资源。但是德国的教育中有一个让人一直争论不休的问题，那就是德国一直奉行的"半天制小学"。孩子们一般中午就放学了，于是有人就会想这样的学习状态是不是太过于放松了，"半天制小学"的方案就一直处于待解决的状态。德国的课堂应该处于一种轻松愉快的氛围，大家在游戏当中说不定就结束了整堂课的学习。同时德国的教育非常注重培养孩子们的团队合作能力，在德国的学校，你会发现每个孩子都是带着笑脸进入教室里面，然后开始一天的学习。因为德国人总在想他们的学习是要让孩子觉得非常有意思，太过于枯燥的话，学习就不好玩了。

在学习数学这个问题上，虽然德国出过很多数学家，据我了解，现在在中国盛行的"高斯数学"——如奥数一般深奥的数学，应该就出自德国著名数学家高斯，高斯也被认为是历史上最重要的数学家之一，并享有"数学王子"之称。但德国不像我们一样重视数学的学习，因为对于大多数人而言，他们只要掌握基本的数学常识就够了，那么多难题应该留给在数学方面有天赋的人去解决。德国的学校是非常重视阅读的，让我印象最深刻的就是赵老师描述德国的图书馆，图书馆到处都有，每个人随时随地可以接触到书籍。通过赵老师的语言描述，我能感受到德国人对于图书馆建设的重视，而且阅读的活动也是丰富多彩，足够吸引孩子们的注意。让孩子乐于走进图书馆，在图书的世界中遨游，这也是德国图书馆的主要目标之一。德国学校对于孩子的写作训练是比较杂的，从写菜谱到自编故事，各种都有所涉及。并且所有的步骤一目了然，孩子们不用背诵很多东西，在自然中学习就能收获良多。

德国的教育中最让人感到新奇的应该就是颇具特色的森林课了，这是德国民族最具代表性的象征。德国人很喜欢森林，所以也乐于让孩子到森林中去学习和体验。前不久听一个刚刚去过德国的朋友说德国的幼儿园是建在森林里的，看到一个又一个孩子在森林里面快乐地玩耍，顿时觉得德国的教育真的是从小就给了孩子们充分的自由去锻炼他们的能力。德国的教育是开放的，在森林中学习无疑成了最好的选择，这正是他们崇尚自然的表现。在德国，老师和家长都不要求孩子多么勤奋，勤奋在德国不是优秀的表现，大家都认为孩子学习成绩不好并不是他不勤奋导致的。德国也给了孩子们充足的假期去玩耍和休息，只有这样，孩子们在学习的时候才能全身心地投入。在假期里，孩子们可以选择去旅游或者进行其他多种多样的活动，更加让人不可置信地是德国的假期没有烦杂的作业，孩子可以轻轻松松地玩。

有的家长最喜欢说的一句话就是别人家的孩子怎么样，喜欢把孩子和其他孩子做比较，但是德国的孩子不必一定要向谁学习。德国任何一个年级，从小学到大学，是不设置班干部，德国人没有"官衔"这个概念，给孩子们的奖励方式就是吃大锅饭，只要是奖励，一定是人人都有，每个人都是得奖者，每个人都可以享受自己的荣誉。我国有的孩子每次遇到考试都会十分紧张，甚至得了考试恐惧症，这一状况在德国是一定不会出现的，德国不会给老师评分，所有的老师都是一样的待遇，给学生的评分当中人为因素也占比较大的比例，成绩是属于学生隐私的一部分，孩子们只能看到自己的成绩，成绩是绝对不会公开的，更别谈有什么排名了。

小学毕业就意味着孩子们进入一个新的阶段，三种主要的学校可供孩子们选择，学生自己决定去读文理中学考大学，还是读实科学校或者是职业学校学技术。这样的一种分流制度也是中国家长很难想象的，竟然可以不考大学学技术，德国的家长对这种制度一般是没有什么意见的。但是随着世界教育的发展，这种制度在德国当地也遭到一定的质疑。德国人是爱运动的一类人，走在德国的大街上，一个个都是运动健儿，就连怀孕的准妈妈也是每时每刻保持着一定的运动量。爱运动也让德国人都成为身材健硕或者身材优美的运动达人。音乐是德国人最大的精神食粮，学习音乐不是为了过钢琴几级，而是满足自己的精神需要，德国人在音乐上的痴迷正好表达了这一点。让孩子保持对音乐的长久兴趣，德国人走的是一条"细水长流"的路线。德国人喜欢造东西，所以无论孩子对家里的闹钟或者电子设备进行怎样的拆卸，家长们都不会去训斥孩子。博物馆的大门也是为所有孩子开启的，让孩子们积极参与到科技活动当中去，已经成为全民总动员的时尚。

德国的安全教育恐怕是中国的爷爷奶奶们最理解不透的。最近听一个家长讲，他家孩子因为天气突然变冷还穿着一身单衣，被奶奶唠叨了一个上午。奶奶起初是让孙子赶紧穿衣服，后来直接在衣柜里找了一件厚棉袄，让孙子穿上去上学，结果孙子热得不行，回来找奶奶大吵了一架。德国的家长们绝对不会这样做，他们觉得孩子们冷冷热热很正常，对孩子的摔摔打打也是无所谓的，大概中国的爷爷奶奶看到此情此景会觉得这样的父母不配做父母，怎么能不关心孩子呢？但是孩子们还真是乐于接受这样的方式，他们喜欢自由，冷热他们自己知道。德国的老师也不是传统的权威人物，他们是孩子真正的朋友，在关键时刻总是会站出来替学生说话，所以他们一般与学生相处得很融洽。德国的家长却和中国家长差不多，也是各式人物都有，并没有统一的标准来衡量，但是他们更看重孩子综合能力的发展，在学校里家长委员会的权力是很大的，他们不选择公开场合打骂孩子，对待孩子普遍比较有耐心。

德国教育中的有些观念让我眼前一亮，我似乎又有了新想法，这本《德国教育的"美丽与哀愁"》也为我打开了一扇新的大门，也许从中我们可以获得不少启示。教育应该是什么样的？我们又应该怎么去做？教育应该是不断创新的，从别人和自己的经验中不断去创新教育，创新是教育最值得期待的希望。

五、芬兰教育的启示——读《芬兰教育全球第一的秘密》

很早以前就听说芬兰的教育是世界上办得比较成功的，成功的原因不仅在于芬兰独特的教育条件，还有值得借鉴的种种。我很想探索芬兰教育带给我们的启示，于是看了关于芬兰教育的一些文章，后来寻找关于芬兰教育方面的书籍，有一本图文并茂的书吸引了我的注意，通过陈之华老师的《苏兰教育全球第一的秘密》一书，我看到了苏兰教育的特点以及教育未来发展的方向，芬兰教育模式的画卷也在我们面前徐徐展开。在教育方面，芬兰用自己的行动告诉了大家关于它的秘密。

首先，芬兰有着世界上的三大"最"，上学是最晚的，假期是最长的，作业是最少的，但就是这样一个看起来处处输在起跑线上的小国却培养了引起全球关注的学生。芬兰的教育把"学习不是为了争冠军，而是为了培养终身学习的能力和习惯""教育不是赢在起跑线的百米赛，而是一场与自己赛跑的马拉松"这两句话诠释得淋漓尽致。芬兰的教育体制是真正的公平教育，没有重点校与非重点校，家门口的就是最好的，这点与德国的教育有相像之处，所有的学校都是水准一致的，在教学质量方面几乎没有差距。在芬兰，孩子在 7 岁之前可以尽情享受童年的乐趣，用更多的时间去玩儿、去创造才是这个阶段的孩子的本色。陈老师在书中详细描述了芬兰班级里的孩子都是被同等对待，只存在跟不上进度的孩子政府会为其支付费用单独辅导，老师绝不会为了培养重点生而单独辅导优秀学生。芬兰的教师同样要经过层层选拔才能担任教师这个职务，芬兰具有全球最严格的师资标准，教师要具备相应的学历，才能参与教师行业的竞争，所以芬兰的教师是专业性非常高的一种职业，当然也备受尊重。教师们会想办法让学生在课堂上就理解消化相关课堂知识，这样孩子们在家里就能更加轻松，芬兰的学生一般来说没有家庭作业，任何一种有益的方式都可以学到知识。芬兰人认为与其写家庭作业，不如给孩子更多的时间去自我拓展。

　　芬兰人的阅读习惯应该是值得全球借鉴的，每天至少半小时沉浸在书籍的世界里是一件最为美好的事情。芬兰的图书馆也是利用率最高的，为孩子打造最好的阅读环境已经成为芬兰教育中不可或缺的一部分。我通过图片看到那一幢幢高耸的建筑，可以感觉到芬兰人在孩子小的时候就开始经营儿童的阅读氛围。图书馆是芬兰最具特色的地方，而芬兰人对于阅读的重视应该值得全世界学习。芬兰的孩子们从小就徜徉在书的海洋当中，图书馆的建设已经成为芬兰最具有建筑性的标志。在《苏兰教育全球第一的秘密》一书中，陈老师通过自己女儿的亲身体验告诉了我们芬兰教育语言的多样性，孩子们要掌握多种语言，重视语言能力的培养，让学生接触到更广泛的世界是芬兰教育的目标，所以每个学生都能掌握三种以上的语言。因为芬兰地处北欧，冬天漫长而寒冷，所以老师和家长们都会抓住机会，在天气不错的情况下，带孩子进行户外活动，让他们感受大自然的美。芬兰教育最重要的原则就是要让孩子成为最快乐的人。虽然芬兰教育有着世界上的三大"最"，但是学生们要学的东西可一点儿也不少，包括烹饪、艺术、体育等所有的东西都要进行学习。因为老师们在课前下的功夫更多，所以孩子们一般能很快掌握，课后时间就这样被大大地节省了。

　　芬兰的学生之所以能够做到如此优秀，是因为玩儿才是最大的竞争力，玩儿给了孩子们知识，给了孩子们技能，同样给了孩子们动力，孩子们不会产生厌学情绪，他们懂得不断地去完善和提升自己。教育要是能让孩子自主，就相当于成功了一半。而这种自主一定是心甘情愿和快乐的自主，实现这种目标的有效途径就是找对学生的兴趣，做他们感兴趣的事情，那么他们一定愿意去做，并且可以做得不错。一般来说，自然的规律是"先见树，再见林"，但是芬兰的教育是"先见林，再见树"，让孩子了解到整体的课程与学习目标的全貌，防止他们在还没有见到森林之前因为看树而倍感疲惫，因此错过整座森林的美丽。不以任何一种制度来抹杀孩子对于课程的兴趣，让孩子在玩儿中学习。比如学游泳这件事，芬兰的老师会先让孩子们玩水，而不是马上学游泳，学游泳不是一项沉重的任务。玩水是快乐的源泉，是在激发孩子们的兴趣，虽然玩水不是真正跟着老师在学习，但孩子们在经历这一阶段之后真的喜欢上了游泳课，不仅是游，一系列姿势动作在接下来快乐的学习当中轻而易举地学会了。

在一般教育环境下，我们的孩子总是要完全吸收所学的东西才能继续学习新的东西，但是芬兰教育不一样，在还没完全教会孩子一个东西之前，可能就让孩子继续学习新的东西了。有的中国家长可能会提出疑问：这样孩子能够完全吸收吗？老师是不是想偷懒才这样做？芬兰的教育在这样做的基础上的确收到了良好的成效。

芬兰的家长们也很配合老师的工作，他们不会对这种现象产生怀疑，在孩子不断学习的过程中还会真诚地感谢老师。而芬兰的孩子在这样的教学环境下均衡、普遍地学会很多东西。芬兰的教师没有评比的制度，和学生一样，不以单纯的分数来评出谁优谁劣，用他们教育机构官员们的话来说，就是我们的老师都是一样好。他们觉得对老师进行评比没有什么意义，只有放下评比，才能展现人性中最真实的一面。所以芬兰的教育使得每一位教师对工作都充满激情，每一个学生都有自己的理想。而且在芬兰，教师已经成为高中生心目中最具有吸引力的职业，教师在学生心中如此受欢迎，也反映了整个社会对于教师这个职业的尊敬。芬兰的家长们都不会一窝蜂地跑去为孩子抢学校，大家普遍觉得适合孩子的才是最好的，孩子只有在一个适合自己的学校和班级，才能发挥出他所有的长处。教师和家长之间的相处也大多是非常轻松愉快的氛围，如果不可避免地出现一些小矛盾，也能用很好的办法解决。

可能大部分人都想知道芬兰的孩子那么轻松地学习，为什么可以取得那么优秀的成绩？其实在之前关于芬兰教育的探讨中，我也找到了一些答案，陈之华老师的《苏兰教育全球第一的秘密》一书中也对芬兰的教育进行了一定的诠释。快乐和公平让孩子爱上了学习，他们的学习里面没有逼迫，学习在孩子们的心中是快乐的，所以他们都很愿意学习。孩子没有抱怨，都发自内心地去学习，学习在孩子们心里也就成为一件一生都需要重视的事情。芬兰的学校都比较特别，他们会鼓励孩子在游戏中探索，孩子刚上小学的阶段，几乎没有具体知识点的讲解，更多的是游戏。在年级逐渐增高的过程中，游戏依旧保留，教师把权力交给学生，让学生学会自己学习。

芬兰没有打破头也要进去的名校，也没有学区房，每个学校都是一样的，每个老师都是一样优秀。我对芬兰一名小学的校长说的一句话印象特别深刻，他说学校存在的最大意义就是帮学生找到自己的道路。的确如此，每个孩子可能都有自己擅长的方面，而学校和老师就是帮助他们找到自己的长处，然后将长处发挥到极致。芬兰的家长也认为让孩子找到适合自己的生活最重要，成绩好并不代表就是成功。芬兰的教育当中没有精英化教育，但是培养出来的人才却个个都是精英，为了落实真正的平等，芬兰为孩子量身定做了属于他们的教育。为弱势群体准备了更多的教育资源，让他们也能在教育中受益良多。

芬兰的教育体制也给我带来了一定的感悟，有时候我们的教育不就是这么简单吗，最美的教育往往就是最简单的，让孩子享受大自然，在自然情境中学会更多的东西，一切都遵循孩子的身心发展规律，不超前也不落后，这就是最美的教育。只要不断地朝着自己的教育目标努力，逐渐让新的教育理念渗透到每个人的心里，不断做出改变，我们未来的教育一定会越来越好。

也许每个地区都有着它独特的教育，我们不可能照搬照抄任何一种教育模式。找到最好的也应该成为我们的目标。教育的秘密就在于不要把自己封闭起来，既要看到别人的长处，也要善于反思自己，只有不断前进，才能为教育带来更美好的明天。

第三章 面对教育，我们时有困惑

一、"死亡教育"

回顾近几年的清明节，关注教育类的新闻出现得最多的词竟然是"死亡教育"，《中国教育报》公众号上的标题甚至一度把我吓了一跳：关于活着这件事，死亡是最好的老师！当文中提到我们是一个没有死亡准备的民族，我才反应过来死亡教育原来如此重要。著名主持人白岩松说："中国人讨论死亡的时候简直就是小学生，因为中国从来没有真正的死亡教育。"

一直以来，中国的教育总是回避死亡，中国人历来忌讳有关死亡的话题，认为这是一个非常不吉利的名词。但是谁也避免不了走向死亡的结局，我们的孩子，我们自己，都不能不面对死亡。面对亲人、朋友的离去，我们久久不能释怀，我们还总是任意地挥霍我们的生命，挥霍亲情、友情，却在生命即将结束时追悔莫及，造成巨大的遗憾。

关于死亡，有时候也要让孩子多了解，了解之后，才不会恐惧。很多孩子因为从小没有注重这方面内容的培养，到现在对死亡还是不清不楚的感觉，如果父母没办法给孩子讲解，那就让书籍来告诉他。最近看到一本《许愿地球仪》很适合我们的孩子，怎样为孩子解释死亡，书籍做得比我们更专业。

记得小学的课本里讲过这样一篇课文，原来考普通话的时候，它也曾经出现过。"读小学的时候，我的外祖母去世了，外祖母生前最疼爱我，我无法排除自己的忧伤，每天在学校的操场上一圈儿又一圈儿地跑着，跑得累倒在地上，扑在草坪上痛哭。那哀痛的日子，断断续续地持续了很久，爸爸妈妈也不知道如何安慰我。他们知道与其骗我说外祖母睡着了，还不如对我说实话：外祖母永远不会回来了。"通过这篇文章，我们知道孩子们在一定时期是不懂得死亡到底是什么的，而我们大人也总是用一样的话来回避这个话题，结果却让孩子们产生了深深的疑惑和恐惧，所以我们缺少"死亡教育"。

相比较而言，国外在这方面做得更好一些，他们通过绘本描述死亡，让孩子们深刻地理解死亡，死亡教育不但呈现在各种各样的书籍里，还是学校教育中的一门学科，从幼儿园开始就给孩子们普及，只有真正体验过死亡，才能明白生命所赋予的意义。在我们国家的教育中，死亡这一课严重缺席，面对死亡，我们都要补课。

"清明节是家长和教师对孩子进行生命教育的一个契机。与孩子讨论死亡的过程，恰恰也是让孩子感受爱的过程。"① 我希望我们的孩子、我们的学生也能够正确地看待"死亡"，在有限的时间里，让生命更有意义，希望"死亡教育"也能早日走进中国的中小学课堂。

又是一年清明时，我照样关注了《中国教育报》微信公众号上推送的文章，和往年不同，现在我们更关心的是我们如何和孩子谈论死亡这个话题。解释死亡的方式是多种多样的，有些家长可能为了不打击到孩子，而选择隐瞒死亡的真相，想让孩子长大之后慢慢理解。有些家长会采用一些间接的方式来表达死亡，如通过阅读绘本的方式，让孩子在漫画当中体会到死亡的意味，这样也能减少对孩子的刺激。把生命比作一棵大树，告诉孩子，虽然人会死，但是爱会永远存在，生命是一种延续，延续爱，延续一切。

死亡不是一件可怕的事情，通过死亡，我们更能看到生命的意义，我们也能更加尊重自己的生命，有限的生命才能激发我们对于珍惜时光最深的感叹。正如雷锋叔叔所说："人的生命是有限的，可是为人民服务是无限的，我要把有限的生命投入到无限的为人民服务之中去。"生命的意义不在于长短，而在于我们对于生命的理解。所以家长们不应该逃避对孩子的生命教育，当孩子提出关于死亡的问题时，不要躲闪，更不要紧张，不要让孩子从意识上觉得这是一件很可怕的事情，巧妙地引导，不让孩子产生恐惧，对待孩子的问题耐心地给予回答。在死亡教育中，要突出生命教育的价值，尽管我们会离开这个世界，但是我们依旧能够做到珍惜生命，挖掘自身潜能，尽最大的力量去完善我们生命的这个过程。随着年龄的增加，尽管我们会对死亡有着不一样的感受，但是我们要让孩子知道，谈死亡，最后成就的应该是一份爱，不仅是生者与逝者之间的爱，更是我们每个人心中的那一份爱。

生命教育正好也是我最近在研究的一个问题，看了一些关于生命教育方面的书籍和文献之后，我对此感触更深。湖南师范大学博士生导师李桂梅教授在为弟子朱俊林老师的博士毕业论文《当代生命价值观教育研究》一书所写的序言中提出一个问题，引发了我深深地思考，"人来到这个世界上，都要不停地劳作，但最终都要走上死亡的归属，那么，当下的生命活动还有意义吗？这个问题更为通俗的说法就是：既然人最后都避免不了死亡的结局，那么，活并忙碌着、劳累着还有意义吗？"② 我在想，我们又该如何向孩子解释这个问题呢？

① 杨敏毅，孙晓青，吴权，主编. 透视孩子的心灵世界 [M]. 北京：中国人民大学出版社，2018：188.

② 朱俊林. 当代生命价值观教育研究 [M]. 长沙：岳麓书社，2016：1.

相对来说，我们其实已经给出了答案，只有劳动才能给我们带来生命存在的意义，在这个世界上，我们要给世界留一点儿东西，而不是悄无声息地离去，尊重生命的意义，给予爱，给予关怀，生命就是我们和他人相互的存在。

在郑晓江所著的《生命教育》一书中第八章的标题是《"死"是"生"的导师》，告诉我们如何面对日常生活中经常会碰到的有关生死的问题。这章主要谈论的问题是"在生命教育的过程中，我们对死亡如果不是一般的知识性的分析，而是在逻辑性了解的基础上达到一种高妙之境，且能够穿透生死问题，使我们能够更好地安排'生'，更坦然地面对'死'，则构成了所谓的'生死智慧'"[1]。书在提要中还提到，"现代中国人要构建正确的生死观并涵养成高妙的生死智慧，来解决我们面对的生死问题，获得幸福之生与安乐之死"[2]。生命的可贵是任何东西都比不上的，我们活着的人应该好好地把握自己，珍惜现在，善待自己，好好享受现在的生活，享受人与人之间的真情，在人与人之间搭起一座更加友好的桥梁。

二、困惑可以解决

面对不同的学生，我觉得有时候有些问题真的很难解决，有这样一类孩子，无论你使用什么方法，都无法打开他们的心门。也许是我一直没有找到适合的方法去走近他们，每个个体都是不一样的，可能这种方法适合一部分孩子，另一种方法才适合这个孩子。我瞬间觉得很棘手，又迫切地想解决，我能够用自己的力量去影响孩子，努力地为他们做出榜样，但是我却无法永远陪伴在他们的身边，于是我鼓励他们的父母走进孩子的世界，带给他们一定的影响。

我尝试和孩子的父母沟通交流，父母们也很配合，可是在这个过程中，总是会有推卸责任的情况出现，往往是一方把责任推向另一方，另一方又推回来。当孩子出现问题时，妈妈不肯低头，爸爸也不肯低头，只觉得是对方的错造成了孩子现在的局面。还有一个家庭，爸爸似乎从来没有出现过，妈妈一直苦恼孩子的学习问题，却娇惯孩子让孩子有了很多坏毛病。孩子逃学去网吧，妈妈的态度是逃避；孩子在学校和同学打群架，妈妈的态度是赔钱了事；孩子每次考试考十几分，妈妈的态度是抱怨。

当看到生活中一个又一个教育现象产生的时候，我就在想，有些东西似

---

[1] 郑晓江.生命教育 [M].长沙：开明出版社，2012：95.
[2] 郑晓江.生命教育 [M].长沙：开明出版社，2012：95.

乎一个人是无力去改变的，单凭一个人的力量肯定无法做到，所以希望父母可以成为有教育经验的父母，给孩子们创造一个更好的成长环境。我见过有的父母动不动就在孩子面前发火，甚至在气头上问孩子想不想活这一类的话，而孩子可怜巴巴地问爸爸或者妈妈能不能不要再打他。有的父母还振振有词地说："我打的是自己的孩子，谁能管得着？"是啊，外人的确管不着，孩子是你的孩子，可是孩子也是成长中的人，他们应该受到保护。也许有的人会说父母打孩子天经地义，再说也没把孩子打出什么事来，但我想问的是：如果真的有一天出事了，你们会后悔吗？有的家长习惯性打脸，把孩子的脸打肿了，后来这个孩子牙龈出血，伤及脸上的穴位，好端端的一个孩子就这样被打坏了。看到可怜的孩子们，我多想冲上前去阻止这一切，把孩子搂在怀里，轻轻地安慰他，并且告诫他的父母以后不许使用暴力手段。

我们从来只看到孩子身上的问题，却从未看到自己身上的问题。虽然我不认为"有什么样的父母就会造就什么样的孩子"这句话完全正确，但是父母至少会给自己的孩子带来一定的影响。面对孩子，父母的想法很重要。就像之前我在一个小学的家长群里听到家长们讨论孩子的学习情况，不同的家长会给出不同的意见，家长们因为工作忙碌无法顾及孩子，当孩子的学习成绩下降时，如何处理便成了一个大问题。

我印象最深刻的是一个家长给出的意见，不会读书的都是上课不认真、开小差的，要给孩子订条件，想要东西拿成绩换。也许这样的教育观点在一般情况下是被大多数家长认同的，并且不少家长正在把它付诸实施，这样做的确能在一定程度上提高孩子的成绩，孩子会为了得到某样玩具或者某样吃的而逼迫自己在考试中至少拿到 90 分以上的好成绩，但是这样做的负面影响在我看来似乎更大。

玩具和吃的吸引得了孩子一时，却吸引不了他们很久，如果学习在孩子看来是一件被压迫着去做的事情，那么他心里自然是不高兴的，也是不情愿的；而且还会让孩子由此养成一些更加不好的习惯。这样的例子我之前是碰到过的，当然也和我之前说的物质奖励有关系。之前邻居家的一个孩子学习成绩处于中等水平，后来她妈妈不知道从哪里听到想要东西拿成绩换的说法，于是天天给孩子灌输这样的思想，只要学习成绩在 90 分以上奖励 50 元钱，95 分以上奖励 80 元，100 分就 100 元，全然成了一种等价交换，并且是父母和孩子之间的成绩买卖交易。难道父母不觉得这样的做法不利于孩子读书吗？用金钱换来的成绩，孩子不会满意，我想家长以后也一定不会满意。

小孩子只不过是一个替代品罢了，代替我们去读书，把读书看成工作，他们读好了，我们给他们发工资；读不好，还要像旧社会的地主对待长工一样，采取暴力手段，狠狠地打一顿。有的孩子为了取得好成绩，也采取一些方式技巧，如抄别人的作业，在考试中作弊。邻居家的孩子就这样做了，一开始成绩的确有所回升，甚至达到全班第四名，这让父母很高兴，当然她自己也赚到不少零花钱。这样的状况维持了大概一年的时间，最后在小升初考试中孩子失败了，孩子还因为在考试中和其他同学传纸条而被怀疑诚信有问题。

这带给孩子的影响很大，孩子哭着和老师说那一刻她真的想找个地缝钻进去，更令我惊讶的是孩子抄作业、抄试卷的行为仿佛成了一种常态，只要一想到要动脑筋的事情，她马上就去寻求别人的帮助，甚至说没想过自己能把它做出来，也认为自己没有本事把这个题目解决。如果家长没有给她施加这样的物质奖励，孩子的学习成绩是可以慢慢上来的，但一旦开始并且循环实施，孩子可能最终会养成这样的坏习惯。当然我并不是说这绝对不好，而是希望能够带给家长一点儿启示，不要用发工资的方式去督促孩子的学习，那样只会让孩子觉得学习不是为自己。他们是在替家长打工，读书是为家长而读，将来也不是自己的，而是牢牢掌握在家长手里。

孩子一旦有了这样的想法，他们的上进心也就被我们磨得差不多了，孩子要想更加努力，是不是也就变得遥不可及了？

困惑的确是会存在的，但我想找到解决问题的真正办法。我们不要把孩子当作我们自己，孩子需要有他的成长适应期，孩子有他的成长规律，孩子有他自己的世界，他们的世界应该让他们自己做主，做出选择。希望我们的孩子能够享受更多的自由，孩子希望得到爸爸妈妈的理解，或者说孩子不是我们的笼中鸟，他们渴望飞往属于自己的湛蓝天空。

为了鼓励孩子，我总喜欢说："我相信……我坚信……"因为我真的相信，我真的坚信所有的孩子都有一个美好的未来。《中国教育学刊》微信公众号里讲述过这样一个故事：20世纪80年代，曾有一位小学老师先后受到里根和老布什两任总统邀请，希望她能够进入联邦政府担任教育部长，但两次她都拒绝了，每次她的答案都一样："抱歉，总统先生，我只属于教室。"

她就是玛瓦柯林斯，让我印象最深刻的一句话是她写给学生们的，"我相信你们，你们能成功。自己承担起自己的责任，停止抱怨社会，抱怨老师和父母，幸福和快乐在你们自己手上"。其实一直以来我也抱着和玛瓦柯林斯一样的信念，我相信孩子们，我也一直告诉他们，他们一定可以做到，结果他们真的能做到。

对于孩子的困惑，我们教师和家长也在成长，在不断解决困惑的过程中努力成长着，不断地解决问题，不断地找到方法，任何困惑都不再是严重的问题。

三、教育这件事儿

教育这件事儿，总是复杂却有深意，总是包含多样的问题却又让人想去探索解决，总是一个广泛的概念却又体现学习生活的点点滴滴。

我之前想过这样一个问题：造成孩子分数不高的原因在哪里？我这里想说的是分数，而不是成绩，分数和成绩还是有很大区别的，至少在我看来，分数是分数，成绩是成绩。分数是孩子在一个阶段所获得知识的实质性标志，爸爸妈妈会通过分数去判断一个孩子的学习成绩的好坏，而成绩更在乎的是孩子在这个过程中到底收获了多少东西，孩子得到的一些东西是什么。我不知道家长们有没有认真思考过这样一个问题：分数真的等于成绩吗？我见过因为分数而自暴自弃的孩子，因为自己分数过低导致没有自信，于是干脆选择放弃。我们现如今的应试教育体制的确会出现这样的问题，分数就是一切，分数就是成绩。

在联合国教科文组织的教育类丛书《学会生存——教育世界的今天和明天》中也有这样一段话："对于大中小学生成绩的真正评定，不应以简单的、速决的考试为基础，而应以全面观察整个学习过程中的工作为基础。评定应少注意学生所记忆的知识有多少，而应多注意学生智力的发展，即推理能力、批判性的判断力、解决问题的谙熟程度等方面的发展。"[①] 这也说明了成绩应该更看重什么。我想我们在分数和成绩之间应该架设一个判断的标准，不能简单地以分数来评判成绩，也不能把成绩都归结为分数，学习这件事要考虑的因素有很多。

当我听到有的孩子在侃侃而谈如何在暑期两个月的时间里不做一点儿作业而在最后一天熬夜赶完所有的时候，我的心里顿时有了答案。面对懒懒的孩子应该怎么办？这个问题的答案是多样化的，我仅提出自己的观点。我碰到过一个学生，他宁愿上课迟到半个小时之久，也要在家里打完最后一盘游戏或者处于不能睡醒的状态，需要闹钟把他叫醒。每次看到他熬得通红的双眼，我曾一度以为他在学习这方面是下了苦功的，然而事实并非如此。他上课处于坐着也能睡着的一种状态，作业是这周还在补着上上周的作业，上课从来不愿做笔记，碰到老师强制要求交的情况，每次都要买通同学帮他做好之后交上去。

---

① 联合国教科文组织. 学会生存——教育世界的今天和明天 [M]. 北京：教育科学出版社，1996：246.

　　针对这个孩子的问题，我曾经多次尝试和孩子的父母进行沟通，希望他们能够和我配合一起改变孩子的状态，让孩子能够重新恢复对学习的信心。但收效甚微，可能是孩子父母平时太忙，无法顾及这一切，也可能因为孩子的理由多多，导致父母常常很难辩解得过他。说实话，这个孩子的借口常常让人很难找出理由来反驳他的观点，他总是有一大堆的理由来为自己的学习找借口，而且这些理由在他看来都是非常正当的。我看得出孩子自身是没有问题的，他要是好好学习，一定可以学得不错，但我想说的是在每个人身上都会存在一根懒的绳子，俗称"懒筋"，至于这根筋什么时候牵引出来或者会不会牵引出来就因人而异了。我们每个人都有懒得动的时候，但有的人脑子里会绷着一根弦，这根弦会提醒我们在该做什么事情的时候一定要去做，不做就会很难受。比如，某天晚上我为了写一篇文章睡得很晚，第二天肯定想睡懒觉，但是我的弦就会不自觉地提醒我赶紧起床，让我知道还有更重要的事情要完成。如果没能及时起床，就会后悔连连。

　　有的孩子因为家庭习惯或者家庭环境的影响，从小没有吃过苦，也许就会陷入这样的"懒圈"，直到高中还没能调整过来。整个状态像温室里的花朵，在家里学习没有自觉性，还要享受冬天拿垫子、开暖气才能维持的生活，这样不经锻炼的生活能够培养出一个什么样的孩子呢？对于孩子，我认为绝对不能懒养，懒着养，孩子的一生也就是懒着的了，不让孩子做任何家务活，孩子受一点点累就心疼得不得了，这些在我看来都是极不可取的。懒教育出懒孩子，父母一时的偷懒可能就造就了一个懒孩子，懒孩子对于学习一定不上心，如果让懒孩子继续发展下去，那么懒懒的根源就会一代接一代地传播下去。孩子无法放飞自我，无法展翅飞翔，带来的问题又是极大的，何不从现在开始抓住教育的契机，改变孩子的懒惰心理，为他们的成长带来更大的便利呢？

　　今天谈到的这个问题是源于我的感想，是我对教育孩子的感想，我见过很多孩子无意间被父母贴上了懒惰的负面标签，从此真真正正成为一个懒惰的人。但是我坚信从来没有一个孩子是天生的懒惰的孩子，只是因为生活和学习中有很多影响因素造成了懒惰的现象。我曾经见过一个被大家认为是"问题孩子"的孩子，我发现他的确非常懒，懒得写作业，懒得动笔，懒得坐下来，甚至连衣服都懒得穿，每天早上总要妈妈提醒无数次之后才慢吞吞地起床。但他不是真的懒，让他做，他是可以做的。

　　在微信朋友圈里见得最多的就是妈妈抱怨孩子如何如何懒惰，孩子如今已经达到一定的年龄，妈妈一边抱怨，一边却还在事事为孩子包办，每天陪着孩子做作业，每天总是提醒他做这个做那个，孩子没有一件事情是自己去做的，要不是妈妈帮做，要不就要人提醒之后再做。终于妈妈受不了了，大喊再也不要过这样的生活，就快累死了。可是又有什么用呢？该做的依旧在做，没有丝毫改变。妈妈用心经营这样的生活，却不知道给孩子的将来埋下了多少隐患，孩子再也离不开妈妈的怀抱，一辈子只能做妈妈的"乖宝宝"。这样的孩子能够经得住多少考验和挑战呢？孩子的坏习惯在一天一天养成并且日渐定型，甚至到了很难改变的地步。而父母似乎还不知道这一切竟然是因为自己。我发现了这个问题，我觉得我有义务去做一些善意的提醒，为了孩子，也为了更好的家庭教育。

以下是我想对一位妈妈说的话（为保护个人隐私，人物简称晓晓）：亲爱的晓晓妈妈，如果我们真心想改变晓晓的状态，我建议你可以试试采纳我的意见，他现在学习的状态不到位，你给他报再多的班也没有用（妈妈为了提高孩子的学习成绩，给孩子报了诸多培训班），他大多数时间是没有学进去，甚至认为这一切都是你在逼迫他。我的建议是你不必事事时时都管他，这样反而让孩子养成了依赖你的习惯，你有没有发现，他现在一点儿自主的能力都没有了，只要你不叫他学习，他绝对不会主动去学习，有时候适当地放手，让孩子自己学会成长，他反而会意识到问题。他不学习，你就不要提醒他，让他尝试自己不学习的后果，包括他的早读问题，有时候管得太多反而让孩子丧失了一些能力。我对他作业的建议是他不主动抄全老师布置的作业，我们就先尝试几天让他接受这样的后果，当他受到老师的惩罚时，也许他就知道该怎么做了。孩子自己有能力辨别这一切，只要我们给他机会独自成长，他就会向好的方面发展。当然，以上只是我的一些建议，真心是为了晓晓更好，如果我们都想从根源上解决这些问题，还是要掌握教育孩子的方法，读懂孩子是最重要的，我们不能陪孩子一辈子，接下来的路还是要靠孩子自己去走。孩子不懂事，我们要用正确的方法去引导他，你说他平时抄不全作业，你可以去问他同学帮助他完成，在我看来这没有从根本上解决问题，只是让他完成了作业而已，他的学习状态依然是那样。这可能也是他这几年的学习生涯中你一直没有注意到的问题，所以现在问题很严重。有时候你会发现你管他真的很累，适当放手是一件好事。当然不是说完全不管，而是要适当地管，不要事事都亲力亲为，我发现他有时候并不感激，反而有一种排斥心理，这就导致问题更加严重了。

晓晓妈妈后来表示她自己的确很累，说之前也放纵过他，可一点儿也没有改变，放纵他那段时间成绩考30多分，后来每天陪着，期末就考90多分，晓晓妈妈说这个孩子比大儿子聪明一些，所以才会对他管得多些，可他性格太懒散，又不按常理对待事情，想放手又怕，所以很迷茫。

　　我更想对晓晓妈妈说的是放手并不等于放纵，放手不是不管，而是适当地管，有效果地管，让他学着自己成长。你不可能一辈子都陪着他，让他有一个良好的学习习惯比分数更加重要，没有习惯，分数再高也会掉下来；有了习惯，分数是一定会保持在那里的。小学阶段的分数我想远没有学习习惯来得重要，相比较而言，父母一定希望他能够主动学习，而不是天天在他耳朵边说他，他还只是敷衍地去学习，要让他知道不好好写作业其实要比好好写作业付出更大的精力和代价，他就知道该怎么做了。

　　所以懒惰不是一种病，孩子完全可以自己慢慢恢复，从现在做起，也许我们会发现，孩子的成长和懂事真的就在一瞬间。我看过作家梁晓声的《论教育的诗性》之后有了诸多感想，作家写教育必然是带着情感色彩去论教育的，我一方面为农村孩子求知若渴的上学精神所感动，另一方面又对如何解决城市孩子厌学的情绪而思考。农村的孩子没有学上，所以对上学的机会倍加珍惜，他们渴望走出去，走出大山，看看外面的世界；而城市里，人们常常在说减负、减负，却不知道自己无形当中给孩子增加了多少负担。也许正如梁晓声先生所说："如果某一天，教师和家长都可以这样对中小学生讲一讲你们中谁考不上大学也没什么，瞧瞧你们周围，没考上大学的人不少啊！没考上大学就过普通的人生吧，普通的人生也是不错的人生啊！"[①]

　　有的父母认为孩子是宠出来的，其实在孩子身上体现爱没有错，但我觉得不是宠爱。我见过有的父母可能领会到了父母的权威不应该凌驾于孩子之上，但却完全弄反了方向，反而被孩子牵着鼻子走。我根据观察到的现象来诠释我理解的宠爱。有一个高中的孩子，我发现她对某一门科目有着极度的厌恶心理，她非常不喜欢这门科目，于是这门课程就很难跟得上。加上学校里老师讲课没有特点，课堂便成了她睡觉的地方，父母对于她这种状态很着急，但是苦于没有能力去管孩子，便只能听之任之。我接触这个孩子一段时间，发现她其实只是厌恶爸爸妈妈的管教方式，妈妈经常很紧张孩子的学习，总是念叨着让孩子去学习、去学习，孩子听得多了自然很厌烦；而不管孩子的时候又干脆什么都不问，并且对老师说的话也置之不理，甚至对孩子产生畏惧的感觉。

　　我记得以前在工作中也发生了一件让我想不到的事情，有一个学生忘记带书本了，我比较生气，因为这个问题我说过不止一次了，可能他根本没有听进去，于是我打算让他去找别的同学借一下，看别人愿不愿意借给他。但是后来我不想浪费我和他的学习时间，于是我让他和妈妈说看看能不能给他

---

　　① 梁晓声. 论教育的诗性 ［J］. 教师博览，2000（8）：4—6.

送一下书，因为他家离学校也不是很远。我把手机借给他打电话，但他非要发微信，于是我教他在微信语音里说："妈妈，我今天忘记带书了，能不能给我送一下？"这个学生不干，我以为他是不愿意用书学习，没想到他说："老师，我不想叫妈妈，我从来都没叫过我妈。"我反问道："你从来没有叫过你妈妈吗？""对，我没叫过我妈，每次都是她叫我的。"从来没有叫过妈妈，这是一个什么概念？我现在都这么大了，虽然以前并不是每天生活在妈妈身边，还是会妈妈长妈妈短地叫着，现在的孩子难道已经不习惯这么亲昵的称谓了吗？

那么妈妈该有多伤心啊！特别是孩子在一天天长大，妈妈却越来越老，这样的情景下妈妈是多么渴望这个称呼啊！我甚至觉得妈妈这个词真的很有爱，后来在微信语音里我还是强迫他叫了一句妈妈，然后再去说出他的需要。如果连对自己的妈妈都没有基本的礼貌，那么对待其他人自然更不用说，希望父母注重孩子的这一方面，千万不要认为这是孩子的自然表现，其实往往很多家庭就是在这样的一种氛围下莫名有一种尴尬气氛，别到时候孩子叫你们一句，你们反而显得不习惯了。我见过很多儿子或者女儿和妈妈产生矛盾，爸爸妈妈有没有想过，那时候的矛盾也许就是你当时放弃了一句他们喊你们爸爸妈妈的权利。不要什么都由着孩子的性子来，孩子也是需要好好地教的，你教会他，他就肯去做。

你不教他，让他就这样去做的话，后面后悔的恐怕就是你们自己了。不要宠着孩子，有些事情该安排他去做的就一定要让他去行动起来，让孩子尝试任何有益的事情，这个永远是对的。

和学生课后聊天，突然想到我之前听过的一场讲座，讲座的主讲人是某知名大学的教授，我对这个领域以前还是处于不太了解的状态。但是随着现在不断地深入，也有了很浓厚的兴趣，听着教授在讲台的另一端述说着自己的学术成果，顿时有一种很是羡慕的感觉，我也要成为这样的一类人。以前从来没有这么强烈的感觉，水平决定层次，我忍不住要告诉孩子们，你们将来的水平就会决定你将来认识哪个层次的人，而你自己也会成为那个层次的人。

讲座进行到一半的时候，教授突然提出一个专业性的问题，并且要求在座的各位认真思考之后给出回答，当时一个学院的老师飞快地站起身来给出了答案，教授给予了肯定，并且要求我们报以热烈的掌声，高度赞扬这位老师学识渊博。因为这种难题放在世界性的论坛上都没有几个人能够答得出来，可是这位老师却在几秒钟之内做出了准确的解答。事后这位老师要到了教授的电话号码，并且在之后的研究当中和教授多次探讨，据说后来做出了不俗的成绩。

　　一个人的知识水平会给我们带来很多我们常常见不到的成果，学习这件事情虽然对于大多数人来说是痛苦的，却是最见成效的一件事情。我们读了多少书在一定程度上会反映在以后的生活当中。比如，当我们有一天有了孩子，而孩子笑着跑来问你一个学习上的问题，你却无言以对，虽然你可以诚实地告诉孩子这道题妈妈不会，但是孩子可能会追问你："你小时候是不是也和外婆一样没有条件读书，所以才不会这道题目？"这时你该如何作答？你自己有机会可以成为更好的自己，却没能好好珍惜，而当你想好好认真读书的时候，却已经错失最佳的机会。我们能给孩子的应该是最好的榜样，我们应该认真地告诉孩子，我们的水平会决定我们的层次，好好地为自己的人生划定一个想要到达的层次，并且为之付出努力，相信后面的道路会越走越精彩。

　　教育这件事儿，需要的不是一个人的努力，教育需要携手，才能找到正确的方向和深远的意义。

四、我们的孩子缺少问题意识

　　我渐渐地发现一种现象，我们的孩子不爱提出问题，不知道应该怎么去解决问题，不会利用资源去解决问题。现在我们的网络比较发达，孩子们应该更有意识地利用现有的资源去解决问题，学习中的问题其实只要花心思，没有解决不了的。希望他们利用好网络这个平台，在学习和生活中尽可能地去解决问题。但是我观察发现，我们的孩子显然没有这样的意识，他们面对问题可能茫然不知所措，很少联想到如何去看透问题，解决不了问题的时候不知道应该怎么办。

　　每次我给学生讲题的时候，总是尽最大可能去激发他们的问题意识，最好让他们自主地解决问题，遇到实在解决不了的问题，我也会鼓励他们提问。可能很多孩子怕被别人笑话，所以不爱提问题，以前我见到老师也是这样的感觉，只要有同学在我身边的时候，我就不喜欢提问，我怕被他们看见会对我发出各种奇怪的声音。同学们不会因为我提问而欣赏我，反而会站在老师身边叽叽喳喳地嘲笑我的愚蠢，那一刻我也感觉很尴尬。可能大部分孩子在遭受这样的打击之后，都会失去提问的勇气。

　　所以我很想努力地为孩子解决问题，并且尽可能一个一个单独解决，为了保护我们孩子的自信心，单独解决会更有成效。作为老师，我逐渐意识到提问是一件多么重要的事情，我不希望自己丧失提问的机会，也不希望我们的孩子没有被提问的机会。我一直认为只要是你没有弄懂的问题，就没有简单或者困难之分，弄懂的孩子不能骄傲，也不能借机取笑在这方面依旧有问题的同学，我只会告诉孩子们这是正常的。

怎样才能做到让孩子有问题提出来？这个问题是实质上可以看到的东西，但是考虑到孩子们必须先找到问题，才能延续下一个步骤把它提出来，所以我先省略了提出这一部分，先告诉孩子怎样找到问题是最重要的，这也应该是一个值得思考的问题。我们的孩子真的没有问题吗？不是的，他们应该还有无尽的问题等待解决，或者还没有发现，或者为了保全面子而对问题采取视而不见的态度，或者觉得问题太难，问了也不一定能解决，自己也不好意思打扰老师。

我不是说他们不知道自己有没有问题，而是他们有问题也不愿意提。有一类孩子是属于比较聪明的，他们知道如果不敢问老师，还可以向同学寻求帮助，于是便会缠着同学一起讲题，直到完全弄懂为止。同伴的力量是伟大的，同伴之间也没有多大压力，比起见到老师的那种紧张感，和同伴在一起更有安全感，这是一个孩子对我说的。还有一类孩子会把自己关在房间里面拼命地想，一天一夜不出来都有可能，仿佛不解决问题誓不罢休。

这两种精神我感觉还是不错的，但万一这样的方法不管用了，我们是不是要寻找第三种方法呢？最终还是要回归到问老师这个问题上来。在我看来，除了一部分和老师特别熟的孩子可以正视这样的问题之外，其他的孩子可能做不到。包括我自己也是这样，与生俱来对老师有惧怕感，我也不知道原因。可能是我天生就尊敬教师这个职业，我觉得有一种感激之情在里面，然后又没有办法说出来，因为尊敬而惧怕，特别害怕老师批评我。我从小骨子里也有一种不服输的性格，所以我很关注老师给予我的评价，小学的时候有一次老师冤枉了我，我甚至不敢说出来，想想这件事情过去了也就算了，老师肯定也不是故意冤枉我的。后来长大了一点儿，感觉对老师的尊敬还是没变，看到别的同学可以自如地出入老师办公室，心里很羡慕，我也很想有这样的勇气，可以勇敢地走进办公室，微笑地面对老师。

到现在为止，碰到我以前的老师，我还是会保持那样的心境。还记得大学期间我有一次去交材料，当时是要交到一个女同学手里，那个女同学在一个很小的办公室里面等我们过去，我是和另外一个男同学一起去的，男同学先进去，我跟在后面。我进去的时候看见那个女同学在整理资料，旁边好像站着一个女老师。因为马上就要上课了，我比较急，就跑到那个女同学面前问了一句这样写格式是否正确，结果她没搭理我，后来女老师交代完事情，就过来和我说下次我应该礼貌一点儿，做什么事情都应该有先来后到，既然她先过来，就应该先处理她的事情。当时的我恨不得找个地缝钻进去，这件事情的确是我做得不对，因为我当时没有了解清楚老师和那个女同学在干什么，就贸然地过去问了。面对老师的指责，我虽然难受，但我还是很尊敬老师，也很害怕老师对我的批评，说实话，我的确有一点儿这样的心理，觉得老师说的话都是正确的，一点儿也不敢反驳。直到自己成为老师才发现，老师和学生之间其实并没有多大的界限，老师其实也没有那么可怕。

因此，在我和学生相处的时候就会分外注意这一点，学生有没有问题，我会主动去问他们，而不是等着他们来问我。他们和我在一起的时候，我就当面问；他们没和我在一起的时候，我就通过电话或者微信、QQ与家长沟通，让家长帮助我在家里关注一下孩子，也许这样就可以改变一个孩子内向的性格以及对老师的惧怕。有一部分孩子是不善于和老师沟通的，更没有想过要和老师一起解决问题。对于这样的学生，我们应该从小就培养其问题意识以及和老师友好的意识，这样才能让学生知道如何找到问题。在他们慢慢接受之后，对老师就有了亲切感，就可以渐渐地转化为他们主动来问问题，问题意识就可以很好地建立起来。

让孩子有问题就提出来，并且培养他们适当地去解决自己问题的能力，我想这是非常重要的，这个过程可能是一个循序渐进的过程，但我愿意一直做下去。

从一般意义上来理解，可能大多数人会认为我只是在简单地强调让孩子在语文、数学和英语这样具体的科目上有问题时来问老师，老师在这方面起的作用应该是非常大的。但是我认为我提出的这个问题概念范围应该是非常大的，不仅是学科上的问题，也是育人上的问题，而且育人应该体现得更多。

有这样一件事情，让我更加体会到老师除了帮助孩子学习，在其他方面对孩子的帮助也很大。有一个女生在高三的时候除了遇到学习上的瓶颈外，在心理上也有很大的障碍，因为她一直以来对自己的学习要求都非常严格，小学和初中的成绩都是名列前茅。但是进入高中之后，大人都说学习越来越关键，受到影响她把每次考试都看得很重要，无形之中给自己增添了很多压力。她每次考试之前都很慌乱，到了考场上就很紧张，紧张得发抖。在高考前夕，她刚刚看了一本关于高考心理的书籍，里面有一个术语，叫考试综合焦虑症。她当时很矛盾，越想越觉得考试越来越恐怖，既然考试避免不了，她在心理和身体上就开始选择逃避。

自此之后，她每次考试前夕就会莫名其妙的肚子痛，好几次班主任都让她妈妈带她去医院检查，妈妈带她去了，就是没有检查出什么毛病，当时医生说是结石，症状显示又不是，因为痛的位置不对。女孩所在的班级是学校里的重点班，班主任是一个女老师，老师非常负责，每次女孩肚子疼都会让同学扶她去办公室，然后给她倒杯热水，慢慢地，老师也觉得不对劲儿了，怎么每次都是考试之前才会出现这样的问题呢？平时又很正常。后来班主任找女孩深聊了一次，觉得她是有些考试焦虑，因为怕输，怕爸爸妈妈失望，所以压力很大，每次都不自觉地选择了逃避。老师先是自己和女孩聊，她的症状没有得到多大缓解，可能是她觉得和班主任在一起压力更大，有些话也不敢说，又不想让老师失望。

　　后来老师在学校的心理咨询处为女孩找了一个女老师专门给她做辅导，女孩至今还记得那些日子和那个心理咨询老师漫步在校园里谈话的情景。女孩常常中午不回家的时候就和心理咨询老师在心理咨询室待着聊天，这在一定程度上给她带来帮助，使她的情绪得到有效宣泄，也促使她下定决心以后有机会要好好地钻研心理学。女孩在上大学的时候通过了心理咨询师的考试，希望通过自己的努力帮助别人。看来有时候和老师交流交流真是受益匪浅，不然女孩还找不到自己感兴趣的东西。

　　我真的觉得无论是心理还是学科上的问题，抑或是其他方面的问题，我们都可以寻求有效的帮助，而我们生活中除了父母，接触最多的应该就是老师。学科问题可以问，其他问题也能问，在一开始就不要对老师怀着一种很害怕的心理，那样永远也迈不出第一步。当然，我也鼓励老师常常和学生交流，有机会就问问，哪怕学生不好意思说，也可以通过观察找到问题，倘若能无意之中帮助学生发现问题，那么你们之间的关系会因为这个问题而更近一步。

　　培养孩子的问题意识，需要教育相关人员的共同配合，这样才能让孩子有勇气提出问题以及战胜困难。教师、家长和孩子都是教育团体中的重要人群，孩子是受教育者，教师是教育者，家长也是重要的教育者。教育需要携手，我们也许不能做最好的家长，但我们尽量去成为孩子最好的父母。

参 考 文 献

[1] 杨敏毅，孙晓青，吴权，主编. 透视孩子的心灵世界 [M]. 北京：中国人民大学出版社，2018.

[2] [意] 贾尼·罗大里. 电话里的童话 [M]. 亚比，译. 北京：中国少年儿童出版社，2014.

[3] [德] 亚米契斯. 爱的教育 [M]. 夏丏尊，译. 南京：译林出版社，2017.

[4] 田冰冰. 轻轻松松当好班主任 [M]. 北京：教育科学出版社，2017.

[5] 钟思嘉. 爱就是读懂孩子 [M]. 武汉：华中科技大学出版社，2018.

[6] 联合国教科文组织：教育——财富蕴藏其中 [M]. 北京：教育科学出版社，2014.

[7] 邹静之. 女儿的作业 [J]. 内蒙古教育，1998 (6)：23—24.

[8] 中国青年报冰点周刊，主编. 教育的另一种可能 [M]. 北京：中国人民大学出版社，2017.

[9] 张贵勇. 给孩子的童年书 [M]. 桂林：广西师范大学出版社，2017.

[10] 成尚荣. 儿童立场 [M]. 上海：华东师范大学出版社，2018.

[11] 李镇西. 做最好的家长 [M]. 桂林：漓江出版社，2006.

[12] 宋运来，徐友凤，主编. 中国作业的革命 [M]. 南京：南京大学出版社，2014.

[13] [美] 简·尼尔森. 正面管教 [M]. 玉冰，译. 北京：北京联合出版公司，2016.

[14] 李艾书. 艾妈妈宝典：好习惯是这样养成的 [M]. 上海：华东师范大学出版社，2017：26.

[15] 陈鹤琴. 家庭教育 [M]. 上海：华东师范大学出版社，2018.

[16] 张乐群. "一半的教育"在家庭 [M]. 广东：广东南方日报出版社，2014.

[17] 尹建莉. 自由的孩子最自觉 [M]. 上海：文汇出版社，2017.

[18] [美] 弗洛姆. 爱的艺术 [M]. 李健鸣，译. 上海：上海译文出版社，2008.

[19] 严育洪. 教育，你怎么了？[M]. 北京：首都师范大学出版

社，2015.

[20] 王金战. 王金战育才方案：学习哪有那么难 [M]. 北京：北京大学出版社，2009.

[21] 梁晓声. 论教育的诗性 [J]. 教师博览，2000（8）：4—6.

[22] 赵楠. 德国教育的"美丽与哀愁" [M]. 北京：中央广播电视大学出版社，2013.

[23] 陈之华. 芬兰教育全球第一的秘密 [M]. 北京：中国青年出版社，2016.

[24] 朱俊林. 当代生命价值观教育研究 [M]. 长沙：岳麓书社，2016.

[25] 郑晓江. 生命教育 [M]. 北京：开明出版社，2012.

[26] 联合国教科文组织. 学会生存——教育世界的今天和明天 [M]. 北京：教育科学出版社，1996.

后 记

教育好像随时随地都发生在我们身边，生活中处处有教育，教育处处蕴含着生活，我们和孩子，孩子和我们，教育始终需要携手共进，方能得其始终，找到其最大的意义所在。

每一个教育故事，似乎都能给我一点儿启发，为家校共育找到方式方法；每一个学生，都是教师成长路上遇见的最佳美好，让他们健康快乐地长大是教师最大的心愿；每一个家长，都对教师充满包容和理解，尽管有时会有小矛盾和小冲突，但总能及时化解，不得不说家长是学校教育和家庭教育成功路上的最佳伙伴。

记得很早之前也在和一个家长谈论关于孩子的教育问题，谈到我的教育梦想，他说如果将来老师可以实现这样的教育梦想，他一定会大力支持。家长也的确需要教育，如果能把家长融入教育体系当中，让家长进入"家庭教育中心"学习，把每个孩子的教育和家长们的教育结合起来，那么我们未来的教育一定非常可期。

我的故事，我相信到这里还没有结束，未来还有很多不可预期，而孩子们还将继续前进，家长们的教育也不会就此停止。希望终有一天我能实现自己的教育理想，把父母和教师以及各个教育群体联系起来，成就最完美的教育。为此，我将不断努力！

此书能够成文，我要感谢我的导师周鸿敏教授。是老师悉心地指导给了我巨大的帮助，一遍又一遍的修改意见为此书贡献了不可磨灭的力量，对具体篇章的指点更是让我受益匪浅。这本书的诞生离不开老师的辛苦付出，每一篇文章、每一个事例也饱含着老师的心血，如果不是老师不断地指导，我想我可能还会陷入迷茫。可以说，此书能够出版是老师与我一起合作努力的结果。感谢您，我的老师！

本书的出版得到我的学校——江西师范大学教育学院的资助。本书得以顺利出版，要感谢何齐宗院长和王云兰院长等各位老师的支持，感谢我阅读过的每一本书的作者，感谢我曾经的学生和家长们带给我的启发。与此同时，要感谢默默关心我的家人和朋友。

余云露